新編 現代の君主

アントニオ・グラムシ
上村忠男 編訳

筑摩書房

Anthology
from
Antonio Gramsci
QUADERNI DEL CARCERE
Edizione critica dell'Istituto Gramsci
A cura di Valentino Gerratana
Edited and translated by Tadao Uemura

【目次】新編 現代の君主

III

IV

V

〔付録〕

新編▼現代の君主

凡例

一、翻訳にさいして使用した底本は、Antonio Gramsci, *Quaderni del carcere. Edizione critica dell'Istituto Gramsci. A cura di Valentino Gerratana* (Torino, Giulio Einaudi editore, 1975) である。

一、各ノート、または内容上重なるものをひとまとめにしたノート群に付けられている標題は、グラムシ自身が付けている場合にはそれも参考にしながら、訳者が独自に付けたものである。

一、それぞれのノートの末尾にQとあるのは「ノート・ブック」を意味するイタリア語 Quaderno の略号で、番号は、右のイタリア語版の編者によって、それぞれのノート・ブックの執筆が開始されたと推定される年代順に付けられたものである。各ノート・ブックの執筆時期は、つぎのとおりである。Q. 1 (1929-1930), Q. 2 (1929-1933), Q. 3 (1930), Q. 4 (1930-1932), Q. 5 (1930-1932), Q. 6 (1930-1932), Q. 7 (1930-1932), Q. 8 (1931-1932), Q. 9 (1932), Q. 10 (1932-1935), Q. 11 (1932-1933), Q. 12 (1932), Q. 13 (1932-1934), Q. 14 (1932-1935), Q. 15 (1933), Q. 16 (1933-1934), Q. 17 (1933-1935), Q. 18 (1934), Q. 19 (1934-1935), Q. 20 (1934-1935), Q. 21 (1934-1935), Q. 22 (1934), Q. 23 (1934), Q. 24 (1934),

Q. 25 (1934), Q. 26 (1935), Q. 27 (1935), Q. 28 (1935), Q. 29 (1935).

一、§を冠した番号は、それぞれのノート・ブックを構成しているノートに、おなじく右のイタリア語版の編者によって、配列順に付けられたものである。

一、グラムシは、『獄中ノート』執筆の第二期（一九三二―三三年）および第三期（一九三四―三五年）には、それまでのノートの多くに抹消印をほどこしたうえで、新たに手を加えたり、いくつかを合成して、べつの新しいノートに作成しなおしている。本書に採録したノートのうち、そのような手順を踏んでいるものについては、参考までに、もとのノートの番号も併記してある。cf. Q. 3, §5 というようにあるのがそれである。また、とくに合成されたノートの場合には、本文中においても、接続部分を一行分あけて、単位となっているもとのノートの範囲の判別がつくようにしてある。

一、［ ］内の部分はグラムシ自身が行間または欄外に追記しているものであり、〔 〕内の部分は訳者による補足である。

I

人間とはなにか

人間とはなにか。これは哲学の最初の主要な問いである。この問いにはどのように答えることができるか。定義は人間自身のなかにみいだすことができる。すなわち、それぞれの個人のなかにみいだすことができる。しかし、このような答えのもとめかたは正しいのであろうか。それぞれの個人のなかにみいだすことができるのは、それぞれの「個人」とはなにか、ということである。が、わたしたちに関心があるのは、それぞれの個人とはなにか、ということではない。この問いが意味しているのは、結局、それぞれの瞬間におけるそれぞれの個人とはなにか、ということである。そうかんがえるならば、人間とはなにかという問いを立てることによってわたしたちが問おうとしているのは、人間はなにになりうるかということであることがわかる。わたしたちが問おうとしているのは、人間は自分の運命を支配できるのか、「自分をつくる」ことができるのか、自分の生活を創造することができるのか、ということなのだ。したがって、わたしたちは、人間とはひとつの過程である、正確には、かれのおこなう諸行為の過程である、といっているのである。そうかんがえるならば、人間とはなにかという問いは、抽象的な、または「客観的な」問いではない。それは、わたしたちがわたしたち自身と他の人びとについてこれまで〔具体的に〕反省してきたことがらから生じてくる。そして、わたしたちが反省し観察してきたことがらとの関連においてわたしたちが知りたいとおもっているのは、わたしたちがなにであり、なにになりうるのかということ、わたしたちはほんとうに「自分自身の製作者」、自分の生活、自分の運命の製作者であるのかどうか、また、どのような限界内でそうであるのかということである。しかも、わたしたちは、それを「いま現在」の時点で、「いま現在」あたえられている諸条件のもとにあって、「いま現在」の生活について知りたいとおもうのであって、どんな生活、どんな人間についてでもよいから知りたいとおもっているわけではない。

この〔人間とはなにかという〕問いは、生活と人間についての特殊な考察のしかた、すなわち、〔歴史的に〕規定された考察のしかたからうまれ、そこから内容をうけとっている。これらの考察のしかたのうち、もっとも重要なものは、「宗教」である。それも、特定の宗教、カトリック教である。じじつ、わたしたちは、「人間とはなにか」、人間自身と人間のいとなむ生活を創造するうえで、人間の意志、人間の具体的活動はどのような意義をもつのか、と問うことによって、「カトリック教は正しい人間観、生活観であるのか、わたしたちがカトリック教徒であること、すなわち、カトリック教を生活の規範とすることは、まちがっているのか、それとも正しいのか」といおうとしているのである。人びとはみな、カトリック教を生活の規範にするのはまちがっている、と漠然とながら直感している。そのため、じつはだれもが、自分はカトリック教徒であると表明している場合でも、生活の規範としてのカトリック教には信頼をよせていない。かりにも完全なカトリック教徒、生活のどんな行為にもカトリック教の規範を適用するようなカトリック教徒がいたとしたら、そのようなカトリック教徒は怪物にみえることだろう。このことは、かんがえてみれば、カトリック教そのものについての、もっともきびしい、もっとも決定的な批判である。

カトリック教徒は、他のどんな思想にしたところで一字一句厳格に遵守されているわけではない、というであろう。この言い分には道理がある。しかし、このことから明らかになるのは、すべての人間に一律に通用するような思考と行動の様式などというものは歴史的にみて事実上存在しないというだけのことであるにすぎず、それ以外のなにものでもない。そして、このことは、カトリック教にとってなんら有利な根拠をなすものではないのである。なるほど、この思考と行動の様式は、何世紀来、この〔カトリック教をすべての人間に一律に通用するものにしようという〕目的のために組織されてきている。しかも、そのさい、これほどの手段、体系的精神、持続性と集中性をもってそうした努力がなされた例は、他の宗教にはかつてみられなかったにしてもである。

「哲学」の立場からみて、カトリック教で得心がいかないのは、そうした努力をしているにもかかわらず、それが悪の原因を個体としての人間自身のうちにもとめていること、すなわち、人間をすでに完全に規定され限定されてしまっている個体とみなしていることである。すべての既存の哲学はカトリック教のこの立場を再現しているといってよい。人間をみずからの個体性のうちに限定されて存在している個体とみなし、精神をそのような個体性とみなしているといってよいのである。人間という概念を改革しなければならないのは、この点にかんしてである。人間とはもろもろの活動的な関係からなるひとつの系（ひとつの過程）であって、そこでは個体性は最大の重要性をもつにしても考慮されるべき唯一の要素ではない、というようにとらえる必要があるのだ。おのおのの個体性のうちに反映されている人間性はさまざまな要素から構成されている。すなわち、㈠個人、㈡他の人間たち、㈢自然。しかし、第二の要素と第三の要素とは、一見してそうみえるほど単純なものではない。個人が他の人間たちとの関係にはいるのは、並列的にではなくて、有機的にである。すなわち、もっとも単純なものからもっとも複雑なものにいたるまでのもろもろの有機体に部分として組みこまれるかぎりにおいてである。同様に、人間が自然との関係にはいるのも、たんに自分自身が自然であるということからではなくて、活動的に、労働と技術をつうじてはいるのである。それだけではない。これらの関係は機械的な関係ではない。機械的な関係ではなくて、活動的で意識的な関係である。すなわち、それらの関係について各人がもっている理解の程度に対応している。したがって、各人が自分自身を変化させ変容させるのは、各人がその結び目の中心をなしている諸関係の総体を変化させ変容させる程度に応じてである、ということができる。この意味で、真の哲学者は政治家である。また、そうでしかありえない。すなわち、環境とは各人がそこに部分として組みこまれている諸関係の総体のことであると解するならば、真の哲学者とは環境を変容させる活動的な人間のことなのである。自己の個体性とはこのような諸関係の総体のことであってみれば、一個の人格となるということは、この諸関係についての意識を獲得することを意味する。また、自己の人格を変えるということは、この諸関係の総体を変えることを意味する。

しかしながら、これらの関係は、いまものべたように、単純なものではない。他方、これらの関係のうちのいくつかは必然的な関係であり、他のものは有意思的な関係である。さらに、これらの関係について多少なりとも意識すること(すなわち、これらの関係を変容させる方法を多少なりとも認識すること)は、すでにそれだけでそれらを変容させていることになる。必然的な関係でさえもが、それらがその必然性において認識されるやいなや、様相と意義を変えるのである。この意味で、知は力である。だが、問題は他の面からみても複雑である。すなわち、諸関係の総体は、これをあたえられた時点におけるあたえられた体系として認識するだけでは十分ではないのであって、発生論的に、それらの形成の動きに即して、認識することが重要なのだ。それというのも、それぞれの個人は、現存する諸関係の総合であるだけでなく、この諸関係の歴史の総合、すなわち、過去全体の要約でもあるからである。各人が変えることのできるものは、各人にそなわっている力から判断して、たしかに小さなものであるといってよい。が、このことが真実なのは、ある点までである。なぜなら、各人は同様の変化をのぞむすべての人びとと協同することができるからである。また、この変化が合理的なものであれば、自分の力を何倍にも拡大し、最初にみたときに可能とおもわれたよりもはるかに根本的な変化を獲得することができるからである。

個人が参加することのできる社会——その数はきわめて多く、一見してそうみえるよりもはるかに多い。これらの〔多様な〕「社会」をつうじて、個人は人類の一部となるのである。同様に、個人が自然との関係にはいる様式も多様である。なぜなら、技術には、通常そう理解されているような工業的に応用される科学的知識の総体だけでなくて、もろもろの「心的な《メンタル》」用具、哲学的認識もふくめられなければならないからである。

人間は社会的存在としてしかかんがえられないというのは、いまやだれもが口にしている常套句である。が、その場合にも、そこからみちびきだされてしかるべき個々人にもかかわる必然的な帰結のすべてがみちびきだされているわけではない。また、人間の社会は事物《もの》の社会(1)を前提にしており、人間の社会は事物の社会が存在するかぎりにおいてのみ可能であるというのも、だれもが口にしていることである。ただ、この点にかんしても、じつをいえば、これらの個人を超越した有機体にたいしては（人間の社会《ソキエタス・ホミヌム》についてであれ、事物の社会《ソキエタス・レルム》についてであれ）、これまでは機械論的かつ決定論的な意味があたえられてきた。そのために反発があったのである。必要なことは、これらの関係はすべて活動的で運動する関係であるとする理論をつくりあげ、個人の意識こそがこの活動の場であることを十分明確にすることである。かれが認識し、意欲し、審美し、創造するのは、まさしく、ほかでもないかれが認識し、意欲し、審美し、創造するかぎりにおいてであるということ、また、かれはけっして孤立した存在ではないのであって、かれには他の人間たちや事物の社会からもろもろの可能性が豊富に提供されているということ、そして、このことについてかれは一定の認識をもたざるをえないということを明確にする必要があるのである（人はみな哲学者である、科学者である、等々）。

[Q. 10, II, §54]

（1） 原語は〈società delle cose〉である。

「人間とはかれが食うところのものである」というフォイエルバッハの主張[1]は、これだけをとってみれば、さまざまに解釈することができる。下品な、ばかばかしい解釈もある。人間とはそのつどかれが物質的に食うところのものである、すなわち、食物は思考様式に直接規定的な影響力をおよぼす、という解釈がそれである。たとえば、ある人が話をするまえに食ったものがわかれば、話そのものをいっそうよく理解できるだろう、というアマデーオの主張を想起すること。(2)これは、子供じみた、そしてじつのところ、実証科学とも無縁の主張である。なぜなら、脳髄はそら豆や松露によって養われるのではなくて、食物が等質的で同化されうる物質、すなわち、脳髄の分子と潜在的に「同一の性質」をもつ物質に変化して、脳髄の分子を再構成するにいたるのだからである。もしもこのような主張が真実であったとすれば、歴史はその決定的な母胎を台所にもつことになり、革命は大衆の栄養状態の根本的変化と一致することになるだろう。だが、歴史的には、逆が真実なのだ。すなわち、革命および歴史的発展の総体こそが、人びとの栄養状態を変化させ、食物を選択していくなかでつぎからつぎへと「嗜好」をうみだしていったのである。穀物の定期的播種が遊牧生活に終止符を打ったのではなくて、反対に、遊牧生活に対立して出現した諸条件が人びとを定期的播種へと駆りたてていったのである。〔注記省略〕

他方、「人間とはかれが食うところのものである」というのは、栄養状態が社会的諸関係の総体のひとつの表現であり、どの社会的集合体にもそれぞれ基本となる栄養状態があるという意味では、真実である。しかし、そうであってみれば、これとおなじようにして、「人間とはかれの身につけている衣服である」とか、「人間とはかれの住んでいる住居である」とか、「人間とはかれの特殊な生殖様式、すなわち、かれの家族である」というようにいうこともできるだろう。栄養状態、衣服、住居、生殖は、社会的諸関係の総体がまさしくそこにおいてもっとも明白かつ広範に（すなわち大衆的規模で）あらわれる社会生活の要素なのだ。

したがって、人間とはなにかという問題は、いつの場合にも、いわゆる「人間の本性」の問題、あるいはまた、いわゆる「人間一般」の問題である。すなわち、最初は「単位的な」概念、「人間的なもの」のすべてをふくむことのできる抽象概念から出発して、人間についてのひとつの学（ひとつの哲学）をつくりだそうというのである。だが、その場合、単位的な概念および事実としての「人間的なもの」というのは、出発点であるのか、それとも到達点であるのか。あるいは、この探究は、それが出発点として設定されるかぎりでは、むしろ「神学」および「形而上学」の残滓ではないのか。〔いずれにせよ〕哲学を自然主義的な「人間学」にしてしまうわけにはいかない。人類としての統一性は人間の「生物学的な」性質によってはあたえられないのである。歴史において重要性をもつ人間の差異は生物学的な差異ではない（人種、頭蓋骨の形状、皮膚の色、等々。「人間とはかれが食うところのものである」と主張することはこのような自然主義的主張をしていることになるが――人間はヨーロッパでは小麦を食い、アジアでは米を食う、等々――、これはまた、食物の大部分は一般に居住地と関係しているので、「人間とはかれが住むところの土地である」と主張していることにもなるだろう）。いわんや〔人間の〕「生物学的な統一性」が歴史において大きな重要性をもったことは一度としてなかった（人間とは人間自身を食っていたところの動物であるが、それはほかでもない、人間が「自然状態」に近い状態にあったとき、すなわち、自然の富の生産を「人為的に」増大させえないでいたときのことであった）。また、「理性」の能力ないし「精神」も統一性をつくりだしてはこなかったのであって、これを単位的な事実とみとめるわけにもいかない。それはたんに形式的、範疇《カテゴリー》的な概念であるにすぎないからである。人びとを統一したり区別したりするのは、「思考」ではなくて、現実に思考されているもののほうである。

「人間の本性」とは「社会的諸関係の総体」であるというのが、かくてはもっとも満足のできる答えである。なぜなら、この答えは、生成の観念、人間は生成する存在であって、社会的諸関係の変化に応じてたえず変化していくという観念をふくんでいるからであり、「人間一般」なるものを否定しているからである[3]。じじつ、社会的諸関係は相手をたがいに前提しあっているさまざまな人間集団によって表現される。そして、その統一性は、弁証法的なものであって、形式的なものではない。人間は農奴たるかぎりにおいて貴族である、等々（プレハーノフが、無政府主義者たちにかんする冊子のなかで、この弁証法的性格をしっかりとおさえているかどうかを参照のこと）[4]。また、まさしく歴史に「生成」という意味があたえられ、それが、統一性から出発することはしないが、それ自体のうちに可能な統一性の根拠をもっている「不一致の一致」というように把握されるならば、人間の本性は「歴史」である（そして、この意味において歴史イコール精神であるとすれば、人間の本性は精神である）ということもできる。だから、「人間の本性」は個別的な人間のうちにはだれのうちにもみいだすことはできず、人類の歴史全体のうちにみいだすことができるのであって（したがって、「類」という語がもちいられていることには、この語自体は自然主義的性格のものであるが、それなりの意味がある）、それぞれの個人のうちにみいだされるのは、他の個人の性格との不一致によって明らかとなる各自の性格なのである。伝統的哲学の「精神」という思想は、生物学において開発された「人間の〈類的〉性質」という思想と同様、神のうちにさがしもとめられた「人間の本性」（および神の子としての人間）という最大の〈宗教的な〉空想にとってかわり、歴史のたえざる苦悩、理性的または感情的な熱望、などの所在をしめすのに役だつ「科学的な空想」として説明されるべきであろう。じつのところ、神の子たるかぎりでの万人の平等を主張する宗教も、理性の能力に参与する者たるかぎりでの万人の平等を主張する哲学も、もとはといえば、ともに、歴史的発展のもっとも強力な環をすえてきた全体的な革命運動（古典世界の変革ならびに中世世界の変革）の表現であったのだ。

ヘーゲルの弁証法がこれらの偉大な歴史的結節点のひとつの［または最後の］反映であったという事情、また、この弁証法は、もとは社会的諸矛盾の表現であったのが、これらの矛盾が消滅するのにともなって、純粋の概念的な弁証法に転化せざるをえなくなるという事情が、クローチェの哲学のような最近の空想的な基礎のうえに立つ哲学の根底にはひそんでいるのではないだろうか。[5] 歴史においては、真に現実的な「平等」、すなわち、「人間の本性」が歴史的に発展していくなかで達成される「精神性」の段階は、「国家」および政治的世界体制のもとで相互に結合しあっている「私的および公的な」、公然および隠然たる諸結合体の体系のうちにもとめられる。それは、同一の結合体の成員のあいだでは「平等」と感じられ、相互にことなった結合体のあいだでは「不平等」と感じられるような「平等」である。また、その平等にせよ、不平等にせよ、それらはいずれも、それについて、個人として、また集団として、意識されているかぎりで実効性のある平等であり、不平等である。こうして、さらには、「哲学」と「政治」、思想と行動とは等しいという認識、すなわち、あるひとつの実践の哲学に到達する。[6] すべてが政治である。哲学、またはもろもろの哲学も、政治である〔注記省略〕。そして、唯一の「哲学」は、現に進行している歴史である。すなわち、生活そのものである。ドイツ・プロレタリアートはドイツ古典哲学の相続者であるという命題は、[7] この意味に解釈することができる。また、イリイッチのおこなったヘゲモニーの理論化と実現も、[8] ひとつの偉大な「形而上学的」事件であったと主張することができる。

[Q. 7, §35]

（1）一八六二年のフォイエルバッハの論文「犠牲の秘密、あるいは人間とはかれが食うところのものである」を参照のこと。

(2)「アマデーオ」はアマデーオ・ボルディーガ(Amadeo Bordiga, 1899-1970)。一九二一年、リヴォルノにおけるイタリア共産党の創設にグラムシらとともに参加したイタリア社会主義運動の指導者のひとりで、新党の初代書記長をつとめたが、その後、コミンテルンの方針に反対したため、党から除名されている。ここでグラムシが想起しているボルディーガの主張は、書きのこされたもののなかにはみあたらない。なんらかの機会にしゃべったものをグラムシが聞いて記憶していたものとおもわれる。

(3) ここでのグラムシの論述はマルクスのノート「フォイエルバッハにかんするテーゼ」を念頭においてなされていることに注意。たとえば、テーゼ六には、《フォイエルバッハは宗教の本質を人間の本質に解消する。しかし、人間の本質は個々の個人に内在する抽象物ではない。人間の本質とは、現実には、社会的諸関係の総和である。/フォイエルバッハは、こうした現実的な本質にたちいらないから、/(一)歴史の過程を無視して、宗教的心情をそれだけで固定し、そして抽象的な——孤立した——人間的個体を前提せざるをえなくなる。/(二)したがって、人間の本質は、ただ「類」として、すなわち、多くの個人をたんに自然的にむすびつける、内的な、無言の一般性としてしかとらえられない》とある。なお、このマルクスのノートはマルクス=エンゲルスの遺稿『ドイツ・イデオロギー』に付録として収録されているが、同書が完全なかたちで刊行されたのは一九三二年のことであり、それまでは、エンゲルスが『ルートヴィヒ・フォイエルバッハとドイツ古典哲学の終結』(一八八八年)を刊行したさい、表現をわかりやすくするために筆をいれて、付録として公表したものが流布していた。このエンゲルスの校訂になるノートは、イタリアでは、ジョヴァンニ・ジェンティーレによって一八九九年に出版されたかれの著作『マルクスの哲学』のなかではじめて全訳紹介されており、また、イタリア社会党の経営するアヴァンティ!社の『マルクス=エンゲルス=ラサール著作集』全八巻の一九二二年に出版された改訂版にも収録されている。グラムシが読んだのは、このいずれかであるとおもわれる。ジョヴァンニ・ジェンティーレ（Giovanni Gentile, 1875-1944）は、クローチェ（後出の注を参照）とともに二十世紀前半期イタリアの哲学界を代表することになる観念論哲学者であるが、かれの思想がグラムシにあたえた影響には多大のものがあったとみられる。

（4）プレハーノフ（Georgii Valentinovich Plekhanov, 1856-1918）は、ロシアにマルクス主義を導入した人物で、ロシア社会民主党の創設者のひとり。一九〇三年以後はレーニンと対立して、メンシェヴィキに加わっている。「無政府主義者たちにかんする冊子」というのは、一八九四年にフランスの社会民主主義系の雑誌に発表された「無政府主義と社会主義」のこと。一九二一年にイタリア語訳が出ている。

（5）クローチェ（Benedetto Croce, 1866-1952）は、二十世紀前半期のイタリアを代表する哲学者。精神の活動性を唯一の真実在とみる立場から、『表現の学および一般言語学としての美学』（一九〇二年）、『純粋概念の学としての論理学』（改訂版一九〇八年）、『実践の哲学——経済学と倫理学』（一九〇八年）、『歴史叙述の理論と歴史』（一九一七年）の四部作からなる「精神の学としての哲学」の体系をしあげる。グラムシの獄中ノートにおける主要課題のひとつが「反クローチェ論」の展開にあったことについては、同ノート中にグラムシ自身の証言がある。

（6）原語は〈una filosofia della praxis〉である。

（7）エンゲルス『ルートヴィヒ・フォイエルバッハとドイツ古典哲学の終結』の結語を参照のこと。《労働者階級のあいだでのみ、ドイツの理論的精神は、そこなわれることなく存続している。……ドイツの労働者階級の運動こそ、ドイツ古典哲学の相続者である》。

（8）「イリイッチ」は、レーニン（Vladimir Ilich Lenin, 本名 Ulyanov, 1870-1924）。そのレーニンの

おこなった「ヘゲモニーの理論化と実現」というのは、広義には「民主主義革命における隣接諸階級との同盟関係のなかにあってのプロレタリアートの指導性」にかんしていわれているとみてよい。じじつ、「ヘゲモニー」(ゲゲモニア)とか「ヘゲモン」(ゲゲモン)という語は、レーニンの著作中では、一九〇五年のロシア第一革命期に書かれた「民主主義革命における社会民主党の二つの戦術」あたりを嚆矢に、もっぱら第一次世界戦争前に書かれたもののなかに何回か出てくるが、それらはいずれも右の意味でもちいられている。また、「ヘゲモニー」という語が共産党関係者たちのあいだで一般に使用されるようになるのはスターリンが『レーニン主義の基礎について』(一九二四年)において強調してからであるが、同書で強調されている「ヘゲモニー」の意味範囲も、当然といえば当然のことながら、「二つの戦術」等においてレーニンが口にしているのと実質的にことなるものではない。一方、グラムシにかんしていえば、「プロレタリアートのヘゲモニー」という表現が、一九二六年、かれが逮捕される直前に書いた二つの重要な文書――ソ連共産党中央委員会にあてた手紙と未完の草稿「南部問題についての覚え書」――に登場するが、そこでいわれている「ヘゲモニー」(egemonia)の意味内容も、たとえば後者の草稿では、《トリーノの共産主義者たちは「プロレタリアートのヘゲモニー」の問題、すなわち、プロレタリア独裁と労働者国家の社会的土台の問題を具体的に提起した》とあったのち、言葉を接いで、《プロレタリアートが指導的で支配的な階級になることができるかどうかは、勤労人口の多数を資本主義とブルジョア国家に反対する運動に動員することを可能にするような諸階級の同盟体系をどの程度まで創出しうるかということにかかっている》とあることからもわかるとおり、基本的には、右の諸著作においてレーニン＝スターリンが提示している範囲内におさまるものであったとみてよい。ところが、獄中のグラムシが「ヘゲモニー」というとき、それは、たんなる直接的な力による「支配」(dominio)と区別された意味での「指導」(direzione)を指すとともに、その「指導」のなかでも、政治的な指導もさることながら、とりわけ、知的道徳的ないしは文化的な指導の面に力点を置いていわれている。この点に留意するならば、ここでグラムシが念頭においているレーニンは、むしろ、一九二〇年代のはじめ、ソ連邦で新経済政策（ネップ）が採用された時期に、「経済主義」を批判して、「文化闘争」の意義を強調したレーニンではないかともみられる（一九三二年五月二日付タチャーニャ・シュフトあてのグラムシの手紙を参照のこと）。

構造と上部構造——その歴史的ブロック

人間はイデオロギーの場において構造の諸矛盾を意識する、という〔マルクスの〕『経済学批判』の序言のなかにある命題は[1]、たんに心理学的ならびに倫理学的な意義だけでなく、認識論的な意義をもつ主張とみなされなくてはならない。ここからは、ヘゲモニーという理論的‐実践的原理は[2]、これもまた、認識論的意義をもつということ、したがって、この面にこそ、実践の哲学へのイリイッチ〔＝レーニン〕の最大の理論的寄与はもとめられるのでなくてはならないということが出てくる。イリイッチは、政治の理論と実践を前進させたかぎりにおいて、〔哲学としての〕哲学をも〔実際上〕前進させたといってよい。ヘゲモニー装置の実現は、新しいイデオロギーの地盤をつくりだし、意識と認識方法の改革をひきおこすという意味では、ひとつの認識上のできごと、ひとつの哲学的なできごとである。クローチェ流の言いかたをするならば、新しい世界観に適合した新しい道徳を導入することに成功したとき、この世界観の導入も完了する。すなわち、ひとつの全面的な哲学的改革がもたらされるのである。

[Q. 10, II, §12 ; cf. Q. 4, §38]

(1)《……経済的基礎の変化とともに、巨大な上部構造の全体が、遅かれ早かれ、変革される。この変革の考察にあたっては、自然科学の正確さで確認できる生産の経済的諸条件における物質的変革と、人間がそれらのなかでこの衝突を意識し、それらのなかで相互に闘いあうところの法律的、政治的、宗教的、芸術的、哲学的な諸形態、つまりはイデオロギー的な諸形態とを、つねに区別しなければならない。……》

(2)「実践の哲学」というのは、さきのノートにもあったように(本書二三ページ)、哲学と政治の同一性という命題に立脚した哲学のことであるが、この語を獄中のグラムシは「マルクス主義」の換称としても使用している。ここもそうである。

構造と上部構造とはひとつの「歴史的ブロック」[1]を形成している。すなわち、上部構造の複雑で不調和な「矛盾した」総体は生産の社会的諸関係の総体を反映している。[2]ここからみちびきだされるのは、〔個々のイデオロギーではなくて〕ひとつの全体的なイデオロギー体系のみが構造の矛盾を合理的に反映しており、実践の反転[3]のための客観的諸条件がどのようなものであるかをあるがままに表現しているということである。イデオロギーの点で一〇〇パーセント等質的な社会集団[4]が形成されたならば、このことは、この反転のための前提が一〇〇パーセント存在するということ、すなわち、「理性的なもの」が現に行為的に現実的なものであるということを意味している。[5]この論証は、構造と上部構造とが必然的な相互的関係（まさに現実的な弁証法的過程であるところの相互的関係）にあるということに依拠している。［Q. 8, §182］

（1） 原語は〈blocco storico〉である。グラムシによれば、この「歴史的ブロック」という用語は、フランスのサンディカリズムの理論家、ジョルジュ・ソレル（Georges Sorel, 1847-1922）に由来するという。本書三五ページを参照のこと。だが、このとおりの表現はソレルには出てこない。ただ、かれの主著『暴力論』（一九〇八年）の序論（ダニエル・アレヴィへの手紙）には、著者の立場を「ペシミスト」と自己規定したうえで、《ペシミストは、社会的諸条件の総体を、一塊になったままで（en bloc）あたえられたものとしてその必然性を認容しなければならぬほど強く結合された一体系、そしてその全部を一掃しさるほどの破局によるのでなければけっして消失しえないであろうような一体系を形成するものとみなす》とある。この箇所をうけたものと推測される。もっとも、おなじ序論には、著者のいわゆる「神話」にかんする定義を説明した箇所にも、《このような形象の体系〔神話〕は一塊になったままで（en bloc）歴史的な力としてうけとるべきである》とある。本訳書が底本としたジェッラターナ編『獄中ノート』の編者注には、こちらのほうとの連関が示唆されている。

（2） 原語は〈totalitario〉である。グラムシの多用している表現のひとつであって、「全体主義的」という意味合いが濃い。

（3） 原語は〈rovesciamento della praxis〉である。マルクスの「フォイエルバッハにかんするテーゼ」に〈umwälzende Praxis〉という言葉が出てくる。《人間は環境と教育の所産であり、したがって人間の変化は環境の相違と教育の変化との所産であるという唯物論的学説は、環境は人間によって変更されるのであり、教育者みずからが教育されることにならざるをえないのだということをわすれている。……／環境の変更と人間の活動との合致は、ただ umwälzende Praxis としてのみ把握され、合理的に理解される》（エンゲルス校訂版、テーゼ三）。わが国では一般に「革命的実践」とか「変革的実践」というように訳されてきた言葉であるが、ジョヴァンニ・ジェンティーレは、その若き日の著作『マルクスの哲学』（一八九九年）のなかで、これに〈praxis rovesciata〉（反転した実践）という訳語をあてている。現在分詞形で表現されているところを過去分詞形でうけとっているのだが、けっしてケアレス・ミスではない。「教育者みずからが教育されることにならざるをえない」という文言を弁証法的に「実践の反転」（rovesciamento della praxis）というように解釈したうえで意識的にえらびとった訳語である。いわく、《教育者も教育されないままでいるということはありえない、とマルクスはいう。ほら、みられたい、ここにおいて実践は、その本性によって、反転するのだ。それは活動をおこなって、対象へと固定される。かくて、それは矛盾におちいり、矛盾は止揚されて総合が達成される。教育する者が教育される者となり、教育される者が教育する者となる。これが実践のたどる必然的な発展の経路なのだ》。グラムシがここで「実践の反転」といっているのは、これをうけたものと推定される。ちなみに、「実践の哲学」としてのマルクス主義というグラムシの規定自体も、おなじくジェンティーレが、「フォイエルバッハにかんするテーゼ」についての右のような解釈にもとづいて、マルクスの哲学を「実践の哲学」とよんだのをうけている。

（4）原語は〈gruppo sociale〉である。「社会階級」と称すべきところを検閲を考慮していいかえたものとみてほぼまちがいないが、通常の「社会階級」概念よりも用法自体は柔軟であり、意味内容も豊富である。

（5）「理性的なものは現実的なものである」というのはヘーゲルの有名な言葉であるが、これに「現に行為的に」（原語は〈attuosamente e attualmente〉）という表現が付加されているところには、これまた、ジェンティーレの「純粋行為としての精神」（spirito come atto puro）の思想——精神はそれが現に行為的に形成の過程にあるかぎりにおいて真理のうちにあるとする思想で、「行為的観念論」（idealismo attuale）または「アットゥアリズモ」（attualismo）ともよばれる——からの明らかな影響がうかがわれる。

たんなる経済的（または利己的‐情熱的）な契機から倫理‐政治的な契機に移行すること、[1]すなわち、人間の意識において構造を上部構造にまでしあげることをあらわすのに、「カタルシス」という術語を採用することができる。[2]このことはまた、「客観的なものから主観的なものへ」、および「必然から自由へ」の移行をも意味している。構造は、人間をおしつぶして、自分のうちに同化してしまい、受動的な存在にしてしまう外部的な力から、自由の手段に、新しい倫理‐政治的な形式を創造するための道具に、新しい創意《イニシアティヴ》の源泉に転化する。このようなわけで、「カタルシス」の契機を設定することは実践の哲学全体の出発点となるのではないかとおもわれる。「カタルシス」の過程は、弁証法的発展の結果である総合の環に一致するのである（この過程を限界づけている二つの点を想起のこと。すなわち、どのような社会も、その解決のための必要にして十分な諸条件がすでに存在するか、または出現しつつあるか、そのどちらかでないような任務は、けっして提起しない。また、どのような社会も、その潜在的内容をすべて表出しつくしてしまうまでは、けっして消滅しない。この二点である)[3]。

[Q. 10, II, §6]

(1)「たんなる経済的(または利己的‐情熱的)な契機」(momento meramente economico o egoistico-passionale)から「倫理‐政治的な契機」(momento etico-politico)への移行という言いまわしは、クローチェから借用されたものである。クローチェは、精神の実践的活動を「経済的または功利的活動」(attività economica o utilitaria)と「倫理的または道徳的活動」(attività etica o morale)の二つの形式に区別している。また、とくに後者に関連しては、一九二〇年代にはいって、この活動の分野にかんする歴史の書きかたについての再考作業を進めるなかで、「倫理‐政治史」(storia etico-politica)という表現を使用するようになる。このクローチェの用語法を借りたものとみられるのである。ただし、そこにこめられている意味自体は、クローチェとグラムシとではかならずしも同一ではない。

(2)「カタルシス」(catarsi)というのは、元来、浄化および排泄を意味するギリシア語で、アリストテレスが悲劇の効用を説明するのにもちいた。悲劇は、人びとの心のなかに鬱積したものを排泄させ、浄化するというのであった。この言葉は、現在では、美学だけでなく、精神分析の分野においても、抑圧されて無意識のうちにとどまっていた心的外傷を言語や行為を媒介にして外部に表出することによって消去しようとする心理療法の技術を指すのにもちいられているが、グラムシの念頭にあったのは、美学における用法のほうであろう。

(3) マルクス『経済学批判』の序言を参照のこと。《……ひとつの社会構成体は、それがいれうるだけのすべての生産力が発展しきるまではけっして没落するものでなく、また、新しい、より高度の生産関係は、その物質的な存在諸条件が旧社会自体の内部で孵化しおわるまではけっして従来のものにとってかわることはない。だから、人間はつねに自分が解決しうる課題だけを提起する。なぜなら、いっそうくわしく考察するならば、問題そのものは、その解決の物質的条件がすでに現存しているか、あるいはすくなくとも成立しつつあるかの場合だけにはじめて発生することがつねにわかるだろうからである》。

〔クローチェはマルクスについてさまざまな指摘をおこなっているが、それらのうちでも〕とくに検討してみるとおもしろいのは、「イデオロギー」とその価値の問題である。この点でクローチェのおちいっている矛盾を明らかにすること。クローチェは、『政治学要綱』〔一九二五年〕のなかで、マルクスにとって「上部構造」は外観であり幻影であると書くとともに、これはまちがっているといってマルクスを非難している〔問題点をよく確認しておくこと〕(1)。だが、これはほんとうだろうか。イデオロギーにかんするクローチェの理論は——これは最近も『クリティカ』誌に出たマラゴーディの著作の書評のなかでくりかえされているのだが——、あきらかにマルクス起源のものである(2)。イデオロギーは実践的な構築物であって、政治的な指導の道具であるというのだから。ただ、かれの理論は、マルクスの学説のうちの一部、批判的-破壊的な部分をしか、再現していない。マルクスにとって、「イデオロギー」は、幻影や外観どころではない。それらは、客観的な、現に作動している現実なのだ。ただし、歴史の原動力ではない、というだけのことである。イデオロギーが社会的現実をつくりだすのではなくて、社会的現実が、その生産の構造のなかにあって、イデオロギーをつくりだすというのが、マルクスの見解である。上部構造が外観であり幻影であるなどとどうしてマルクスはかんがえることができただろう。かれの諸学説もまた上部構造なのである。人間はイデオロギーの場、上部構造の場において、自分たちの任務を意識する、とマルクスは確言している。しかも、この確言には、すくなからぬ「現実性」があるのだ。かれの理論もまた、まさしく、ある特定の社会集団にみずからの任務、みずからの力、みずからの発展動向を「意識させる」ことをめざしているのである。しかし、敵対する社会集団の「イデオロギー」については、かれはこれらを破壊する。これらの「イデオロギー」は、残余の社会にたいする政治的支配の実践的道具にほかならない。かれは、これらの「イデオロギー」が実際の現実と矛盾したものであって、そのためにどんなに無意味なものであるかを暴露するのである。〔中略〕

このマルクスにおける上部構造の具体的価値についての議論は十分に研究されるべきであろう。「歴史的ブロック」というソレルの概念[3]を想起すること。もしも人間が上部構造の場において自分たちの任務を意識するのだとすれば、このことは構造と上部構造のあいだには人体における皮膚と骸骨のあいだの連関にも似たひとつの必然的で根本的な連関が存在することを意味している。人を支えているのは皮膚であって骸骨ではないと主張すれば、これはとんでもない主張というべきだろう。しかし、だからといって、皮膚がたんに外観だけの幻影にすぎないということにはならない。じっさいにも、皮膚をはぎとられた人体なんて、醜悪で、とても正視できたものではあるまい。こうしてまた、頬の色が健康の原因であってその逆ではないといったとすれば、それはとんでもないことだが、しかし……等々。〔人体との比較は、これらの概念を一般の人びとにもわかりやすくするために、適切な比喩としてもちいることができる〕。〔他方〕わたしたちが女性を愛するのは骸骨の形態によってではないが、しかしまた、この骸骨の形態も、外形の一般的な調和とさらには皮膚の状態に寄与しているのであって、性的魅力の一要素をなしている。もっとも、これはあくまで、たんなる比喩である。歴史は社会構造のもろもろの急激な変化を記録しているのにたいして、動物の国では、たとえ語りうるとしても、たかだか、ごく緩慢な進化についてしか語りえないからである。

[Q. 4, §15]

（1）『政治学要綱』（一九二五年）に収められている一九二四年の論考「経済‐政治史と倫理‐政治史」のなかに《史的唯物論は、経済生活が実質であり、道徳生活は外観、幻影、または「上部構造」であるとみなした》とあったうえで、このような史的唯物論が影響力を行使するようになった結果、歴史叙述の分野に「道徳的意識の衰退」がもたらされたとの非難の言辞が出てくる。このくだりをうけたものと推定される。

（2）マラゴーディ（Giovanni Francesco Malagodi, 1904-1991）は、ロンドン生まれの自由主義系イタリア人政治家。ここでいわれているかれの著作というのは、一九二八年に出版された『政治的イデオロギー』のことである。同書についてのクローチェの書評は『クリティカ』誌一九二八年九月二十日号に載っている。そこには、マラゴーディが《イデオロギーというものは、行動をめざしているがゆえに純粋の学説ではなく、しかしまた、すべてが理論的主張からなっているがゆえにたんなる実践的道具でもない》とのべているのを批判して、《ほんものの政治的イデオロギーは、たんに行動をめざしているだけでなく、現実には、すでに進行中の行動そのものなのだ。そこで口にされている理論的主張とみえるものも、実践的行動のなかに構成要素としてはいりこみ、実践的行動に転化するのである》とある。また、イデオロギーが「実践的用途」のものであり、その実質は「自分たちの主張に賛同する活動的分子を結集して、達成すべき行動へとむかわせようとする」政治的人物たちの「現実の意志」のうちに存するという趣旨の論述自体は、すでに『政治学要綱』に収められている一九二四年の論考「政治学綱要」に出てくる。なお、『クリティカ』誌は、クローチェが、十九世紀後半の思想界一般を支配してきた実証主義からの脱却とフマニタス（精神的総合）の理念に依拠したイタリア文化の革新を旗印にかかげて、一九〇三年に創刊した哲学と歴史と文学の総合評論誌である。

（3）本書三〇ページの訳注（1）を参照のこと。

哲学・宗教・常識・政治

哲学というのはある特定の専門的科学者や職業的で体系的な哲学者の部類に固有の知的活動であるからなにかとてもむずかしいものだ、というきわめて広範にひろまっている先入見をうちこわす必要がある。ひいては、すべての人が「哲学者」であるということを予備的に証明しておく必要がある。そして、この「世人全体」に固有の「自生の哲学」の限界と性格とを明確にする必要がある。この哲学は、㈠言語自体、それも、内容を剝奪された文法的な言葉だけからなる言語ではなくて、具体的に規定された概念や観念の総体としての言語自体、㈡常識と良識、㈢民間宗教、したがってまた、総じて「フォークロア」(=民間伝承)とよばれているもののうちに姿をみせる信仰、迷信、意見、ものの見かたや行動のしかたの全体系、のうちにふくまれている。

すべての人は、自分なりのしかたにおいてではあるにしても、また、そのことを意識はしていないにしても、哲学者であるということ。それというのも、およそどのような知的活動であれ、その最低限のあらわれ、つまりは「言語」のうちに、すでにある特定の世界観がふくまれているからであるということ。このことを証明したならば、つぎには第二の契機、批判と自覚の契機に移行するがよい。批判的な自覚をもたないで、ばらばらのまま、場あたり的に「思考する」ほうがよいのか、すなわち、外部の環境から、いいかえれば、各人が意識の世界にはいりこんで以来そのなかに自動的に巻きこまれている数多くの社会集団のうちのひとつによって、機械的に「おしつけられた」世界観に「参加する」ほうがこのましいのか(その外部の環境というのは自分の村や地方であるかもしれない。そして、その世界観は教区に起源をもつものであるかもしれない。その「知恵」がそのまま〔共同体の〕掟となる教区司祭や家父長的権威をもった古老の「知的活動」や、魔女から知恵を継承した女たちや、ただぐずぐずとたわごとを口にするだけで行動に出る能力のない、腐りきった小知識人に起源をもつものであるかもしれないのである)、それとも、自分の世界観を自覚的かつ批判的に錬成し、ひいては、そのような自分の頭脳をもちいた仕事によって、自分の活動領域を選択し、世界史の生産活動に能動的に参加し、自分自身の案内人となって、自分の人格への刻印を外部から受動的かつ盲従的にうけとることをしないほうがこのましいのか、という問いに移っていくべきなのだ。

注一。自分の抱懐している世界観のゆえに、人はつねにある特定の集団に、正確には、おなじ思考と行動の様式をわかちもった社会的な分子からなる集団に所属する。人はなんらかのコンフォーミズムにしたがったコンフォーミストであり、つねに大衆人、または集合人である。[1] 問題は、そのコンフォーミズム、その自分が一部をなしている大衆人がどのような歴史的タイプのものであるか、という点にある。世界観が批判的で首尾一貫したものでなく、場あたり的でばらばらのものであるときには、人は同時に複数の大衆人に属していることになり、その人格は奇怪な混合物と化す。その人格のなかには、穴居人の要素と最新の進歩した学問の原理、過去の狭く地方的な歴史的諸段階でうみだされてきた先入見と人類が世界的に統一されてはじめてもちうるような将来の哲学の直観が、同時にみいだされる。したがって、自分の世界観を批判するということは、それを統一的な首尾一貫したものにし、もっとも進んだ世界的思考が到達している点にまで高めあげるということを意味している。ひいては、これまでに存在してきた哲学のすべてを、それが人民の哲学のなかに強固な層をのこしているかぎりにおいて、批判するということを意味している。批判的錬成の発端となるのは、人が現実にはどのような存在であるかということについての意識である。「汝自身」のうちには、これまでに展開された歴史的過程が財産目録に整理されることなくうけいれられて、無数の痕跡をとどめている。このような歴史的過程の所産としての「汝自身を知れ」ということこそが、発端となるのだ。まずもっては、そのような財産目録を作成する必要がある。

注二。哲学を哲学の歴史から、文化を文化の歴史からきりはなすことはできない。もっとも直接的かつ現実に密着した意味において人が哲学者であるためには、すなわち、批判的に首尾一貫した世界観をもつためには、人は自分の世界観が歴史性をおびたものであることについての意識をもたなければならない。それが代表している発展段階についての意識、および、それが他のもろもろの世界観やその諸要素と矛盾しているという事実についての意識をもたなければならない。自分のいだいている世界観は現実が提起した特定の諸問題に答えようとしてうまれたのであって、それらの諸問題はたしかに特定のものであり、現在的意義をになっているかぎりで「独自の」ものなのだ。ときとしてきわめて遠い、そしていまではもうのりこえられてしまった過去の諸問題のために練りあげられた考えかたでもって、現在を、それもたしかに特定のものである現在を思考することがどうしてできるだろう。かりにもそんなことができたとすれば、それは人が自分の時代において「時代錯誤的存在」であるということ、化石のような存在であって、現代を生きている存在ではないということを意味している。あるいはすくなくとも、奇怪な「混合物」であるということを意味している。じじつ、ある面ではもっとも発展した近代性を表現している社会集団が、他の面ではかれらの社会的地位に遅れをとっていて、それゆえ完全な歴史的自律性をもつことができないでいるということが生じている。

注三。あらゆる言語はひとつの世界観またはひとつの文化の諸要素をふくんでいるというのが真実であるとすれば、しかしまた、各人の言語からその世界観がどの程度複合的なものであるのかを判断することができるというのも真実である。方言しか話さない人、あるいは国語の地方的変異態しか理解できない人は、必然的に、世界史を支配している偉大な思想潮流とくらべて多少とも狭く限定された地方的な世界直観、石化した時代錯誤的な世界直観をわかちもっている。その人の利害関心は狭く限定されており、多少とも同業組合的または経済主義的[2]であって、普遍的なものではないだろう。さまざまな文化生活と接触するために多くの外国語を学ぶことがいつでも可能というわけでないならば、すくなくとも国語を十分に学ぶ必要があるのだ。ひとつの偉大な文化は他の偉大な文化の言語に翻訳することができる。すなわち、歴史的に豊富で複合的な内容をもった偉大な国語は他のどんな偉大な文化をも翻訳することができる。つまりは世界的な表現でありうる。しかし、方言には、それだけのことはなしえない。

注四。新しい文化を創造するということは個人的に「独創的な」発見をすることを意味しているだけでない。それはまた、そしてとりわけ、すでに発見されている真理を批判的に普及させること、それらをいわば「社会化」すること、したがって、それらを枢要な活動のための基礎、知的ならびに道徳的な配置と秩序の要素になるようにすることをも意味している。一群の人間大衆が現に目の前にある現実を首尾一貫した統一的なしかたで思考するようになるというのは、ひとりの哲学的「天才」によってなされた、小さな知的集団の世襲財産にとどまるような新しい真理の発見よりも、はるかに重要かつ「独創的な」

「哲学的」事実である。

常識、宗教、哲学の連関。哲学は一個の知的秩序をなしている。これは宗教も常識もそうではありえないものである。じつは宗教と常識も同一物ではないのだが、しかしながら宗教はばらばらな要素からなる常識のひとつの要素をなしている。これはどうしてかをしらべてみること。そのうえ、「常識」は「宗教」がそうであるのとおなじく集合名詞である。単独の常識といったものは存在しないのだ。なぜなら、常識もまた歴史的な所産であり、歴史的に生成するものであるからである。哲学は宗教と常識の批判であり克服である。そして、この意味においては、それは常識に対置される「良識」と一致する。

学問、宗教、常識の関係。宗教と常識とが一個の知的秩序を構成しえないのは、集合的意識においてはいうまでもなく、個人の意識においてさえ、それらは統一性のある首尾一貫したものにすることができないからである。それらは「自由なしかたでは」統一性のある首尾一貫したものにすることはできないのだ。「自由なしかたでは」というのは、「権威的なしかたでは」、じっさいにも過去に一定の範囲内でなされたことがあったように、可能かもしれないからである。なお、ここで問題になる宗教というのは、教団のいう意味での宗教ではなく、あるひとつの世界観とそれに合致した行動規範との信仰における統一という世俗的な意味においての宗教のことである。しかし、この信仰における統一を「宗教」とよんで、「イデオロギー」またはただちに「政治」とよばないのはなぜか。

ところで、哲学一般なるものは存在しない。存在するのはさまざまな哲学ないしは世界観であって、人はつねにそれらのなかから選択をおこなうのである。この選択はどのようにしておこなわれるのか。この選択はたんに知的なものであるのか、それとも、もっと複雑なものであるのか。また、しばしば知的な事実と行動規範とのあいだには矛盾があるのではないか。その場合、実際の世界観はどちらのほうであるのか。知的事実として論理的に確言されているもののほうであるのか、それとも、各人の行動のなかに暗黙のうちにふくまれていて、各人の実際の活動からもたらされるもののほうであるのか。また、行動するとはつねに政治的に行動することであってみれば、各人のいだいている実際の哲学はそっくりその人の政治のなかにふくまれているということはできないだろうか。この思考と行動との対立、すなわち、ひとつは言葉のうえで確言されているもの、もうひとつは実際の行動のなかで表出されるものという、二つの世界観の共存は、かならずしも不誠実によるものではない。不誠実ということは、何人かの個々人や多少とも多数の集団については十分な説明になるかもしれないが、対立が広範な大衆の生活様態のなかであらわれる場合には、十分でない。この場合には、それは歴史的-社会的な次元のより深い対立の表現でしかありえないのである。つまりはこういうことなのだ。萌芽的にではあれ自分自身の世界観をもったあるひとつの社会集団が存在していて、その世界観は、行動のなかで、ときたま散発的に表にあらわれる。その集団がひとつの有機的な集合として動くときがそうである。しかしまた、その集団は知的には屈伏と従属を強いられているために、自分のものではない世界観を他の集団から借りてきていて、こちらのほうを言葉のうえでは確言している。また、こちらのほうを奉じていると信じこんでいる。なぜなら、「平常のとき」には、すなわち、行動が独立的でも自律的でもなく、まさしく屈伏的で従属的であるときには、じっさいにこちらのほうを奉じているからである。だからこそ、哲学を政治からきりはなすことはできないのである。それどころか、あるひとつの世界観を選択し批判するということは、それ自体、政治的な事実であることが明らかになるのである。

したがって、それぞれの時代に哲学の多数の体系や潮流が共存するといった事態はどのようにして生じるのか、それらの体系や潮流はどのようにして誕生するのか、どのようにして普及していくのか、普及の過程で一定の屈折や一定の方向選択がみられるのはなぜか、などといった点を説明する必要がある。このことは、世界ならびに生活についての自分自身の直観を批判的に首尾一貫したしかたで体系化することがどんなに必要であるかをしめしている。その場合、まずもっては「体系」という言葉にあたえるべき意味を厳密に確定しておかねばならない。これを衒学的で教授ふうの意味に理解してはならないのだ。しかしながら、この錬成の作業は、あくまで哲学の歴史の枠内においてなされなければならない。また、その枠内においてのみなされうる。哲学の歴史は、思考が何世紀にもわたる経過のなかでどのような錬成をほどこされてきたか、わたしたちの現在の思考様式がうまれるにはどれほどの集団的努力を要したかを明らかにしてくれるのである。しかも、わたしたちの現在の思考様式にはこの過ぎ去った歴史の全体がもろもろの誤謬や錯乱もふくめて総括され要約されているのであって、他方、それらの誤謬や錯乱は過去に犯され矯正されてしまっているからといって、現在ではもはや再生産されることはないとか、なおも矯正を要求しているということはないとはいえないのである。

人民は哲学についてどんな観念をいだいているか。これは日常の言葉遣いから再構成することができる。もっとも普及しているもののひとつは、「プレンデレ・レ・コーゼ・コン・フィロゾフィーア（prendere le cose con filosofia）」（＝ことがらを冷静に（＝哲学的に）うけとる）という言いまわしである。これは、よくみてみれば、それほど捨てたものではない言いまわしである。この言いまわしのなかには諦めと忍耐への暗黙の誘いがふくまれていることは真実である。しかし、かなめをなしているのは反省的考察への誘いであるとおもわれる。生起した事態は根本においては合理的なものであり、そのようなものとして、自分の理性的な力を集中して、本能的なやみくもの衝動にひきずられたままになっていないで、正面からたちむかう必要があるのだと自分に言いきかせるようにとの誘いなのだ。このような民間に流布している言いまわしを「哲学」とか「哲学的に」といった言葉のはいっている人民的な「人民的に国民的な」性格の著作家たちの類似する表現といっしょに――大きな辞典からとりだして――寄せ集めてみるとよい。そうすれば、これらの言いまわしには、動物的で原始的な情念を克服して、それを自分の行動にひとつの意識的な方向をあたえるような必然性の思想にしあげるという、きわめてはっきりとした意味のこめられていることがわかるだろう。これこそは常識のなかの健全な核心であり、まさしく良識とよぶことのできるものであり、発展させて統一的で首尾一貫したものにするに値するものである。こうして、この理由からも、「学問的」とよばれている哲学をさまざまな観念や見解のばらばらの集合にすぎない「通俗的」かつ人民的な哲学ときりはなすことはできないことが明らかになる。

しかしながら、ここにいたって、ひとつの文化運動、ひとつの「宗教」、ひとつの「信仰」と化したあらゆる世界観、あらゆる哲学、すなわち、実践的な活動と意志とをうみだしてきて、それらのなかに暗黙の理論的「前提」としてふくまれているあらゆる世界観、あらゆる哲学の根本問題が提起される。「イデオロギー」という言葉に、まさしく、芸術、法、経済的活動のうちに、個人の生活や集団の生活のあらゆる様態のうちに、それとなくあらわれ出ている世界観という、通常それにあたえられているよりも高い意味をあたえるならば、そのような哲学は「イデオロギー」とよぶことができるだろう。このようなイデオロギーによって接合され統一されている社会的ブロック全体におけるイデオロギー的統一を保持するという問題が提起されるのである。宗教の力、とくにカトリック教会の力は、それが「宗教的」大衆全体の教義的統一の必要を精力的に感知し、知的に高い層が低い層から分離しないよう闘ったということのうちにあった。また現在でもそうである。ローマ教会は「知識人」の宗教と「素朴な魂」の宗教という二つの宗教が「公式に」形成されるのを防止するための闘いにおいてつねにもっとも頑強であった。この闘いは教会自体にとって重大な不都合なしに展開されたわけではなかった。が、これらの不都合は、倫理的社会(3)全体を変容させてしまうような歴史的過程、そして宗教を腐蝕させてしまう批判を一塊となってふくんでいるような歴史的過程と関連している。それだけになおのこと、文化の領域における聖職者の組織能力と、教会がみずからの圏内において知識人と素朴な人びととのあいだにうちたてることのできた抽象的には合理的で正しい関係はきわだっている。イエズス会士たちは、うたがいもなく、この均衡のもっとも優秀な作り手であった。そして、この均衡を保持するために、教会にたいして、科学と哲学の要請にも一定の満足をあたえることをめざした進歩的な運動をしかけてきた。ただ、そのリズムはあまりにも緩慢で、秩序だてて遂行されているため、変化は「カトリック全一主義者(4)」には「革命的」でデマゴギーめいてみえているにしても、素朴な信徒大衆にはそれと気づかれるまでにはいたっていないのである。

　内在主義哲学(5)一般の最大の弱点のひとつは、まさしく、底辺と頂点、「素朴な人びと」と知識人のあいだにイデオロギー的統一をつくりだすことができなかったことにある。西欧文明の歴史のなかでは、この事実は、ローマ教会とくらべた場合の直接的にはルネサンスの失敗、そして部分的には宗教改革の失敗によって、ヨーロッパ的規模で明らかになっている。この弱点は学校問題のなかにあらわれている。内在主義哲学によっては、児童の教育において宗教にかわりうる思想を建設しようとする試みすらなされなかった。このために似而非歴史主義的な詭弁がうまれて、宗教は人類の幼年時代の哲学であり、人類の幼年時代は各人の比喩的でない幼年時代においても再現されるという理由で、宗教をもたない(無宗派の)、そして現実には無神論者である教育者たちが、宗教教育に譲歩するといったような事態が生じることとなったのである。(6) 観念論はまた、いわゆる人民大学やその他の類似の施設となってあらわれた「人民のなかへ行こう」の文化運動にも敵対的であることが明らかになった。しかも、それらの呈している悪質な面ばかりがその理由であったわけではない。もしもそうであったならば、改善するよう努めさえすればよかったはずであろう。しかしながら、これらの運動は関心をよせるに値するものであり、研究するだけの価値のあるものであった。これらの運動は、「素朴な人びと」の側にも高級な形態の文化と世界観を自分のものにするところまでみずからを向上させようという誠実な熱意と強力な意志のあることを明らかにしたという意味においては成功であったのだ。ただ、それらには、哲学的思考の面でも、組織的堅固さの面でも、文化的集中の面でも、いっさいの有機性が欠如していた。そして、それらはイギリスの商人たちとアフリカの黒人たちとの最初の接触にも似ているとの印象がうまれたのであった。がらくたをあたえて、代わりに金塊をとったのである。他方、思考の有機性と文化的堅固さとがうまれえたのは、ただ、知識人と素朴な人びととのあいだに理論と実践とのあいだにあるべき統一とおなじ統一があった場合でしかなかった。すなわち、知識人が有機的にそれらの大衆の知識人であった場合でしかなかったのである。いいかえれば、それらの大衆がかれらの実践的な活動によって提起していた諸原理や諸問題を知識人が練りあげて首尾一貫したものにし、かくてはひとつの文化的かつ社会的なブロックを構成した場合である。すでに指摘しておいたのとおなじ問いがふたたびたちあらわれる。哲学的な運動が哲学的な運動であるのは、限られた知識人集団のための専門化された文化を発展させることに専念する場合だけであるのか、それとも逆に、常識よりも高級で科学的に首尾一貫した思考を練りあげる仕事をするさいにも、「素朴な人びと」との接触をけっしてわすれず、それどころか、この接触のうちに研究し解決すべき諸問題の源泉をみいだす場合であるのか、という問いがそれである。この接触をつうじてのみ、哲学は「歴史的なもの」と化すのであり、個人的性質の主知主義的諸要素から浄化されて、「生活」になるのである。

　実践の哲学[7]は、最初は論争的かつ批判的な態度をとって、先行する思考様式および現存する具体的な思想（または現存する文化的世界）をのりこえるものとしてしか登場しえない。したがって、まずもっては「常識」の批判を遂行し（「すべての人びと」が哲学者であるということ、そして「すべての人びと」の個人生活のなかにまったく新しくひとつの学問を導入することが問題なのではなくて、すでに現存している活動を革新し、「批判的なもの」にすることこそが問題なのだということを証明するために、常識に依拠したのちにである）、そしてつぎには哲学の歴史をうみだしてきた知識人たちの哲学の批判を遂行する必要がある。この知識人たちの哲学は個人的なものではあるが（そして、じっさいにも本質的な部分においては、とくに才能にめぐまれた個々人の活動のなかで発展をとげていくのであるが）、常識の、すくなくとも社会のもっとも教養ある層の常識の、そしてこの層をつうじての世人一般の常識の、進歩の「先端」とみなすことができる。だからこそ、哲学研究は一般文化の発展過程のなかでうみだされてきた諸問題を総合的に陳述することをもって開始されなければならないのである。この一般文化は、哲学の歴史のなかには部分的にしか反映していない。が、それでもなお、常識の歴史が欠如しているなかにあっては（常識の歴史を構成することは文書資料が欠如しているため不可能なのだ）、それら〔一般文化の発展過程のなかでうみだされてきた諸問題〕を批判し、それらのもっている現実的な価値（なおもっているならば）、またはあるひとつの連鎖のいまではのりこえられてしまった環としての意義を明らかにし、新しい今日的な問題を立てたり、古い問題を今日的に設定しなおしたりするために準拠すべき最大の源泉でありつづけているのである。

「高級な」哲学と常識との関係は「政治」によって保証される。これは知識人のカトリック教と「素朴な人びと」のカトリック教との関係が政治によって保証されているのと同様である。しかしながら、この二つの場合のあいだに存在している相違は基本的である。教会が「素朴な人びと」の問題にたちむかわなければならないということは、まさしく、「信徒たち」の共同体のなかに分裂が存在したということを意味している。そして、この分裂は、「素朴な人びと」を知識人のレヴェルにまで向上させることによってではなく（このような任務は教会は提起すらしていない。このような任務は、思想的にも経済的にも、教会の現有の力をこえている）、知識人に鉄の規律を課して、かれらがこの区別において一定の限界を踏みこえ、それを破局的でとりかえしのつかないものにしてしまうことのないようにすることによってしか、いやしえないのである。〔後略〕

実践の哲学の立場は、このカトリック教会の立場とは正反対である。実践の哲学は「素朴な人びと」を常識というかれらの原始的な哲学のなかにとどめておくことをめざすのではなく、逆にかれらを高次の生活観にまでみちびいていくことをめざす。実践の哲学が知識人と素朴な人びととの接触の必要を主張するとすれば、それは学問的活動を制限して大衆の低いレヴェルにおいて統一を保持するためではなく、まさしく、わずかの知識人集団だけでなく大衆の知的進歩を政治的に可能にするようなひとつの知的‐道徳的なブロックを構築するためである。

大衆的な活動的人間は実践的に行為するが、この自分の行為についての明確な理論的意識をもっていない。このかれの行為は、世界を変革するものであるかぎりで、世界を認識する行為でもあるにもかかわらずである。それどころか、かれの理論的意識は、歴史的には、かれの実践的な行為と対立することすらありうる。かれは二つの理論的意識（あるいはひとつの矛盾した理論的意識）をもっているといってもよいほどである。ひとつは、かれの行為のなかに暗黙のうちにふくまれている意識であって、こちらのほうはかれを現実の実践的変革の事業におけるかれのすべての協同者に実際にむすびつけている。もうひとつは、表立って口にされているほうの意識であって、これはかれが過去からうけついで無批判にうけいれてきたものである。しかしながら、この「口にされている」思想のほうも、これはこれで重要な結果をもたらす。この思想はかれをふたたびひとつの特定の社会集団にむすびつけ、かれの道徳的行為に、かれの意志の方向に、多かれ少なかれ精力的に影響をおよぼす。そして、ついには、意識が矛盾しているため、どんな行動、どんな決断、どんな選択も不可能になってしまって、道徳的および政治的な受動状態がうみだされる結果となるのである。つぎにはまた、批判的な自己理解がもたらされるのは、もろもろの政治的な「ヘゲモン的勢力」(8)、相対立する指導的勢力のあいだの闘争をつうじてである。この闘争は、最初は倫理の分野において、ついでは政治の分野において展開され、最後には高次のレヴェルにあっての固有の実在観を練りあげるにいたる。ある特定のヘゲモン的勢力の一部をなしているという意識（すなわち政治的意識）は、さらに進んだ自己意識に到達して、理論と実践とが最終的な統一をみるようになるための第一の段階なのである。それにまた、理論と実践の統一も、機械的な事実与件ではなくて、歴史的に生成するものである。そして、それはその初発の段階を「区別」、「分離」、ほとんど本能に近い独立の感覚のうちにもっている。(9) ヘゲモニーという概念の政治的発展が政治的‐実践的な進歩以外にも、ひとつの偉大な哲学的進歩をあらわしていることを強調しておかなければならないゆえんである。それは必然的に、ひとつの知的な統一と、常識を超克して、なおも限られた範囲内においてではあれ、批判に転化したひとつの実在観に合致したひとつの倫理とを巻きこんでおり、また前提としているのである。

しかしながら、実践の哲学の最近の発展のなかでは、理論と実践の統一という概念を深化させる仕事は、なおも初期の段階にしかない。まだ機械論の残滓がのこっているのだ。理論は実践の「補足」であり「付属品」であるとか、理論は実践の奴婢であるといったようなことがいわれているのだから――。この問題もまた歴史的に立てられるべきであるというのが正しいとおもわれる。つまりは知識人にかかわる政治的な問題のひとつの側面として立てられるべきなのだ。批判的自己意識とは、歴史的および政治的には、知識人エリートの創造ということを意味しているのである。あるひとつの人間大衆が自分を「区別」し、「対自的に」独立した存在になるには、自分を（広い意味において）組織しないといけない。そして、組織するためには、知識人がいなくてはならない。すなわち、組織し指導する者がいなくてはならない。理論と実践の連関のうちの理論的な側面が概念的かつ哲学的錬成を「専門とする」層となって具体的に分離する必要があるのである。しかし、この知識人の創造の過程は、長くて、困難で、矛盾にみちており、前進と後退、離散と結集のくりかえしである。そして、その過程では、大衆の「忠誠」は（忠誠と規律とはこの文化現象全体の発展への大衆の支持と協力とが最初にとる形態である）、しばしば苛酷な試練にかけられる。発展の過程は、知識人と大衆の弁証法にむすびついている。知識人層は量的にも質的にも発展をとげていくが、新しい「拡がり」と複雑さにむかっての知識人層のあらゆる飛躍は素朴な人びとからなる大衆の類似する運動とむすびついている。この大衆の運動のほうも文化の高次のレヴェルまでみずからを向上させようとし、それと同時に、多少とも重要な個人あるいはまた集団が先端をなして、専門化した知識人層への影響圏を拡大していくのである。しかしまた、この過程では、大衆と知識人（あるいはかれらのうちの何人か、または一部のグループ）のあいだに分離が形成されて接触の喪失が生じる瞬間、ひいては「付属品」、補足、従属物であるかのような印象が生じる瞬間が、くりかえし到来する。二つの要素をたんに区別するだけでなく（このこと自体はたんに機械的で慣習的な操作であるにすぎない)、分裂させ、きりはなしてしまったのちに、理論と実践の連関のうちの「実践的」要素のほうに力点を置くのは、相対的に原始的な歴史段階、なおも経済的‐同業組合的な段階[10]を通過しているということを意味している。この段階では、量的な変革、「構造」の一般的枠組みの変革はなされており、それに適合する上部構造という質のほうも生誕の途上にはある。が、こちらのほうは、なおも有機的な形成をみるにはいたっていないのである。なお、ここで、もろもろの世界観が練りあげられ普及するにあたって、現代世界において政党のもっている重要性と意義とを強調しておかなければならない。政党はそれらの世界観に合致した倫理と政治を練りあげており、それらの世界観のほとんど歴史的な「実験家」として機能しているのだ。政党は活動している大衆を個別に選抜する。選抜は、実践の分野と理論の分野で同時的に結合しておこなわれる。しかも、そのさい、理論と実践の関係は、その世界観が旧来の思考様式にくらべて決定的かつ根本的に革新的で敵対的であればあるほど、それだけいっそう緊密である。したがって、政党とは新しい全一的かつ全体的な知性の錬成者[11]であるということができる。すなわち、政党は現実的な歴史的過程として理解された理論と実践の統一のるつぼなのである。こうしてまた、党が個人加盟によって形成されること、「イギリス労働党」型のものでないことがどれほど必要であるかも、了解される。なぜなら、「経済的に活動している全大衆」を有機的に指導することが問題であってみれば、かれらを旧来の図式にしたがって指導するのではなくて、それを革新することによって指導することこそが重要であるし、そして革新は、その初期の段階においては、エリートを介してしか、大衆的なものとはならないからである。エリートのなかでは、人間の活動のうちに暗々裡にふくまれている世界観がすでにある程度まで首尾一貫した体系的な現実の意識に転化しており、明確で断固たる意志に転化しているのである。〔後略〕

なぜ、またどのようにして、もろもろの新しい世界観は普及していって、一般的なものとなるのか。この普及の過程（これはまた同時に古いものにとってかわる過程であり、きわめてしばしば新しいものと古いものとの結合の過程である）では、新しい世界観が陳述され呈示されるさいの合理的な形式、陳述者ならびに陳述者が支援をもとめている思想家や科学者の権威（すくなくとも漠然とは承認され評価されているかぎりでの）、新しい世界観を陳述する者とおなじ組織に所属しているということが（しかしながら新しい世界観を共有しているというのとはべつの動機で組織にはいったのちに）影響をおよぼす。これはどのようにしてであるのか。また、どの程度にであるのか。これらの要素は、現実には、社会集団とそれの文化水準とに応じてことなる。しかし、この探究が興味深いのは、とりわけ人民大衆にかかわる場合である。人民大衆は世界観を変えるのがことのほかむずかしい。かれらは、どんな場合でも、新しい世界観をいわば「純粋な」かたちでうけいれることによって旧来のものを変えることはけっしてなく、ただ、多かれ少なかれ異様で奇怪な結合体のかたちでうけいれるだけである。論理的に首尾一貫した合理的な形式、なんらかの重みをもつ積極的または否定的な論拠はひとつとして無視することのない完璧な論証も、これはこれで重要ではあるが、決定的であることからはほど遠い。それが決定的でありうるのは副次的にでしかない。すなわち、当人がすでに知的危機の状態にあって、古いものと新しいものとのあいだを揺れ動いており、古いものへの信頼はうしなってしまっているが、なおも新しいものに賛同する決心ができていないときでしかない。おなじことは思想家や科学者の権威についてもいえる。この権威には人民のあいだではきわめて大きなものがあるが、じつはどの世界観も前面におしたてるべき思想家や科学者をもっているのであって、権威は分割されているのである。さらには、どの思想家も、このようにして、ほかでもない自分が言ってきたことを区別し、疑いに付すことができるのだ。結論としていえることは、新しい世界観の普及の過程は政治的な、つまりは究極的には社会的な理由によって起こるが、しかし、個々人においてであれ、多数の集団においてであれ、一般的な方向がさだまったのちには、この過程のなかで、論理的首尾一貫性という形式の要素、権威の要素、そして組織の要素がただちにきわめて大きな役割をはたすということである。しかしまた、このことからは、大衆であるかぎりでの大衆のなかにあっては哲学は信仰としてしか体験されることはありえないという結論が出てくる。じっさいにも、ひとりの人民の知的立場がどのようなものか、想像してみるとよい。かれは、もろもろの意見、もろもろの信念、もろもろの識別規準、そしてもろもろの行動規範からできあがっている。かれと対立する観点を支持する者はだれでも、知的に優越しているかぎり、かれよりもうまく自分の根拠理由を論じることができ、論理的にはかれを言い負かすことができる。だからといって、その人民はかれの信念を変えなければならないのであろうか。その場の議論ではうまく自分を主張できなかったからという理由でだ。だが、もうそうだとしたら、かれは日に一度は信念を変えなければならないということになりかねない。知的に優越するイデオロギー上の敵に出あうたびに信念を変えなければならなくなってしまうのである。では、かれの哲学はどのような要素から成り立っているのか。それはとりわけ、かれにとっては行動規範というこのうえなく大きな重要性をもった形態をとっているのだ。〔かれの哲学を成立させている〕もっとも重要な要素は、うたがいもなく、非合理的な性格の要素、信仰という要素である。だが、その信仰はだれへの信仰であり、なにへの信仰であるのか。なによりも、かれの所属している社会集団への信仰である。その集団のなかでは広範囲にわたる人びとがかれとおなじように思考していることからしてである。その人民はこうかんがえる。――自分だって、相手がそう信じさせようとしているほどめちゃくちゃに多くのまちがいをしでかしているはずはない。なるほど、自分自身には相手がやっているほどうまく自分の根拠理由を支持し展開する力がないことは真実である。が、自分の集団のなかには、これをうまくやってくれる者がいる。それも相手よりもたしかにみごとにだ。じっさいにも、自分は、自分の信仰の根拠理由が自分がこれまで確信してきたとおりに詳細かつ首尾一貫したかたちで説明されるのを聞いたことがあったのをおぼえている。その根拠理由が具体的になんであったかはおぼえていないし、それらを復唱してみることもできないかもしれない。しかし、それらが説明されるのを聞いたことはあったのだし、それらをずっと確信してきたのだから、それらが実際に存在していることはわかっているのだ。――かつて稲妻がひらめくようにして確信したことがあったという事実が、たとえいまではもうその確信を論拠をあげて説明することはできないにしても、その確信が永続していることの永続的な理由をなしているのである。

だが、これらの考察は、人民大衆の新しい信念には極度の脆弱さがともなっているという結論へとみちびいていく。その新しい信念が支配階級の一般的利害関心および正統的な(新しくもある)信念と社会的に対立する場合には、とくにそうである。宗教と教会のたどってきた運命をふりかえってみれば、このことはよくわかる。宗教、そしてある特定の教会が、その信徒の共同体を維持するのは(といっても、あくまで一般的な歴史の発展がもたらす必要性の限界内においてであるが)、護教論をたゆまず反復し、いつでもつねに類似の論拠をあげて闘い、信仰にすくなくとも思想の品位がそなわっているかのような外観をあたえてくれる知識人層を維持することによって、みずからの信仰を永続的かつ組織的に持続させていくかぎりにおいてである。フランス革命のあいだに起こったように、政治的な理由で教会と信徒たちとの関係の連続性が暴力的にたちきられるたびごとに、教会のこうむった損失には、はかりしれないものがあった。そして、もしも習慣的な祭儀をおこなうのが困難な状態が一定の限度をこえて長引きでもしようものなら、そうした損失は決定的なものであっただろうし、じっさいにもフランスでは旧来のカトリック教と結合して新しい宗教が生起したように、新しい宗教が生起したことであろう。ここからは、常識と旧来の世界観一般にとってかわろうとするあらゆる文化運動にとってのいくつかの必要事項が演繹される。㈠みずからの論拠を（表現形式は変化させながら）倦むことなく反復すること。反復は人民の心性にはたらきかけるためのもっとも有効な教育手段である。㈡ますます広範な人民諸階層を知的に向上させるために、すなわち、無定形の大衆的要素に人格性をあたえるために、不断にはたらくこと。このことは、直接に大衆から生起して、大衆との接触をうしなうことなく、大衆にとってのコルセットの「鯨骨」となるような新しい型の知識人エリートを出現させるためにはたらくということを意味している。この第二の必要事項は、もしもみたされたならば、時代の「イデオロギー的全景」を真に変更してしまうほどのものである。他方、これらのエリートがみずからを構成し展開するためには、かれらの内部で知的な権威と権限の位階化がなされなければならない。そして、これの頂点には、ひとりの偉大な哲学者が位置することになろう。その場合、この哲学者には、一塊となったイデオロギー的共同体全体の要求を身をもって再体験するだけの力量、また、その共同体が個人の脳髄に固有の運動の敏捷さはもちえないことを理解するだけの力量がなければならない。こうしてまた、その哲学者は、いわばひとりの集合的思想家[12]の思考様式にもっとも密着し適合したしかたで、その集団の教説を形あるものにしあげることができなければならないのである。

明らかなことであるが、この種の大衆的な構築作業は「恣意的」にはおこなわれえない。あるなんらかのイデオロギーを中心に、ひとりの人物や集団がみずからの哲学的または宗教的な信念を熱狂的に貫徹しようとして、形のうえだけは建設的な意志をしめし、そういった事業を提唱してみても、とても遂行されうるものではないのだ。ひとつのイデオロギーにたいする大衆的な賛同、または不賛同こそは、もろもろの思考様式の合理性と歴史性についての真に現実的な批判のありかたである。恣意的な構築物は、ときには、たまたま当座は有利な周囲の事情が重なって、なにがしかの人気を博することがあるにしても、早晩、歴史的な競争のなかで根絶されていく。これにたいして、あるひとつの複合的で有機的な歴史的時期の諸要求に合致した構築物のほうは、たとえ多かれ少なかれ奇怪で異様な結合体のかたちをとってしか主張されえない多くの中間段階を経由してであれ、つねに最後には地歩を固めて支配するようになるのである。

この展開は多くの問題を提起するが、それらのなかでもっとも重要なものは、知的資格をもつさまざまな層のあいだの関係のありかたと質の問題というように要約される。すなわち、知的に従属した立場にある層の側が新しい批判的諸概念を有機的に議論し発展させていく能力との関連においてみた場合の、優越したグループの創造的寄与がもつべき、またもちうる重要性と役割の問題である。議論と宣伝の自由の限界を確定する必要があるのだ。なお、ここで自由〔の限界〕というのは、行政的および警察的な意味に解されてはならない。そうではなくて、指導者たちがみずからの活動にくわえる自己制限という意味、すなわち、本来の意味において、文化政策の方針の確定という意味に解されなくてはならない。べつの言葉でいえば、「学問の権利」ならびに学問的研究の限界を確定するのはだれか、また、この権利、この限界は、そもそも確定されうるものなのか、ということが問われなければならないのである。おもうに、新しい真理を探究し、その真理にいっそうすぐれた、いっそう明晰で首尾一貫した定式をあたえるという作業は、個々の学者の自由なイニシアティヴにまかされることが必要ではないだろうか。たとえ、もっとも枢要とおもわれる原則自体をかれらがたえず議論に付す場合でさえもである。そのうえ、こういった議論のイニシアティヴが学問的性格のものではなくて、利害にからむ動機をもっていたときには、そのことを暴露するのはむずかしいことではないだろう。くわえては、個々人のイニシアティヴはアカデミーや各種の文化施設のふるいにかけられ、選抜がなされたのちにはじめて公共的なものになるのであって、このようにしてそれらには規律と秩序があたえられるというようにかんがえることも不可能ではないのである。

個々の国について、イデオロギー界を動かしている文化組織を具体的に研究し、それが実際にどのように機能しているかを検証してみるとおもしろいだろう。職業的に文化活動事業に献身している人員とそれぞれの国の人口との数的割合を自由業についている勢力の概算とあわせて研究してみるのも有益だろう。各級の学校と教会とは、そこに勤務している人員の数からいって、どの国においても、二大文化組織である。新聞、雑誌、書籍販売、そして私立の教育施設(国立学校を補完するものであれ、人民大学型の文化施設であれ)。ほかにも、医師、将校、裁判官などの職業も、その専門活動のなかに無視できない文化部門を組みこんでいる。しかし、注意しておくべきなのは、すべての国において、程度の差こそあれ、人民大衆と知識人集団とのあいだには大きな分裂が存在するということである。教師や司祭のように、もっとも多数を占めていて、国民の周辺部にもっとも近い場所にいる知識人集団とのあいだにすら、それは存在している。こういった事態が生じるのは、統治者たちが口ではそう主張しているところでさえ、国家そのものが統一的な、首尾一貫した、等質的な考えかたをもっていないからである。このために、知識人集団はさまざまな層に分解し、また同一の層のなかでも分解をきたすというようなことになってしまうのだ。大学は、一部の国をべつとすれば、なんらの統合機能もはたしていない。ひとりの自由な思想家のほうが大学施設全体よりも大きな影響力をもっていることがしばしばある、等々。

［Q. 11, §12 ; cf. Q. 8, §§204, 213, 220, 169, 205］

（1）「コンフォーミズム」（conformismo）というのは、人びとの思考と行動のありかたが一定の標準的な形式を同調的につくりあげている状態を指してもちいられている。「大衆人」および「集合人」の原語は、それぞれ、〈uomo-massa〉、〈uomo-collettivo〉である。後者は〈uomo collettivo〉というようにも出てくる。

（2）原語は〈corporativo o economistico〉である。後出の「経済的 - 同業組合的」と同義。意味内容については、つぎの訳注（10）を参照のこと。

（3）原語は〈società civile〉である。グラムシの基本用語のひとつであって、他方における〈Stato-governo〉（「国家 = 政府」）または〈società politica〉（「政治的社会」）との対比で使用されている。そして、後者が「力」と「強制」の作用する場であると解されているのにたいして、人びとの倫理的な合意の形成をめざした「ヘゲモニー」の作用する場であると解されている。したがって、この語はこれまでわが国のグラムシ研究者のあいだで一般に「市民社会」と訳されてきたが、その概念内容は、マルクス主義用語にも流れこんでいるヘーゲル法哲学の図式にひきよせていえば、そこでいわれている「市民社会」よりは「国家」に近いとみてよい。また、逆にグラムシが「国家 = 政府」とか「政治的社会」と称しているもののほうは、ほぼヘーゲルの「市民社会」概念のなかに包摂される。じっさいにも、ヘーゲルの「市民社会」は「欲望の体系」であると同時に法律による強制作用を意味する「外的国家」でもあったのであり、この一方で「国家」のほうは「倫理的理念の現実態」と定義されていたことに注意されたい。さらに看過してはならないのは、クローチェにおける「経済的なもの」と「倫理的なもの」との対位法との関連である。クローチェが「倫理的なもの」と称しているものは自分のいう〈società civile〉に該当するという趣旨の言明がノートQ. 10, II, §41などに出てくること、他方、クローチェのほうでも、かれのいう精神の倫理的活動にかんする歴史に「倫理－政治史」(storia etico-politica)という呼称をあたえたさい、それは従来〈storia civile〉とよばれてきたものの言い換えであるとしていること、また、ヘーゲルの「市民社会」は自分のいう「経済的なもの」のカテゴリーに該当するとのべていること、さらには、このカテゴリーのうちには、いわゆる「利益」の契機のほか、とりわけ「力」の契機、つまりは「純粋に政治的なもの」の契機もふくまれるとしていること、等々。これらの点に留意して、本書では――「市民社会」としたほうが適切であると判断した場合をのぞいては――「倫理的社会」という訳語をこころみることにする。

(4) 原語は〈integralista〉である。カトリック教の教義原則が政治・経済・社会の全領域にわたって完全に実現されることをめざすカトリック教会内の一派をいう。

(5) 内在主義というのは、一般的には、世界の外部に存在する神を想定することなく、いっさいを世界内在的な原理によって説明しぬこうとする立場をいうが、ここでグラムシが「内在主義哲学」というとき、具体的に念頭におかれているのは、とりわけ、その現代イタリアにおける二人の代表者、クローチェとジェンティーレの哲学のことである。

(6) クローチェは、一九二〇―一九二一年、第五次ジョリッティ内閣に国民教育相として入閣している。そして、そのさい、初等学校への宗教教育の再導入を織りこんだ教育改革案を作成している。このクローチェの案はかれの在任中には日の目をみないでおわったが、その後、ムッソリーニ内閣の国民教育相に就任したジェンティーレによって再度とりあげられ、一九二三年十月に制定された初等教育法のなかに織りこまれた。

(7) マルクス主義のことである。

(8)原語は〈egemonia〉である。意味をとって「ヘゲモン(=指導者)的勢力」と訳しておく。

(9)ここにある「区別」「分離」というのは、サンディカリズムの理論家、ジョルジュ・ソレルに由来する術語のようである。本書七三ページおよび九〇―九三ページの記述をみられたい。

(10)原語は〈fase economico-corporativa〉である。この「経済的 - 同業組合的」段階というカテゴリーは、クローチェから借用した「倫理 - 政治的」段階というカテゴリーとの対比でもちいられており、ある社会集団の利害関心がなおも利己的な性格のものにとどまっていて、普遍的性格のものにまでなっていない段階を指している。

(11)原語は〈intellettualità integrale e totalitaria〉である。

(12)原語は〈un pensatore collettivo〉である。さきの「全一的かつ全体的な知性」というのとほぼおなじく、思考しつつある大衆的集合存在のことを指している。

II

マキャヴェッリと現代の君主

〔マキャヴェッリの〕『君主論』の基本的性格は、それが体系的な論述書ではなくて、政治的なイデオロギーと政治の科学とが融合して「神話」という劇的な形式をとった「血かよった」本だということである。[1]『君主論』は、マキャヴェッリ以前の政治学がその体裁をとっていた空想物語ともスコラ的論述書ともちがって、かれの思想に想像的で芸術的な形式をあたえている。そして、この形式をつうじて、そこでは、学理的で合理的な要素が「集合的意志」[2]のシンボルを造形的かつ「擬人的に」表現したひとりの統率者の姿となって体現されている。特定の政治的目的をめざしての、特定の集合的意志の形成過程が、行動方法の原理や基準についての衒学的な論究や分類作業をつうじてではなく、あるひとりの具体的な人物に要求される資質と性格、かれがになうべき義務と必要がなんであるかを列挙しつつ、えがきだされている。そして、このようにして、かれマキャヴェッリが説得しようとしている人物の芸術的想像力をはたらかせ、政治的情熱にいっそう具体的な形態をあたえることがもくろまれている。〔注記省略〕

マキャヴェッリの『君主論』は、ソレルのいう「神話」(3)の歴史的見本のひとつとして研究されてよいだろう。それは、あるひとつの政治的イデオロギーが、冷たい空想物語でもなければ、学理的な推論でもなく、ばらばらに分散してしまっている人民にはたらきかけて、集合的意志をよびおこし、組織するための、具体的な想像力の作品というかたちをとって提示されている歴史的見本のひとつなのである。『君主論』が空想としての性格をおびているのは、当の「君主」が歴史の現実のうちには存在せず、また、イタリア人民の前に直接客観的にみてとることができるような性格をそなえて提出されることもなくて、たんなる学理上の抽象物であったこと、理想的な首領ないし統率者のシンボルであったことによっている。しかしながら、それでも、その小冊子全体のうちには、いたるところに、情熱的、神話的な要素がふくまれている。そして、それらが、結びの章において、「現実に存在する」ひとりの君主への呼びかけのうちに、効果の大きい劇的な所作によって要約され、いきいきと躍動するにいたっている(4)。マキャヴェッリは、小冊子全体のなかで、人民を新しい国家の創建にみちびくには君主はどうあるべきかを論じている。論述は、厳密な論理にしたがって、科学的な距離を保持しつつ進められている。ところが、結びの章にいたって、マキャヴェッリは〔突如として〕みずから人民となり、人民と一体化しているのである。ただし、「一般的な」意味での人民とではなく、マキャヴェッリがそれまでの論述の過程で説得してきた人民とである。かれは、この人民の意識となり、表現となっている。また、自分でもそうなっていると感じ、人民と同一化していると感じている。あたかも、この「論理的な」著作の全体が、そっくりそのまま、人民自身の自己反省にほかならず、人民自身の意識のなかでおこなわれて、最後には直接情熱的な叫びへと高まりあがった人民自身の内的な論議であるかのようなのだ。情熱は、自分自身についての論議から、ふたたび、「感情」、熱情、行動の熱狂に転化している。だからこそ、『君主論』の終章は、〔しばしばそう理解されているように〕なにか非本質的なもの、外から「糊でくっつけられたもの」、修辞的なものではなくて、著作にとって必要不可欠な要素、それどころか、著作全体のうえにそれの放っている真の光を内反射させ、かくては著作をひとつの「政治的宣言」たらしめている要素として説明されなければならないのである。

ソレルが、神話としてのイデオロギーという思想から出発しながら、政党の理解にたどりつかないで、職業組合の思想のところでとどまってしまったのはどうしてかを研究してみてもよいだろう。ほんとうをいえば、ソレルの場合、「神話」がその最大の表現をみいだしていたのは、集合的意志を〔新規に〕組織するものとしての組合ではなくて、組合の実践的な行動、すでに組織されて作動している集合的意志の行動においてであったのだ。最大限の実現が総罷業〔＝ゼネラル・ストライキ〕であるような性質の実践的な行動である。すなわち、それはいわば「受動的な活動性」であったのであって、本来の意味においての「能動的で建設的な」局面を予想していない活動性という、消極的で予備的な性格のものであった（積極的な性格のほうは、もろもろの意志が結合して達成される合意によってのみあたえられる）。したがって、ソレルのうちでは、「まえもって立てられる計画は、すべて空想的であり、反動的である」とされることから、神話の必要性と神話批判の必要性という二つの必要性が闘っていたわけである。そして、解決は、非合理的なもの、「恣意的なもの」の衝動（ベルクソンのいう意味での「生の衝動」）、つまりは「自然発生的なもの」の衝動にゆだねられてしまったのである。[5]〔注記省略〕

しかしながら、神話が「非建設的」であるなどということがありうるだろうか。ソレルの直観にしたがうとして、集合的意志を、それが〔現存のブルジョア的な文化規範およびそれにのっとった秩序からのプロレタリアートの〕区別（「分離」）をつうじて、暴力によって、すなわち、現存の道徳的および法律的な諸関係を破壊することによって形成される、そのたんなる形成の原始的で初歩的な局面にとどめておくような道具が実際にうみだされうるなどと想像することができるだろうか。この集合的意志は、このように初歩的に形成されただけでは、ただちに存在することをやめて、積極的局面ではさまざまにことなった相対立する方向をとる無限の個別的な意志に分散してしまいはしないだろうか。これは、建設と肯定を暗にふくまないような破壊と否定は存在しえないという問題とはべつの話であり、「形而上学的な」意味からでなく、実践的にみての話、すなわち、政治的にみての話、党の綱領としての話である。この場合には、自然発生性の背後に純粋の機械論、自由

（恣意—生の跳躍）の背後に極度の決定論、観念論の背後に絶対的な唯物論が想定されているのがわかる。

現代の君主、神話としての君主は、実在の人物、具体的な個人ではありえない。それはひとつの有機体でのみありうる。それはひとつの複合的な社会的要素であって、それまで行動のうちにあらわれて部分ごとに自己を主張していた集合的意志がひとつのまとまった具体的な形姿をとりはじめたものなのである。この有機体は、歴史の発展によってすでにあたえられている。政党がそれである。政党というのは、普遍的かつ全体的なものになろうとめざしている集合的意志のもろもろの萌芽がそこに要約されている最初の細胞なのだ。現代社会では、具体的な個人のうちに神話的に体現されうるのは、一刻の猶予もゆるさない歴史的‐政治的な行動だけであって、これは迅速な電光石火の処置の必要性ということを特徴としている。そして、そのような迅速さが必要となるのは、大きな危険がさしせまっているときでしかない。大きな危険は、電光石火のごとくに情熱と熱狂をもえあがらせる一方で、統率者の「カリスマ」(6)的性格に打撃をあたえるような批判と辛辣な風刺の精神を殲滅してしまう（ブーランジェ事件(7)のときに起こったのはこれである）。だが、この種の即時的な行動は、その性質そのものからして、息の長いもの、有機的性格のものではありえない。それは、ほとんどいつも、復古と再組織型のものであり、新しい国家と新しい国民的および社会的な構造の創建に適した型のものではないだろう（マキャヴェッリの

『君主論』は後者の型であった。そこでは、復古の側面は修辞的な要素であったにすぎない。すなわち、イタリアはローマの後裔であって、ローマの秩序と勢力を回復しなければならない、という文学的概念とむすびついていただけのことである）。それは「防衛」型の行動であって、独自に創造するといった型の行動ではない。すなわち、そこで想定されているのは、すでに存在している集合的意志が弱体化し、分散してしまっていて、危険で脅威的ではあるが決定的かつ破局的ではない程度の崩壊をこうむっており、この集合的意志を結集しなおし、強化する必要があるということである。そして、集合的意志を新しく独自に創造して、具体的で合理的な目的、ただし、その具体性と合理性とがまだ実際の歴史的経験によっては検証も批判もされておらず、一般に承認されるところとなっていないような具体的で合理的な目的にさしむけていくということではないのである。

「神話」についてのソレルの思想が「抽象的な」性格をおびていることは、たしかにマキャヴェッリの君主のひとつの「範疇《カテゴリー》的体現」であったジャコバンにたいして、かれが敵意をあらわにしていることから明らかになる（それは倫理的嫌悪という情熱的な形態をとっている）[8]。現代の『君主論』は、（この言葉が歴史的にもってきた意味と概念的にもつべき意味とを統合したものとしての）ジャコバン主義[9]——すくなくともいくつかの面では新しい独自の創造物であったひとつの集合的意志が、具体的にどのように形成され、作動したのか、ということの見本としてのジャコバン主義にあてられた部分をもつ必要がある。

そして、集合的意志と現代的な意味においての政治的意志一般に定義をあたえる必要がある。歴史的必然性の作動する意識としての意志、現実の実際の歴史のドラマの主役としての意志という定義がそうである。

初めの数章のひとつは、まさに「集合的意志」[10]にあてて、つぎのように問いを設定すべきであろう。人民的 - 国民的な集合的意志がよびおこされ発展することができるようになるための諸条件が存在するといえるのはどのようなときか、と。つぎには、所与の国の社会的構造の歴史的（経済的）分析と、この意志をよびおこそうとして数世紀にわたってなされてきたもろもろの企ての「劇的な」描写。そして、あいつぐ失敗の理由。なぜイタリアにはマキャヴェッリの時代に絶対王政が生じなかったのか。〔この理由を解明するためには〕ローマ帝国にまでさかのぼる必要があり（言語、知識人、等々の問題）、また、中世コムーネ〔＝都市国家〕の機能、カトリック教の意義、等々を把握する必要がある。要するに、イタリア史全体の、総合的な、しかしまた正確な素描をおこなう必要があるのだ。人民的 - 国民的な集合的意志を創造しようという企てがあいついで失敗した理由は、コムーネのブルジョアジーが分解してできた特定の社会集団の存在、ローマ教会の所在地にして神聖ローマ帝国の受託者としてのイタリアの国際的役割を反映している別個の社会集団の特殊な性格、等々のうちにもとめられるべきである。この役割と、その結果として生じた地位とは、「経済的 - 同業組合的」とよぶことのできる内部状況、すなわち、政治的にみて、封建社会の諸形態のうちでも最悪の形態、もっとも進歩的でなく、もっとも停滞的な形態をうみだしている。つまりは実効あるジャコバン的な勢力、他の諸国民のあいだでは人民的-国民的な集合的意志をよびおこして組織し、近代的な国家を創建してきた、まさにその勢力がつねに欠けていたのであり、また構成されることができなかったのであった。結局のところ、この意志をうみだす条件は存在するのだろうか。あるいは、これらの条件とこれに反対する諸勢力とのあいだの現実の関係はどうなっているのか。伝統的に反対勢力をなしてきたのは、土地貴族、そしてもっと一般的には、総体としての土地所有層である。この層は、ある特殊なありかたをした「農村ブルジョアジー」というイタリア的な特徴をおびている。コムーネのブルジョアジーが階級として瓦解したことによって現代まで残されてきた寄生状態の相続者である（百の都市、沈黙の都市）[11]。積極的な条件のほうは、工業生産の分野でそれにふさわしいかたちで発展して、歴史的な意義をもつ政治文化の一定の水準に達した都市的社会集団が存在していることのうちにもとめられるべきである。ただし、人民的-国民的な集合的意志の形成は、耕作農民の大衆が同時に政治生活になだれこまなければ、およそ不可能である。このことをマキャヴェッリは民兵改革をつうじて意図したのであり、このことをフランス革命でジャコバンは遂行したのであって、このような理解をもっていたことのうちに、マキャヴェッリの早咲きのジャコバン主義、かれの思想が国民革命の（多少とも実りのある）萌芽であったことを確認することができるのである。[12]〔メッテルニヒの指導のもとでウィーン反動体制ができあがった〕一八一五年以降の全歴史は、伝統的な諸階級がこの種の集合的意志の形成を阻止し、国際的な受動的均衡の体系のもとにあって「経済的‐同業組合的」権力を維持しようと努力してきたことを証明している。

現代の『君主論』の重要な一部分は、知的道徳的改革[13]の問題、すなわち、宗教または世界観の問題にあてられなければならないだろう。この分野でも、わたしたちの伝統には、ジャコバン主義の欠如とジャコバン主義にたいする恐怖とがみいだされる[14]（この恐怖の最新の哲学的表現が宗教にたいするB・クローチェのマルサス的な態度である）。現代の君主は、知的道徳的改革の宣伝者にして組織者でなければならず、またそうでないわけにはいかない。このことは、人民的‐国民的な集合的意志が現代文明のよりすぐれた全体的な形態の実現にむかっていっそう発展していくための地盤をつくりだすことを意味している。

これら二つの基本点——現代の君主がそれの組織者であるとともに能動的に作動している表現ともなっている人民的‐国民的な集合的意志の形成と、知的道徳的改革——が著作の構造を構成しなければならない。綱領の具体的な諸点は初めの部分に織りこまれるべきである。それらは話の運びのなかから「劇的に」出てくるのでなくてはならないのであって、冷たく衒学的に理屈をのべつらねるものであってはならないのである。〔ところでまた〕まえもっての経済的改革、社会的地位ならびに経済の世界の分野での変化がないことには、文化的改革、社会の抑圧されている諸階層の倫理的な向上はありうるだろうか。だから、知的道徳的改革は、経済的改革の綱領とむすびつかないわけにはいかない。それどころか、経済的改革の綱領は、まさしく、あらゆる知的道徳的改革が提示されるさいの具体的な提示のされかたにほかならないのである。現代の君主は、その自己発展の過程で、知的道徳的諸関係の体系全体を転倒させる。なぜなら、その発展は、まさにつぎのこと、すなわち、あらゆる行為が有益であるとか有害であるとか、有徳であるとか悪徳であるとかというぐあいに判断されるのは、それらが現代の君主自身を参照点としており、その権力を増大させたり、その権力に対決したりするのに役だつかぎりにおいてであるということを意味しているからである。君主は、人びとの意識のなかで、神または定言的命令の地位を占め、現代における世俗主義、生活全体および慣習関係全体の完全な世俗化の土台となるのだ。

[Q. 13, §1]

(1) マキャヴェッリ (Niccolò Machiavelli, 1469-1527) は、ルネサンス期イタリアの政治理論家。一四九八年からフィレンツェ市庁の第二書記官長職 (内政・軍事担当) につき、大使としても活躍したが、一五一二年、メディチ家の復帰とともに失脚。『君主論』は、その失脚直後の一五一三年、失意の都落ちのなかで執筆されたものである。ほかに、『ティトゥス・リウィウスの最初の十巻にかんする論考』(通称『ローマ史論』、一五一三―二一年)、『戦術論』(一五二一年)、『フィレンツェ史』(一五二一―二五年）などの著作がある。

（2）原語は〈volontà collettiva〉である。

（3）ソレル『暴力論』の序論（ダニエル・アレヴィへの手紙）を参照のこと。そこには《もろもろの偉大な社会運動に参加する人びとは、自分たちの将来の行動を自分たちの主張の勝利を確保する戦いという形象のかたちで心にえがいている。わたしは、これらの〔かれらが心にえがいている〕構図を神話（mythe）とよぶ》とある。なお、ソレルが強調しているところによれば、そのような「形象」＝「神話」は「一塊になったままで」直観的に理解すべきであって、分析をくわえてはならないとのことである。そして、それは「意志の表現」であり、人びとの感情を「直観」のみによって喚起しうる一個の「全体的形象」であるかぎりで、過去ないしは現在の諸事実の「分析」にもとづく「知能的労働の所産」である「空想」（utopie）とは峻別されるという。同書の本論第四章もみられたい。

（4）『君主論』の最終章は、それまでの諸章における冷静な分析姿勢から一転して、一五一二年に政権を奪回したメディチ家のジュリアーノを念頭におきつつ、そのかれへの「イタリアから蛮族を追い払え」との情熱的な呼びかけのかたちをとっている。

（5）『暴力論』第四章「プロレタリア的罷業」を参照のこと。そこには、プロレタリアートの総罷業《グレーヴ・ジェネラル》をもって「社会主義がすっかりそのなかに集約されているところの神話」であるとしたうえで、《総罷業は、プロレタリアートのうちに、かれらの有するもっとも高貴な、もっとも深刻な、もっとも動的な感情を発生させた。総罷業は、それらの感情をまるごと、全体的な一図表のなかに結集する。そして、それらを対比させつつ、おのおのにその最高の強度をあたえる。個々の闘争のきわめて痛烈な追憶にうったえながら、意識にうかんでくる構成のあらゆる細部を、強烈な生命をもって彩る。わたしたちは、こうして、言語が完全に明確には伝達しえない、あの社会主義の直観を獲得する――しかも、瞬間的に知覚される全体において、これを獲得するのだ》とある。そして、「瞬間的に知覚される全体において」の部分には、《これはベルクソン哲学にいう完全知識である》との注記が付されている。総罷業の理論に哲学的裏づけをあたえるにあたって、ソレルはベルクソンの生の哲学に多くを負っている。なお、「まえもって立てられる計画は、すべて空想的であり、反動的である」という文言自体は、ソレルのテクスト中には出てこない。ただ、『暴力論』のおなじく第四章には、マルクスが労働者階級の未来にかんする一論文を公にした友人のビーズリーを非難して「未来にかんするプログラムを作成する者は反動家である」とのべたという伝聞を紹介し、マルクスがこのようにのべたのは「空想」がつくられうるのは過去をもってであるということをかれが熟知していたからであろうと注釈するとともに、このマルクスの発言を高く評価したくだりがある。

(6)「カリスマ」というのは、ギリシア語で「神の恩寵によってあたえられた才能」の意。マックス・ヴェーバーによって、その『経済と社会』(一九二一—二二年)に収録されている「支配の社会学」のなかで、ある人物の、非日常的なもの、超自然的なもの、常人にはとうていもちえないものとみなされた資質を指すのにもちいられた。グラムシ自身は、この概念をイタリアに帰化したドイツの社会学者、ロベルト・ミヘルスの『現代デモクラシーにおける政党の社会学のために』(一九一一年)などを介してうけとっている。ミヘルスについては本書二四〇—四一ページの訳注(1)を参照。

(7) 一八八七年、ドイツとの関係が緊張したのをきっかけに、八九年にかけて、フランスで、将軍ブーランジェ(Georges Ernest Jean Marie Boulanger, 1837-1891)を中心に、対ドイツ復讐熱をあおりつつ軍事独裁体制をうちたてようとする運動がおこり、第三共和政に危機をもたらした事件。

(8)『暴力論』第三章「暴力にたいする偏見」をみられたい。そこでは、ロベスピエールが一七九三年六月十日に制定した死刑法(草月二十二日法)に代表されるジャコバン派の「暴力」が「アンシァン・

レジームの憎むべき実践」を再現したものであるとされるとともに、その「残虐性」がはげしく糾弾されている。

(9) 原語は〈giacobinismo〉である。フランス革命時のジャコバン党がとくに小農民層とのあいだに形成しようとした指導と同盟の関係をモデルにして、ブルジョア革命における都市と農村の関係のあるべき形態を指すのにもちいられている。

(10) 原語は〈volontà collettiva nazionale-popolare〉である。「人民的 - 国民的」という言いまわしには、これまでも、国家統一運動の時代以来、「国民」の形成ということが声高に叫ばれてきたものの、たんなる修辞に終始して、真に人民的な内実をそなえたものにはならなかったという批判の意味がこめられている。

(11) 中世のイタリアは「百の都市」の国とよばれた。一方、「沈黙の都市」というのは、それらの主としてイタリア中・北部に散在する都市の零落した現状を詩人のダンヌンツィオがうたった表現である。

(12) マキャヴェッリは、フィレンツェ市政庁の第二書記官長をつとめていたとき、従来の傭兵制から民兵制への転換を提唱し、実現にこぎつけているが、そのさい、民兵の徴募対象地域となったのは、フィレンツェ支配下の農村部コンタードであった。この民兵徴募構想のうちにグラムシは都市の農村にたいするジャコバン的なヘゲモニー確立の「早咲き」の試みをみてとっているのである。

(13) 原語は〈riforma intellettuale e morale〉である。フランスの実証主義哲学者で『イエス伝』などのキリスト教史研究でも知られるルナン（Joseph-Ernest Renan, 1823-1892）によってフランスがプロイセンとの戦争に敗北した直後に著わされた『フランスの知的道徳的改革』（一八七二年）の題名からとられている。

(14) マルサス（Thomas Robert Malthus, 1766-1834）はイギリスの経済学者。その『人口論』のなかで、資本主義社会における労働者の貧困は社会制度によるものではなく、人口はいつも食糧がゆるす限度以上に増加しようとする傾向にあるという人口法則によるものであると説いて、共産主義的社会改革論に反対するとともに、人口増加抑制手段のひとつに「道徳的抑制」をあげている。本書六六ページの訳注（6）でも言及したように、クローチェは、一方では「哲学は宗教からあらゆる存在理由をうばう」としておきながら、他方では初等教育課程に宗教を導入することの必要性をも主張している。このクローチェの宗教にたいする態度にはそうしたマルサスの反社会改革論的な態度に通じるものがみとめられるというのである。

自立した科学としての政治学

マキャヴェッリを論ずるにあたって、まずもって提起し解決すべき問題は、自立した科学としての政治学の問題である。すなわち、政治科学があるひとつの体系的な（首尾一貫した）世界観――実践の哲学〔＝マルクス主義〕――のうちにあって占めている、あるいは占めるべき地位の問題である。この点について、マキャヴェッリと政治科学の研究にクローチェがもたらした進歩は、主として（クローチェの批評活動のその他の分野でもそうであるように）、一連の偽りの問題、存在しない問題、または提起のしかたをあやまった問題を一掃したことにある。クローチェは、かれのいう精神の諸契機の区別に依拠している。そして、実践の、実践的精神の、あるひとつの契機が、区別されたものの弁証法をつうじて現実全体と循環的にむすびつきながらも、自立し独立したかたちで存在するという主張に依拠している[1]。実践の哲学〔＝マルクス主義〕においては、区別はもちろん絶対的精神の諸契機のあいだにあるのではなくて、上部構造の諸段階のあいだにあることになるだろう。ひいては、上部構造の特定の段階としての政治的な活動（およびそれに対応する科学)の弁証法的位置を確立することが問題となるだろう。最初の指摘、またおおよその見当としていいうることは、政治的な活動はまさしく最初の契機あるいは最初の段階だということ、意志が無区別なままようやく主張されはじめたにすぎない直接的局面になおも上部構造があるような契機だということである。

どのような意味において、政治と歴史、したがって、生活全体と政治とは同一視することができるのだろうか。上部構造の全体系を政治の諸区別としてかんがえることができるのは、したがって、区別の概念を実践の哲学(=マルクス主義)に導入することを正当化できるのは、どのようにしてか。しかし、そもそも、区別されたものの弁証法というような言いかたはできるのだろうか。(2) また、上部構造の諸段階のあいだの循環という概念はどのように理解すればよいのか。「歴史的ブロック」の概念、すなわち、自然と精神(構造と上部構造)の統一、対立するものならびに区別されたものの統一。(3)

区別の基準は構造にも導入できるだろうか。構造はどのように理解すべきなのか。いいかえれば、社会的諸関係の体系のなかにあって、「形而上学的」にではなくて歴史的に理解された「技術」、「労働」、「階級」などの要素をどのように区別すればよいのか。クローチェの場合には、論争上の目的で、(4) 構造が「隠れた神」になり、上部構造の「外観」にたいする「実体」になってしまっている。このかれの立場を批判すること。隠喩的な意味においての「外観」と、実定的な意味においての「外観」。「歴史的に」、また言葉として、

「外観」という言いかたがされてきた理由。

クローチェが、この一般的な思想から、誤謬および誤謬の実践的起源にかんするかれの個別的な学説(5)をどのようにみちびきだしているかを解明することは、興味のあることである。クローチェによれば、誤謬は、直接無媒介な意味においての「情熱」、すなわち、個人的なものであるか集団的なものであるかを問わない「情熱」に起源をもっているという。だが、もっと広大な歴史的重要性をもつ「情熱」、「カテゴリー」としての情熱をうみだすのは、なんであろうか。「誤謬」の起源をなすとされる直接無媒介な意味においての情熱＝利害関心は、〔マルクスの草稿〕「フォイエルバッハにかんするテーゼ」(6)で「けがらわしくもユダヤ的な」とよばれている契機である。しかし、「けがらわしくもユダヤ的な」情熱＝利害関心が直接無媒介な意味においての誤謬をうみだすのとおなじようにして、より広大な社会集団の情熱は（クローチェが別個にあつかっている誤謬＝イデオロギーを媒介にして）哲学的な「誤謬」をうみだすのである。このエゴイズム（直接無媒介な意味においての誤謬）―イデオロギー―哲学という系において重要なのは、情熱のさまざまな段階とむすびついている「誤謬」という共通項である。この項は、道徳論的あるいは教理論的な意味にではなくて、「歴史的に衰落していくもの、あるいは衰落に値するもの」という、純粋に「歴史的」かつ弁証法的な意味に理解すべきであろう。あらゆる哲学が「最終的なものではない」という意味、「死＝生」、「有＝非有」という意味、すなわち、発展のなか

なのである。

で不断に克服〔＝止揚〕されていくべき運命にある弁証法的な項という意味に理解すべき「外観的」とか「外観」という用語は、まさにこのことを意味しているのであって、これ以外のなにを意味しているわけでもない。そして、教条主義にたいして、正当性を主張すべき性質のものである。つまり、それは、あらゆるイデオロギー体系は衰落していかざるをえないということを、あらゆる体系には歴史的な妥当性と必然性とがあるということとならんで、主張しようとしているのである（「人間はイデオロギーの場において社会的諸関係についての意識を獲得する」――こう主張することは「外観」の必然性と妥当性を主張していることではないのか）。

[Q. 13, §10; cf. Q. 8, §61]

（1）クローチェがかれの「精神の学としての哲学」の体系的展開をつうじて論証に努めているところによれば、まずは「精神」のみが唯一の真実在であり、その本質は「活動性」にある。そして、この活動としての精神は、情熱とか感情、あるいはまたいわゆる自然を質料としつつ、「理論的活動」と「実践的活動」という相互に区別されるとともに同時に循環的関係において統一されてもいる二つの活動性の形式において自己を実現していくのだという。ところで、そのさい、理論的活動は、それが思考の行為、概念をもちいての判断の行為たる「論理的活動」として展開されうるためには、それにさきだって、それの条件または前提として、それ自体としては論理的にはいまだ無記の表現的行為の一般的な形態の展開がなければならない。直観の行為、すなわち、感覚的質料を形像へと表出する「美的活動」がそれである。同様にして、実践的活動もまた、それが「道徳的または倫理的な活動」として展開されうるためには、それにさきだって、それの条件または前提として、それ自体としては道徳的にはいまだ無記の実践的行為の一般的な形態の展開がなければならない。「功利的または経済的な活動」がそれである。そして、一九二四年の論文「政治学綱要」においてクローチェが説明しているところによれば、政治的な行動とは、この他方における道徳的または倫理的な活動と二段階的な、すなわち、条件づけられるものにたいする条件づけるものという区別と統一の関係においてむすばれた精神の実践的な活動性の一般的にして第一の形態のひとつにほかならないというのであった。マキャヴェッリについては、おなじく一九二四年の論文「政治哲学史のために」のなかで、「マキャヴェッリの問題は政治たるかぎりでの政治の固有の性質と必然性を確認することであった」とのべている。また、『美学』(一九〇二年)では、かれのいう「経済的活動」を体現した典型的人物として、シェイクスピア劇に登場する権謀術数家イァーゴとならべて、マキャヴェッリが「新しい君主」の理想として称揚していたチェーザレ・ボルジアをあげている。なお、クローチェは、「精神の学としての哲学」の体系を構築するまえの一八九五年から一九〇〇年にかけての数年間、マルクスの学説の研究に専念している。イタリア最初の傑出したマルクス主義理論家といわれるアントニオ・ラブリオーラ(Antonio Labriola, 1843-1904)の、そのマルクス主義にかんする最初の論考「共産主義者宣言を記念して」の原稿を読む機会をえたのがきっかけであったが、クローチェが実践的精神の第一形式としての「経済的活動」の概念を最初につかみとったのは、このマルクス研究の過程でオーストリア学派の純粋経済学との比較対照のもとで遂行された「経済学をして一個の自立した学たらしめる原理はなにか」という問いをめぐる思索をとおしてであった。

(2)「区別されたものの弁証法」(dialettica dei distinti)という言いまわしはたしかにクローチェの著作のなかに出てくる。しかし、クローチェ自身の本来の考えかたからしても、この言いまわしは不正確である。精神の区別された形式間の関係は相互に相手を否定しあう弁証法的な対立の関係ではないという点こそは、クローチェが「ヘーゲル哲学における生けるものと死せるもの」(一九〇六年)においてヘーゲルを批判したときの最大の要点であったのである。クローチェにあっては、弁証法的な対立は、それ自体すでに精神の実現された形式である「区別されたもの」のあいだにではなくて、それぞれの形式が形式へと自己を実現していくさいに、その質料となる情熱とか感情、あるいはまたいわゆる自然など、晩年のクローチェが「生命的なもの」(vitalità)と総称することになるものとのあいだにとりむすぶ関係のうちに想定されている。

(3) 本書二九―三〇ページに訳出してあるノート Q. 8, §182 およびその訳注(1)を参照のこと。

(4) 本書三四―三六ページに訳出してあるノート Q. 4, §15 を参照のこと。

(5) クローチェの『実践の哲学』(一九〇八年)のなかには、理論的誤謬の起源は実践的精神の分野にもとめられるということについて、つぎのようにある。《誤謬は、たんなる無知、知らないということではない。……ほんとうの意味での誤謬は、欠如している表象や概念に関係のない表象や概念を代置することによって、知らないことを知っていると確言することなのである。しかし、確言という行為自体は思考そのものであり、真理そのものである。探究が遂行され、認識過程が完了したのちに、結果としてとして人が自分自身にたいしておこなうのが確言なのだ。それも、……思考している思考の行為そのものとしてである。したがって、純粋な理論的精神の圏内においては誤謬が発生するということはありえないのである。……誤謬が生じるためには、……理論的精神とは関係のないなにものか、それゆえ、理論的精神をよそおった実践的精神でしかありえないものが介在しなければならない》。そして、つづいては、《(度を越した)情熱や(不当な)利害関心こそはわたしたちをして誤謬へとひきずりこんでいくものだということは、だれもが知っていることではないか》というようにある。

(6)《……だから、かれ〔フォイエルバッハ〕は、『キリスト教の本質』のなかで、理論的な態度だけを真に人間的なものとみなしているのであり、これにたいして、実践はそのけがらわしくもユダヤ的な(schmutzigj-üdisch)現象形態においてのみとらえられ、固定される。……》(マルクス「フォイエルバッハにかんするテーゼ」のテーゼ一)。

クローチェが政治学についておこなっている問題の立てかたは批判されなければならない。政治は、クローチェによれば、「情熱」の表現であるという[1]。ソレルについてクローチェは書いたことがあった(『文化と道徳生活』第二版〔一九二五年〕、一五八ページ)。《「分離の感情」はサンディカリズムにとっての十分な保障とならなかった。これは、たぶん、理論化された分離は分離としてはすでにのりこえられてしまったものであるからでもあろう。また、「神話」もサンディカリズムを十分に熱くすることはなかった。これも、たぶん、ソレルは、それをつくりだすと同時に、それについての学理的説明をあたえることによって、それを消散させてしまったからであろう[2]》。だが、クローチェは、このソレルについてなされた考察がクローチェ自身にもなげかえされうるものであることに気づいていない。すなわち、理論化された情熱は、これもまた、情熱としてはすでにのりこえられてしまったものではないのか、学理的説明をあたえられた情熱は、これもまた、情熱としては「消散」してしまっているのではないのか——こうクローチェにも問いかけることができるのである。また、クローチェの「情熱」がソレルの「神話」と別物だというようにもいえない。情熱のほうは、カテゴリー、精神の実践的なものの〔永遠の〕契機であり、一方、神話のほうはひとつの〔歴史的に〕規定された情熱であって、そのようなものとしてのりこえられ、消散してしまいうるが、だからといって精神の永遠の契機たるカテゴリー自体は無に帰することはない、というようにはいえないのだ[3]。異議が真であるのは、クローチェはソレルではないという意味においてでしかない。しかし、こんなことはいわずもがなのことである。ともあれ、クローチェの問題の立てかたがどれほど主知主義的で啓蒙主義的なものであるかということに注意すべきである。ソレルによって具体的に研究された神話は、紙の上だけでのもの、ソレルの知性の恣意的な構築物ではなかったのだから、それはごく限られた知識人集団だけに知られている一片の学理的な書きものによって消散させてしまうことのできるようなものではなかったのである。そのうえ、それらの知識人集団は、その〔ソレルの〕理論を、人民大衆を素朴に熱狂させていた神話にふくまれている科学的真理を科学的に証明したものとして普及させていったのであった。もしもクローチェの理論に現実性があるとしたならば、政治学は情熱をいやすためのひとつの新しい「薬」以外のなにものでもないことになってしまうだろう。そして、クローチェの政治的論文の大部分がまさしくそのような主知主義的で啓蒙主義的な「情熱の治療薬」であるというのは否定しようもない事実である。こうしてまた、広範囲にわたって展開されている歴史的運動を観念において「のりこえ消散させてしまった」のだから現実においても圧殺してしまったものとクローチェが思いこんでいるのは喜劇以外のなにものでもない。しかしながら、じつをいえば、ソレルがあるひとつの〔歴史的に規定された〕特定の神話を理論化し学理的に説明しただけだというのも、真実ではない。神話の理論は、ソレルにとっては、政治学の科学的原理であり、クローチェの「情熱」をより具体的に研究したものであり、クローチェが「宗教」とよんでいるもの、すなわち、それにふさわしい倫理をたずさえた世界観であり、まさしくクローチェ的修正主義(4)をつうじてとらえられた実践の哲学〔＝マルクス主義〕のイデオロギー観を科学的言語に還元しようとしたものである。この政治的行動の実体としての神話についての〔一般的な〕研究のなかで、ソレルは、あるひとつの社会的現実の根底にあって、それの進歩の原動力をなしていた特定の神話をも、詳細に研究したのであった。それゆえ、かれの論述は二つの側面をもっている。ひとつは、本来の意味で理論的な、政治の科学という側面であり、いまひとつは、直接に政治的な、綱領的な側面である。大いに議論のあるところではあろうが、ことによるとソレル主義(5)という政治的かつ綱領的な側面はのりこえられ消散させられてしまったのかもしれない。今日では、それは、いっそう完全なものにされ、いっさいの主知主義的で文学的な要素を払拭されてしまっているという意味では、そのようにもいうことができるだろう。が、今日でも、ソレルが実際の現実に立脚して仕事をしたのだということ、そして、その現実そのものはのりこえられてもいなければ消散してしまってもいないということは承認する必要がある。

クローチェがこれらの矛盾からぬけだしていないこと、そしてこのことを部分的には自覚していることは、『文化と道徳生活』の「判断としての党と偏見としての党」の章にうかがえるような「政党」にたいするかれの態度、[6] ならびに『政治学要綱』〔一九二五年〕のなかで政党についてのべられていることからわかる。[7] クローチェは、政治的行為を個々の「党首」の活動に還元する。かれらが自分たちの情熱を満足させようとしてつくりだした、勝利に適した道具が政党だというのである（だから、情熱の治療薬は、ごく一部の少数の個人だけに飲ませれば十分だということになる）。しかし、これも、なんの説明にもなっていない。重要なのはつぎのこと、すなわち、政党は、形態と名前こそことなれ、つねに永続的に存在してきたということ、そして、永続的な情熱というのは語義矛盾だということである（推理する狂人という言いかたがなされるのは比喩としてでしかない）。さらには、永続的に軍事的な組織もつねに存在してきたのであって、この組織は、もっとも極端な実践的行為、個人的にはだれも憎んでいない者たちを殺すという行為を冷血に、情熱をもえたたせることなく、遂行するよう、兵士たちを教育するのである。しかも、この一方で、軍隊は、平時においてもすぐれて政治的な活動要素をなしている。であってみれば、情熱と永続性、体系的な秩序ならびに規律は、どのようにすれば調和させることができるのか。政治的意志は情熱以外になにかべつの原動力をもたなければならないのだ。それ自体、永続的で、秩序と規律をもった原動力が必要とされるのである。政治闘争が、軍事闘争と同様、つねに流血の事態にいたって、生命という最高の犠牲にまでおよぶもろもろの私的な犠牲をともなうとはいえない。外交は、まさしく、血を流さず、戦争をしないで、勝利（それもかならずしも小さくはない勝利）を獲得しようとして影響力を行使する、国際的な政治闘争の形態である（そして国内での政党間の闘争にも外交が存在しないとはいえないのである）。二つの敵対しあう国家の軍事的および政治的な力（同盟勢力等々）のたんなる「抽象的な」比較だけでも、弱いほうを納得させて譲歩させるには十分なのだ。これは馴致された理性的な「情熱」の一例である。首領と部下の場合には、首領や指導グループがたくみに傘下の者たちの情熱をあおりたてて闘争や戦争にみちびいていくということはあるが、この場合にも、政治の原因と実体をなしているのは情熱ではなくて、冷静に理性を維持している首領たちの指揮ぶりのほうである。そのうえ、このまえの戦争〔＝第一次世界戦争〕は、兵士大衆を塹壕にとどまらせるものは情熱ではなくて、軍事法廷の恐怖か冷静に推理され反省された義務の意識であることを明らかにしたのであった。

[Q. 10, II, §41 ; cf. Q. 7, §39]

（1） このようなとらえかたは、たとえば、『政治学要綱』（一九二五年）に付録として収められている「政治文化協会のために」という論考のうちにみられる。

（2）初出は『ラ・ヴォーチェ〔声〕』誌一九一一年二月九日号に掲載されたインタヴュー記事「社会主義の死」である。同誌は、クローチェが一九〇三年以来、『クリティカ〔批評〕』誌を刊行して、そのなかで唱道してきたイタリア文化の知的道徳的改革の理念に共鳴した批評家のジュゼッペ・プレッツォリーニ（Giuseppe Prezzolini, 1882-1982）によって、一九〇八年に創刊された。

（3）クローチェが「情熱」を精神の活動の永遠の契機たるひとつの「カテゴリー」ととらえているというのは、正確ではない。たとえば『実践の哲学』で説明されているところによれば、「情熱」は「ある一定の方向へとむかおうとする願望または意志の傾向ないし習性」である。そして、「習性」は、いまだ形式ではなく、ひいては「カテゴリー」でもない。それは精神が形式へと自己を形成し実現するにさいしての質料としての地位を占めているのである。

（4）クローチェのマルクス主義研究の成果は、一九〇〇年、クローチェ自身の言葉によれば「棺桶に納めるようにして」『史的唯物論とマルクス主義経済学』にまとめられた。このクローチェの研究は、マルクス主義者たちの陣営からは、イタリアにおけるマルクス学説の「修正」のもっとも代表的な試みとうけとられた。

（5）原語は〈sorelismo〉である。なお、「ソレル主義」といえば、グラムシが一九一九―一九二〇年、トリーノで組織した工場評議会運動の理念には、ベルクソン的＝ソレル主義的な思想がジェンティーレの行為的観念論の思想とともに色濃く反映されていたことに注意しておいてよいだろう。この点については、本書二四九ページ以下に訳出してある自然発生性と意識的指導にかんするノートも参照のこと。

（6）この論文は、最初、歴史家で社会主義者でもあったガエターノ・サルヴェーミニ（Gaetano Salvemini, 1873-1957）が、一九一二年、イタリア社会党を離党後、かれの構想する国民文化の民主主義的革新に貢献しうる新しい知識人勢力の結集をめざして創刊した雑誌『ウニタ〔統一〕』誌の創刊号

（一九二二年四月六日号）に掲載された。これのなかで、クローチェは、《政党とは文学の分野での修辞学のジャンルに相当する政治的決疑法のジャンルである》と規定している。そして、政治の実質は「よりよく生きようとする人間の意志」にあることを説明したのち、《政党は必要なものではあるが、それはあくまでそれら本来の圏内においてのことである。つまり、政治的行動の派生体としてであって源泉としてではない。結果としてであって前提としてではないのだ。真の政治的行動はつねに現存する諸政党からぬけだし、それらを超えたところで、もっぱら祖国の安寧のみを凝視することを要求する。そして、このようにして党からぬけだすということは、新しい党に生命をあたえるか、あるいは既存の諸政党を健全に保持しておくための唯一の方法なのだ》とむすんでいる。

(7)《政党というのは、独自の人格を有する多様な個々人が、活動手段をえて、自我を、そして自我とともにみずからの倫理的理想を主張し、その理想の実現に努めていくにさいして、かれらに提供された様式である。政党においては党首をはじめとする指導者たち、またかれら以外にも二線級の地位にあってつつましく陰にしりぞいているようにみえながらも実際には党活動の糸を操っている者たちがおり、これらの者たちが格別に重要な役割をはたすことになるのも、このためである。したがって、実効性をもって機能しているのは、倫理的理想を自分のうちに受け納めて表現している個々の人格の力である。政党の実質をなしているのは、（通常そうとみとめられているように）それを構成し体現している個々人なのだ》。

政治＝情熱というクローチェのとらえかたは(1)、政党を排除する。なぜなら、組織された永続する「情熱」といったようなものはかんがえられないからである。永続する情熱というのは、亢進と発作の状態のことであって、行動への不適合をひきおこすのだ。クローチェのとらえかたは、政党を排除し、あらかじめとりきめられた行動の「計画」なるもののいっさいを排除する。とはいえ、政党は現に存在しているし、行動の計画も作成され、実施に移され、しばしば顕著な程度に実現をみている。したがって、クローチェのとらえかたには「欠陥」があるわけである。また、政党がかりに現に存在しているにしても、行動の瞬間には、その行動している「党」は行動に出る以前に存在していた党とは同一のものではないのだから、そのような存在事実自体には大した「理論的」意義はないといってみたところで、これも通用しない。これは部分的には真実であるかもしれないが、二つのことなった「党」のあいだにさえ、現実には同一の有機体といってもさしつかえないほど、多くの一致点がみられるのである。さらには、このとらえかたが通用するためには、「戦争」にも適用され、常備軍、軍事学校、将校団といったものが存在している事実を説明することができなければならないだろう。戦われつつある戦争もまた「情熱」である。もっとも強烈で熱病的な「情熱」である。戦争は、政治生活のひとつの契機であり、ある特定の政治の、べつの形態における、継続なのである。(2) したがって、「情熱」が道徳的な「義務」に、それも〔たんに〕政治的な道徳の義務ではなくて倫理の義務に転化しうるのは、どのようにしてであるかを説明する必要があるのだ。

永続する構成体としての政党と密接に関連している「政治計画」については、モルトケ(3)

が軍事計画についてのべたこと、すなわち、行動が具体的にどう展開するかはある程度まで敵の動きのいかんにかかっているのだから、軍事計画といっても、あらゆる細部にいたるまでまえもって作成し確定することはできないのであって、できるのは核心と中心構想だけである、ということを想起すること。情熱が表にあらわれ出るのは、まさに行動が具体的に展開される瞬間である。しかし、モルトケの原則がクローチェのとらえかたを正当化するとはおもえない。いずれにせよ、冷静に、「情熱にかられないで」、計画を作成した参謀本部の「情熱」とはどんな種類のものであるかをなお説明しなければならないだろう。

［Q. 13, §8 ; cf. Q. 8, §56］

（1）「政治は情熱の表現である」というのならばともかく、クローチェが「政治」を「情熱」と等号でむすばれうるような関係にあるものととらえているというのは正確ではない。クローチェにとっては、「政治」は、実践的な意志のそれ自体実現された形式であり、カテゴリーである。これにたいして、「情熱」は、さきのノートQ. 10, II, §41の訳注（3）（九五ページ）でも注意をうながしておいたように、「ある一定の方向へとむかおうとする願望または意志の傾向ないし習性」であって、それはいまだ形式ではなく、ひいてはカテゴリーでもない。しかしまた、これもおなじノートの訳注（1）（九四ページ）で指摘したように、クローチェの書いたもののなかには「政治」を「情熱」とほぼ同義にもちいている箇所が散見されることも事実ではある。

（2）これは、プロイセンの軍人、クラウゼヴィッツ（Karl von Clausewitz, 1780-1831）が『戦争論』で表明している思想である。そこには《戦争は〔政治におけるのとは〕べつの手段をもってする政治の継続である》とある。

（3）モルトケ（Helmuth von Moltke, 1800-1891）は、ドイツの軍人。一八五八年以降、プロイセン軍の参謀総長として、対デンマーク、オーストリア、フランス戦争を指導し、きわめて優秀な戦術家、戦略家としての実をしめした。

クローチェのように政治を情熱ととらえてしまったのでは、政党のような永続する政治的構成体、ましてや〔常設の〕国民軍や参謀本部のような組織の存在を説明し正当化するのがむずかしくなるのは、情熱が合理的なものになり、熟慮・反省に転化しないかぎり、つまりはもはや情熱でなくならないかぎり、永続的に組織された情熱というものはかんがえられないからである。そうだとすれば、解決は政治と経済を同一視することのうちにしかみいだされない。政治が永続的な行動であり、永続的な組織をうみだすのは、それがまさしく経済と一体化しているかぎりにおいてである。しかしまた、経済は政治とは区別される。したがって、経済と政治とは別個にきりはなして語ることができ、行動への直接的な衝撃としての「政治的情熱」なるものを語ることもできるわけである。行動は、経済生活の「永続的かつ有機的な」地盤のうえで生じながらも、その地盤をのりこえて、もろもろの感情や渇望をほとばしり出させる。そして、その感情と渇望の灼熱した雰囲気のなかにあって、一個の人間としての生活を保持しようという計画そのものが、個人的損得勘定の法則とはちがった法則にしたがうようになるのである。

[Q. 8, §132]

歴史的存在としてのマキャヴェッリ

クローチェに由来する現代「マキャヴェッリ学」の功績とならんで、それがうみだしてきた「誇張」と偏向をも指摘しておく必要がある。マキャヴェッリをあまりにも「政治的なるもの一般」として、あらゆる時代にあって現実的な意義をもつ「政治の科学者」としてとらえすぎる習慣がつくりだされている。もっとマキャヴェッリをかれの時代の必然的な表現としてとらえる必要があるのだ。マキャヴェッリの思想は、㈠フィレンツェ共和国の内部闘争と、コムーネ－自治都市の残存物から、すなわち、いまや足かせに転化した封建制の一形態から自由になることのできなかった国家の特殊な構造、㈡イタリアの内部に均衡をつくりだすことをめざすイタリアの諸国家の闘争——そうした均衡は、教皇制と、それ以外にも、領土的ではなくて都市的な国家形態というような封建的、自治体主義的な残存物が存在したことによって阻止されていたのであった——、㈢ヨーロッパ的規模での均衡をつくりだすことをめざすイタリアの諸国家の大なり小なり連合した闘争、いいかえれば、イタリアの内部に均衡をつくりだすことの必要性と、覇権をめぐって闘争しているヨーロッパ諸国家の要請との矛盾、というかれの時代のこれら三つの条件からうまれた要求と密接にむすびついていたのである。マキャヴェッリには、強力な領土国家的統一を達成したフランスとスペインの手本が作用している。(1) マキャヴェッリは、(クローチェの表現をもちいるならば)ひとつの「省略法的比較」(2) をおこなって、一般に強力国家のための、そして特殊にはイタリア国家のための準則をひきだしているのである。マキャヴェッリは、徹頭徹尾、かれの時代の人間である。そして、かれの政治学は、国民的絶対王政の組織、ブルジョア的な生産諸力のいっそうの発展を可能にし容易にする政治形態をめざす時代の哲学を代表している。マキャヴェッリのうちには、権力の分立と議会主義(代議制度)が萌芽的にみいだされる。かれの「狂暴さ」は封建世界の残存物にむけられているのであって、進歩的諸階級にむけられているのではない。君主は封建的無政府状態をおわらせることができなければならない。このことをヴァレンティーノ(3) は商人と農民という生産的階級に依拠してロマーニャでおこなっている。新しい権力を創設し強固にするための闘争の時期には国家の首領には軍事独裁的性格が要求されるのであってみれば、『戦術論』にふくまれている階級的示唆は、国家構造全般にもおよぶものと理解されなければならない。都市の諸階級は国内の無秩序と国外の無政府状態とをおわらせたいとのぞむならば、大衆としての農民に依拠して、傭兵隊とは完全にことなった型の堅固で忠実な軍隊をつくりださなければならない、という示唆がそれである。本質的に政治的な考えかたがマキャヴェッリのうちではかくも大きく支配していて、そのためにかれはいくつかの軍事的性格の誤りをおかすにいたったといってもよいだろう。かれの頭のなかには、とりわけ、政治的な行動によって大量に徴募しうる歩兵のことがあった。このために砲兵の意義を認識しそこなったのだ。ルッソは（『マキャヴェッリ序説』において）、『戦術論』は『君主論』を補完していると正しくも指摘している。[4] が、この指摘からみちびきだされるすべての結論をみちびきだしてはいない。『戦術論』のマキャヴェッリも、軍事技術に専念せざるをえなくされている政治家とみなされなければならない。かれの（『戦術論』にみられる）一面性にしても（例のバンデッロによってとりだされて広く流布しているものをはじめとして、安易な駄洒落のかずかずをうんでいる方陣論[5]のような「奇論」ともども）、もともと軍事技術の問題にかれの関心と思想の中心はあるわけではなく、かれが軍事技術の問題を論じているのはあくまでかれの政治的構成作業にとって必要なかぎりにおいてであるにすぎないという事実によっているのである。

しかし、『君主論』にむすびつけて理解されなければならないのは、『戦術論』だけでなく、『フィレンツェ史』もそうである。こちらのほうは、まさしく、『君主論』にふくまれているもろもろの直接的な要求の源泉をなしているイタリアとヨーロッパの現状についてのひとつの分析として役だつはずである。

マキャヴェッリをもっと時代に密着させてとらえるようになれば、そこからは、いわゆる「反マキャヴェッリ主義者」たち、あるいはすくなくともかれらのうちでもっとも「純真な」者たちについても、もっと歴史主義的な評価をくだすことができるようになる。じっさいには、かれらは反マキャヴェッリ主義者であったのではなくて、自分たちの時代の要求、あるいはマキャヴェッリに作用していたのとはちがった条件の要求を表明していた政治家なのである。そして、それが〔反マキャヴェッリ主義という〕論争の形態をとったのは、ただ文筆上たまたまそうなったにすぎない。これらの「反マキャヴェッリ主義者」の典型的な例は、ジャン・ボダン（一五三〇―一五九六）[6]にもとめられるべきだとおもわれる。かれは、一五七六年のブロアの三部会の議員であり、内乱〔＝ユグノー戦争〕のために要求された臨時税を第三身分に拒否させている。〔注記省略〕

フランスの内乱のあいだ、ボダンは「ポリティック」とよばれた第三党の代弁者をつとめている。この党は、国民的利益の見地、すなわち、そこではヘゲモニーが国王をつうじて第三身分に所属することになるような諸階級の均衡状態を国内的につくりだそうとする見地に立っている。ボダンを「反マキャヴェッリ主義者」に分類するのはまったく付随的で表面的な問題であることは明白であるとおもわれる。ボダンは、イタリアがマキャヴェッリに提供したよりもはるかに進んだ複雑な地盤のうえに立って、フランスにおいて政治の科学を創建する。ボダンにとっては、全領土を統一した（国民的な）国家を創建すること、すなわち、ルイ十一世の時代にもどることではなくて、すでに強力になって根を張ったこの国家の内部において闘争している社会的諸勢力を均衡させることこそが問題なのだ。そして、力の契機ではなくて、同意の契機にボダンは関心をよせている。ボダンとともに、絶対王政が発展にむかう。第三身分は、自分たちの力と威厳のほどを十分に自覚しており、絶対王政の運命が自分たちの運命および自分たちの発展にかかっていることをよく知っているので、自分たちが同意をあたえるための条件を提出し、要求をもちだし、絶対主義に制限をくわえることをめざすのである。フランスでは、マキャヴェッリはすでに反動に役だつ存在であった。というのも、マキャヴェッリは世界がいつまでも（ベルトランド・スパヴェンタの表現をもちいるならば）[7]「揺籃《ゆりかご》」のなかにとどまりつづけるのを正当化するのに役だったからであり、したがって、ボダンのほうでは、「論争の必要上」、反マキャヴェッリ主義者になる必要があったのである。注意しなければならないのは、マキャヴェッリが研究したイタリアには、フランスの三部会のような、すでに発展をとげ、国民生活にとって意味のある代議制度が存在していなかったということである。イタリアの議会制度は外国から輸入されたものだという指摘が最近意図的になされているが、そのさい、それはたんに一五〇〇年代から一七〇〇年代のイタリアの政治社会史の後進的で停滞的な状態を反映したものにすぎないということが考慮にいれられていない。その状態は麻痺し凍結した国内関係を国際関係が凌駕していたことに大部分は起因しているのだ。イタリアの国家構造が、外国勢力の優位のために、外国の「宗主権」の対象という半封建的な段階にとどまっていたということが民族の「独自性」であって、これが議会制度が輸入されたことによって破壊されたとでもいうのだろうか。しかし、この議会制度こそは、国民的な解放の過程に、そして近代的な領土国家(独立した国民的な国家)への移行に形式をあたえた当のものであったのである。そのうえ、代議制度は、とくにイタリア半島南部とシチリアにはすでに存在していた。ただし、それは、これらの地方では第三身分がほとんど発達していなかったため、フランスにくらべてはるかに制限された性格のものであった。このため、議会は王政の革新的試みに反対して封建領主たちの無政府状態を維持するための道具になっていた。そして、王政のほうは、ブルジョアジーがいなかったために「ラッザリ」(8)に依拠しなければならなかったのである。〔注記省略〕

フランスのジャコバン主義は、直接耕作者の経済的および社会的な重要性を論証した重農主義の文化がその前提として存在していなかったならば、説明がつかないだろう。このことに思いを致すなら、都市を農村に結合しようという綱領または傾向がマキャヴェッリにおいては軍事的な表現しかもつことができなかったのは、理解できることである。マキャヴェッリの経済理論はジーノ・アリアス(9)によって(ボッコーニ大学の『経済学年報』において)研究されているが、そもそもマキャヴェッリに経済理論があったのかどうか、あやしいものである。重要なのはむしろ、マキャヴェッリの本質的に政治的な言語が経済用語に翻訳できるかどうか、また、どのような経済学体系に還元できるのかをしらべてみることであろう。重商主義時代に生きていたマキャヴェッリが政治的に時代に先行し、のちに重農主義者たちのうちに表現をみいだすことになったなんらかの要請を先取りしていたかどうかをしらべてみることこそが問題となるのである。

ルソーもまた、重農主義の文化なしにありえたであろうか。重農主義者たちがたんに農業の利益だけを代表しており、古典派経済学の出現とともにはじめて都市資本主義の利益が主張されるようになったというのは、わたしには正しいとはおもわれない。重農主義者たちは、重商主義および同業組合制度との決裂を代表しており、古典派経済学に到達するための一段階をなしている。しかし、まさにそうであるからこそ、かれらは、自分たちが相手にして闘っている社会よりも、また、かれらの主張から直接出てくることがらよりも、はるかに複雑な未来の社会を代表しているようにわたしにはおもわれるのである。かれらの言語はあまりにも時代とむすびつき、都市と農村の直接の対立を表現しているが、農業への資本主義の拡大を予見させてもいる。なすがままにさせておけ、なるがままにさせておけ、という〔重農主義者たちの提唱した自由放任の〕定式、すなわち、産業と創意の自由の定式は、たしかに農業の利益とむすびついたものではない。

[Q. 13, §13 ; cf. Q. 1, §10 ; Q. 8, §§114, 78]

（1）この点については、マキャヴェッリ没後四百年にあたる一九二七年の十一月十四日にグラムシがタチャーニャ・シュフトにあてた手紙にも、《印象的だったのは、没後四百年を記念していろいろと書いている者たちのだれひとりとして、マキャヴェッリの諸著作を同時代のヨーロッパ全体における諸国家の発展と関連させて論じている者がいなかったことです。いわゆる「マキャヴェリズム」の純粋に道徳的な問題にとらわれてしまって、マキャヴェッリが絶対王政をめざす国民国家の理論家であったという点をみていないのです》とある。

（2）「省略法的比較」というのは、もともと、マルクスにおける価値理論の意義を定義するさいに、クローチェによってもちいられた表現である。《では、マルクスの『資本論』における価値の観念とはなにものなのであろうか。それは、あるひとつの仮説的な典型的社会において生じるはずのものとは相違しているかぎりでの、ある特定の（資本主義的）社会において生じている具体的な価値形態を規定したものである。要するに、それは二つの特殊な価値の比較なのである。この省略法的比較は、マルクスの仕事を理解するうえでの主要な困難のひとつをなしている》（「唯物論的歴史観について」［一八九六年］――「史的唯物論の科学的形式について」と改題のうえ、『史的唯物論とマルクス主義経済学』［一九〇〇年］に収録）。

（3）チェーザレ・ボルジア（Cesare Borgia, 1475-1507）のこと。枢機卿ロドリーゴ・ボルジア（のちの教皇アレクサンデル六世）の子で、一四九三年枢機卿になったが、九八年に辞職し、フランス王ルイ十二世からヴァランティノワ公の称号をうけた。かれが遂行したロマーニャ地方の平定事業をマキャヴェッリは『君主論』のなかでことのほか高く称賛している。

（4）ルッソ（Luigi Russo, 1892-1961）は、イタリアの文芸批評家。『マキャヴェッリ序説』は一九三一年刊。

(5) バンデッロ(Matteo Bandello, 1485-1561)は、ルネサンス期イタリアの代表的な説話作家のひとり。その『説話集』のなかに、マキャヴェッリが『戦術論』において披露している方陣論を風刺した一節が出てくる。

(6) ジャン・ボダン(Jean Bodin, 1530-1596)は、フランスの政治家、社会思想家。アンジューに生まれ、トゥールーズ大学で法律をまなんだのち、パリに出て、高等法院付弁護士となる。『国家論』(一五七六年)は、近代的主権論の古典として有名。ギーズ家を中心とする旧教徒とブルボン家を中心とするカルヴァン派新教徒(ユグノー)とのあいだで勃発した一五六二年以降の宗教内乱(ユグノー戦争)のなかでは、寛容を主張するとともに、両派の理論家に対抗して、教会と国家の分離策を提唱しつづけた。一五七六年ブロアの三部会に第三部議員として出席したさいには、アンリ三世の新教徒宥和策に賛成している。

(7) ベルトランド・スパヴェンタ(Bertrando Spaventa, 1817-1883)は、イタリアの哲学者。かれのドイツ観念論研究は、クローチェとジェンティーレの新観念論=新理想主義の運動に多大の影響をあたえた。「揺籃」という表現は、ヘーゲルを注解したある文章のなかで、ヘーゲルが隷従は自由の揺籃であると指摘しているのをうけて、《しかし揺籃は人生ではない。ところが、一部には、わたしたちをいつまでも揺籃のなかにとどめおこうとする者たちがいる》というように出てくる(一九〇四年にジェンティーレによって編まれた『倫理学原理』の付録を参照のこと)。

(8)「ラッザリ」(lazzari)というのは、ナポリの賤民のこと。一六四七年、スペイン支配に反乱を起こしたことで知られる。

(9) ジーノ・アリアス(Gino Arias, 1879-1940)は、イタリアの経済学者。ここでグラムシが言及しているのは、ボッコーニ大学の一九二八年度の『経済学年報』に発表された論文「ニッコロ・マキャヴエッリの経済思想」のことである。

マキャヴェッリとグィッチャルディーニ

グィッチャルディーニ(1)は、マキャヴェッリにくらべて、政治科学において一歩後退している。グィッチャルディーニのすぐれた「悲観主義」なるものは、このことを意味しているにすぎない。マキャヴェッリはヨーロッパ的な思想にまでみずからを高めあげていたのにひきかえ、グィッチャルディーニはたんにイタリア的な政治思想にたちもどっている。マキャヴェッリがイタリア的な経験をヨーロッパ的な(当時にあっては国際的な)経験のなかでのりこえていることを考慮しないならば、マキャヴェッリのことは理解されない。マキャヴェッリの「意志」は、ヨーロッパ的な経験がなくては、空想的なものになってしまう。このため、「人間の本性」のとらえかたそのものが、両者では相違しているのだ。マキャヴェッリの「人間の本性」のなかには「ヨーロッパ的人間」がふくまれている。そして、この人間は、フランスとスペインにおいて、「解体してしまった」封建的段階を現実に絶対王政へとのりこえたのであった。したがって、イタリアにおいて統一した絶対王政が出現するのに敵対しているのは、「人間の本性」ではなくて、意志の力によってのりこえることのできる一時的な諸条件である。マキャヴェッリは、人間および人間の行動の動機を考察するさいには、「悲観主義者」（あるいはより正確には「現実主義者」）である。が、グィッチャルディーニのほうは悲観主義者ではなく、懐疑家であり、偏狭である。

パオロ・トレーヴェスは、グィッチャルディーニとマキャヴェッリとにかんする判断において、多くの誤りをおかしている（『ヌオーヴァ・リヴィスタ・ストリカ〔新歴史評論〕』誌一九三〇年十一—十二月号に載っているかれの論文「フランチェスコ・グィッチャルディーニの政治的現実主義」を参照のこと）[2]。かれは「政治」を「外交」から十分に区別していない。そして、まさしく、このように両者を区別していないことが、かれにもろもろの誤った評価をくださせる原因となっている。じっさいにも、政治においては、意志的な要素が外交におけるよりもはるかに大きな重要性をもっている。外交は、国家政策の衝突によってつくりだされた情勢に認可をあたえるものであり、この情勢を維持しようとめざす。外交が創造的であるというのは、ただたんに比喩として、あるいは哲学的な常套句（「人間の活動はすべて創造的である」）からして、そういえるにすぎない。国際関係にかかわる力の均衡のなかでは、個々の国家単位がもつことのできる影響力はごく微弱なものでしかない。たとえば、フィレンツェは自身を強化することによって影響力をもちえたが、この強化も、イタリアとヨーロッパの均衡のなかにあってのフィレンツェの地位を改善はしたにしても、その均衡の総体自体をくつがえすためには、決定的なものであるとはとてもかんがえられない程度のものでしかなかった。このようなわけで、外交官は、職業的習性からして、懐疑主義と保守的偏狭へとみちびかれていくのである。

これにたいして、一国家の国内関係においては、情勢は、マキャヴェッリが理解していたように、中央のイニシアティヴにとって、指揮にあたっている意志にとって、比較にならないほど有利である。デ・サンクティスのあたえているグィッチャルディーニについての評価は、トレーヴェスがかんがえているよりもはるかに現実主義的である。(3) この歴史的かつ科学的にみていっそう正確な評価をあたえる準備がなぜトレーヴェスよりもデ・サンクティスのほうにあったのか、という問いを立ててみるべきである。デ・サンクティスは、イタリア政治史のひとつの創造的な時点に参加していた。そこでは、政治的意志は、たんに伝統的諸勢力の力量を計算して発展と再組織が不可能であると断定してしまう(グィッチャルディーニ的懐疑主義)にとどまらず、新しい独自の勢力をよびおこすことをめざしていた。たんに内側からひとつの国家を創建する技術においてその潜在力のすべてを発揮しただけでなく、国際関係を制する技術においても、外交の従来ならわしとなってきた職業的方法を(カヴールとともに)一新することによって、おなじくその潜在力のすべてを発揮した。(4) そのようなイタリア政治史の創造的な時点にデ・サンクティスは参加していたのである。文化的雰囲気が政治の科学と技術についてのより包括的に現実主義的なとらえかたをするのに好都合なものであったのだ。しかし、このような文化的雰囲気がなくても、はたしてデ・サンクティスはマキャヴェッリを理解することができなかったであろうか。歴史的時点のもたらした雰囲気はデ・サンクティスの諸論考を感情的なパトスにみちたものにしており、これが議論をいっそう共感的で熱情的なものにし、科学的な陳述を芸術的にいっそう表現力にとんだ魅力的なものにしている。が、〔そこで開陳されている〕政治学の論理的内容自体は、もっと悪い反動の時期であってもつむぎ出されただろう。反動も、それ自体がひとつの建設的な意志の行為ではないのか。また、保守は意志の行為ではないのか。だから、なぜマキャヴェッリの意志が革命的であるという理由で「空想的」であって、現存するものを保守し、従来の均衡を攪乱したり転覆したりしかねない新勢力が擡頭し組織されるのを阻止しようとする者の意志が空想的でないのか。政治学が抽出するのは「意志」という要素であって、ある特定の意志がさしむけられる目的のことは考慮しない。「空想的」という属性は、政治的意志一般に固有の属性ではなくて、手段を目的に連結するすべを知らない意志、したがって、本来の意味での意志ではなく、たんなる野心、夢、願望でしかないものに固有の属性なのだ。

グィッチャルディーニの懐疑主義（これは知性の悲観主義ではない。知性の悲観主義のほうは、能動的な現実主義的政治家のうちにあっては、意志の楽観主義にむすびつきうる）には、さまざまな起源がある。㈠ 外交官的習性。すなわち、外交官の個別的確信とは無縁の意志（自分の政府または君主の政治的な意志）をうけいれざるをえない従属的な

〔下位的、官僚行政的な〕職業に固有の習性（なるほど、外交官は、その〔自分の政府または君主の政治的な〕意志が自分の確信と一致するかぎりではそれを自分の意志として感じることもありうるが、しかし、そのように感じないこともありうるのである。外交が必然的に専門職業と化してしまったということは、いつ交代するともかぎらない諸政府の政策から外交官が分離することがありうるという結果をうみだしている）。㈡イタリア政治の一般的枠組みのなかにあって保守主義者であったグィッチャルディーニの確信そのものである、等々。

それゆえ、かれの懐疑主義は、かれ自身の意見、かれ自身の政治的立場を理論化したものである。グィッチャルディーニの諸著作は、政治の学であるというよりは、むしろ時代の標識である。これがデ・サンクティスの判断である。おなじように、パオロ・トレーヴェスの論文も、時代の標識であって、政治学史の論文ではない。

〔Q. 6, §86〕

(1) グィッチャルディーニ（Francesco Guicciardini, 1483-1540）は、マキャヴェッリが活躍したのとほぼ同時代のフィレンツェの貴族で、メディチ家の外交官として出発し、同家出身の二人の教皇にも仕えたが、晩年はそのメディチ家のコジモ一世によって政界を追われ、著述に専念した。『フィレンツェ史』（一五〇九年）、『イタリア史』（一五三七―四〇年）などの著作がある。ここでグラムシが問題にしているのは、政界隠遁後、自分の人生経験をふりかえって、子孫のための処世訓として書かれた約四〇〇の短文からなる『回想録＝覚え書』（一五二五年以前に着手）にうかがわれるかれの政治思想である。

（2）パオロ・トレーヴェス（Paolo Treves, 1908-1958）は、イタリアの歴史家、政治家。フィリッポ・トゥラーティとともにイタリア社会党改良派の中心人物であったクラウディオ・トレーヴェスの息子で、トゥラーティの秘書をしていた。第二次世界戦争前にイギリスに亡命し、戦争中はイタリア向けラジオ放送を担当している。

（3）デ・サンクティス（Francesco De Sanctis, 1817-1883）は、イタリアに近代的批評の方法を確立したといわれる文芸批評家。ここでグラムシが言及しているのは、グィッチャルディーニの『回想録＝覚え書』が公刊されたのを機にそこに典型的にえがきだされているルネサンス的「人間」の姿を批判的に分析したデ・サンクティスの論文「グィッチャルディーニの人間」（一八六九年）のことである。

（4）デ・サンクティスは、リソルジメント（イタリア再興）運動の指導者のひとりでもあった。まずは一八四八年五月のナポリ蜂起に参加。翌々年逮捕され、三十二か月間の獄中生活ののち、亡命。一八六〇年、ナポリにもどり、千人隊をひきいて南下してきたガリバルディとともにイルピニア総督をつとめて、当地を新生イタリア王国に併合するための人民投票の準備と成功の過程で大きな役割を演じた。また、六一年以降死去するまで、下院議員。その間、三度にわたって文相をつとめている。一方、カヴールへの言及にかんしては、一八六〇年におけるイタリアの独立と国家統一が当時サルデーニャ王国の首相であったカヴールのたくみな外交手腕によるところが大きいとされていることに注意されたい。

「過度の」（したがって皮相で機械的な）政治的現実主義は、政治家は「実際の現実」(1)の範囲内でのみ行動すべきであり、「あるべきもの」ではなしに「あるもの」だけに関心をもつべきである、とまで主張するにいたることがしばしばある。しかし、これでは、政治家は自分の鼻から先の見通しはもつべきでない、ということになってしまう。この誤謬は、パオロ・トレーヴェスをして、マキャヴェッリではなくてグィッチャルディーニのうちに「真の政治家」をみいだすにいたらしめた。[2]「外交官」と「政治家」とを区別する以外に、政治の科学者と現に行為している政治家とを区別する必要がある。外交官は実際の現実のなかでのみ行動せざるをえない。なぜなら、新しい均衡をつくりだすことではなくて、既存の均衡を一定の法律的な枠組みの内部で維持することが、かれの専門とすべき活動だからである。おなじように、科学者も、純粋の科学者たるかぎりでは、実際の現実のなかでのみ動かなければならない。しかし、マキャヴェッリは純粋の科学者ではない。かれは情熱にもえて党派に属している人間であり、現に行為している政治家であって、新しい力関係をつくりだそうと欲している。だからこそ「あるべきもの」に没頭せざるをえないのである。その「あるべきもの」というのは、もちろん、道徳主義的な意味においてのものではない。したがって、問題はこのように立ててはならない。問題はもっと複雑である。肝腎なことは、その「あるべきもの」が恣意的な行為であるのか、それとも必然的な行為であるのか、具体的な意志であるのか、それとも雲をつかむような野心、願望、憧憬にすぎないのかを知ることなのだ。現に行為している政治家は、創造者であり、煽動者である。が、無から創造するのではなく、願望と夢の混濁した空無のなかで行動するのでもない。

かれは実際の現実に立脚している。だが、この実際の現実とはなんなのか。静的なもの、不動のものなのか。それとも、むしろ、たえざる運動と均衡の変化のうちにある力関係ではないのか。進歩的だとかんがえられる特定の勢力に立脚し、それが勝利するよう力添えをしながら、実際に存在して作用しつつある諸勢力の新しい均衡をつくりだすことに意志をさしむけることは、いつの場合にも、実際の現実の領域のなかで行動すること、ただし、それを支配し、克服するために（またはこのことに寄与するために）行動することである。だから、「あるべきもの」というのは具体的なものである。それどころか、現実についての唯一の現実主義的で歴史主義的な解釈であり、唯一の現に行為している歴史かつ哲学であり、唯一の政治である。サヴォナローラとマキャヴェッリの対立はあるものとあるべきものとの対立ではなく（この問題をあつかったルッソの章全体はたんなる美辞麗句にすぎない）、二つのあるべきもの、サヴォナローラの抽象的で煙のようなあるべきものと、マキャヴェッリの現実主義的なあるべきものとの対立である。(3) 一介の個人または著書が現実を変革することは期待できず、期待できるのはただ現実を解釈し、可能な行動方針をしめすことである。それゆえ、マキャヴェッリのあるべきものは、直接の現実にはならなかった。それでもなお、それは現実主義的であったのである。マキャヴェッリの限界と狭隘さとは、かれが「私人」であったということ、文筆の士であって国家または軍隊の首領ではなかったということのうちにのみある。国家または軍隊の首領のほうは、こちらも私人にはちがいないが、言葉の軍隊にとどまらず、国家または軍隊の〔現実の〕勢力を意のままに動かすことができるのだ。だからといって、マキャヴェッリも「武器なき預言者」(4)であったというようにはいえない。これはあまりにも安手の売り言葉に買い言葉というものだろう。マキャヴェッリは、みずから現実を変革しようとかんがえているとか意図しているとはけっしてのべていない。かれはただ、歴史的な勢力が現実に力を発揮するためにはどのように行動すべきであったかを具体的に明らかにするのだとのべているにすぎない。

[Q. 13, §16; cf. Q. 8, §84]

(1) 原語は〈realtà effettuale〉である。これとほぼ同義の「実際の真実」(verità effettuale) という表現がマキャヴェッリの『君主論』第一五章に出てくることに注意。《わたしの意図はそれをわかってくれる人に有益なことを書くことであるのだから、いろいろと想像してみるのではなくて、ことがらの実際の真実にまっすぐにむかうほうがよいだろうとおもわれる。これまで多くの人びとが、ほんとうに存在するのを見たこともなければ、存在することが知られてもいない共和国や君主国を想像してきた。しかるに、どう生きているかということとどう生きるべきかということとのあいだにははなはだしい距離があるので、現におこなっていることを無視して、おこなうべきであるとされていることに目をむけるときには、自分の生存の維持よりは破滅をまねくことになるのである》。

(2) さきの『ヌオーヴァ・リヴィスタ・ストリカ』誌の論文を参照のこと。

(3) ルッソは『マキャヴェッリ序説』の第一章「サヴォナローラとマキャヴェッリ」において、両者の関係を「あるべきもの」と「あるもの」の対立であったというようにとらえている。サヴォナローラ

(Girolamo Savonarola, 1452-1498) は、ドミニコ会の修道士。一四九四年、シャルル八世の来伊を機にメディチ家がフィレンツェから追放されたあとをうけて、中流層をもふくめた「全市民的な」共和政治の実現をくわだてるが、九八年に破門され、支持者からも見離されて、火刑に処せられている。

（4）「武器なき預言者」というのは、マキャヴェッリの『君主論』第六章に出てくる言葉である。そこでかれはサヴォナローラのことをこう称している。

マキャヴェッリ的政治教育の革命性

〔マキャヴェッリのそれにたいして〕実践の哲学〔＝マルクス主義〕によって政治と歴史の科学のなかに導入された根本的な革新は、〔マキャヴェッリが前提しているような〕一定不変の「人間の本性」といった抽象的なもの（これはたしかに超越論的な宗教思想に由来する概念である）は存在しないのであって、人間の本性は歴史的にうみだされる社会的諸関係の総体であるということ、すなわち、文献学と批判の方法によってある限度内で確証することのできる歴史的な事実であるということが論証されたことである。したがって、政治学は、その具体的な内容の面では（またその論理的な定式化作業の面でも）、ひとつの〔歴史的に〕発展しつつある有機体であるととらえられなければならない。しかしながら注意すべきことは、マキャヴェッリが政治とはなにかという問題にたいしてあたえた命題（すなわち、政治は宗教および道徳とはことなった独自の原理と法則をもつ自立した活動であるという、かれの書いたもののなかで暗に提示されている命題——この命題は、道徳と宗教についてのとらえかた、つまりは世界についてのとらえかたそのものをそっくり革新するものであるため、大きな哲学的意義をもっている）——この命題については、今日でもまだ議論され、反論がなされていて、「常識」になりおおせないでいるということである。この事実はなにを意味しているのか。マキャヴェッリの思想のなかにその要素が萌芽的にふくまれていた知的道徳的革命がまだ達成されておらず、国民文化の公然たる形式になるにいたっていないということだけを意味しているのであろうか。それとも、純粋に現実政治的な意味をもっていて、統治者と被統治者とのあいだに裂け目が存在していること、すなわち、統治者の文化と被統治者の文化という二つの文化が存在していること、そして、指導的階級が、教会と同様、一方では、庶民から乖離してはならないという必要、また他方では、マキャヴェッリというのは悪魔の化身にほかならないということを庶民に信じつづけさせる必要にせまられて、庶民にたいしてかれらなりの態度をとっていることをしめすのに役だっているのであろうか。こうして、マキャヴェッリがかれの時代にもっていた意義、また、かれがかれの諸著作、とくに『君主論』を書くことによって提示しようとしていた目的はなんであったのか、という問題が提起される。マキャヴェッリの学説は、かれの時代にあっては、純然たる「書物のうえでの」もの、孤独な思想家たちの独占物、奥義を伝授された者たちのあいだだけで回し読みされる秘密の本であったわけではなかった。マキャヴェッリの文体は、中世にも〔ルネサンス時代の〕人文主義にもみられたような体系的な論述家のそれではない。マキャヴェッリの文体は、まったくそんなものではない。それは、行動の人、行動にのりだそうとする人の文体であり、党の「宣言」の文体である。フォスコロの提出した「教訓主義的」解釈は、たしかに見当はずれである。が、それにしても、マキャヴェッリがなにものかを暴露したのであって、たんに現実に存在するものを理論化しただけでなかったことは真実なのだ。[1]しかし、その暴露の目的はなんであったのか。教訓をあたえることが目的だったのか、それとも政治的な目的だったのか。政治的な活動のためのマキャヴェッリの規範は「実践はされるが口にはされない」といわれる。偉大な政治家たちは、まさしくそれらの規範を「聖人ぶって」実践することができるようにするためにこそ、マキャヴェッリをののしることから、自分は反マキャヴェッリ主義者だと宣言することから、始めるというのである。[2]ということは、マキャヴェッリはあまりマキャヴェッリらしくなかったということ、「駆け引きのこつを知っていて」、愚かにもそれを他人に教えている間抜け者であったということなのだろうか。俗にいうマキャヴェリズムはその逆を行くように教えているというのにだ。マキャヴェリズムというのはひとつの科学なのだから、あたかも剣術が紳士にも山賊にも、自衛のためにも殺人のためにも役だつのとおなじように、反動派にも民主派にも役だつのであって、フォスコロの判断もこの意味に理解すべきだというクローチェの主張は、[3]抽象的にしか真実でない。マキャヴェッリ自身が、自分の書いていることは歴史上の偉大な人物たちによって実践されているし、つねに実践されてきたものであると注意している。だから、かれは〔統治の秘密を〕すでに知っている者にほのめかそうとしたのだとはおもわれないし、一方、かれの文体は実践的関心をはなれた科学的活動のそれではなく（さきだつノートのひとつで、『君主論』の結びにおける呼びかけがもっている意義、および、それが著作全体にたいしてはたしえている役割について書いたことを参照のこと）、かれが哲学的思弁の道をとおってかれの政治学上のもろもろのテーゼに到達したともかんがえられない。これは、今日でもこんなにも多くの異論や反対があるのであってみれば、当時にあっては奇蹟をなすに等しいことであっただろう。したがって、マキャヴェッリが対象にしていたのは「知らないでいる者」ではなかったかと想定することができる。かれは「知らないでいる者」の政治教育をおこなうことを意図していたのではなかったかと想定することができるのである。しかも、それは、フォスコロはそう理解していたようだが、暴君を憎めという消極的な政治教育ではなくて、ある特定の目的をのぞむ以上、たとえそれが暴君に固有の手段であっても、どうしてもとらざるをえない特定の手段があることを承認しなければならないことを教える積極的な政治教育であったのだ。ところでまた、統治者の家系に生まれた者は、王朝や世襲にまつわる利害関心が支配している家庭環境から吸収する教育の全体をつうじて、ほとんど自動的に現実主義的政治家の資質を獲得している。それでは「知らないでいる」のはだれか。当時の革命的階級、イタリアの「人民」また「国民」である。カストルッチョ[4]やヴァレンティーノのような人物ではなくて、サヴォナローラやピエロ・ソデリーニ[5]

のような人物をみずからの内部から代表として輩出させている都市のデモクラシーである。マキャヴェッリは、これらの勢力に、自分の欲しているものを知っており、自分の欲しているものを獲得する方法を知っているひとりの「首領」をもつ必要があること、また、その人物の行動がたとえ当時広く普及していたイデオロギー、つまりは宗教と対立するものであっても、または対立するようにみえるものであっても、その人物を熱烈にうけいれる必要があることを説得しようとしたのだとかんがえることができるのである。

マキャヴェッリの政治のこのような立場は、実践の哲学（＝マルクス主義）の場合にもくりかえされる。後者の場合にも、「反マキャヴェッリ主義者」となって、闘いあっている双方にともに役だちうるような政治の理論と技術を発展させることが必要となるのである。もっとも、その場合、それらの理論と技術は、「知らないでいた」側にとくに役だつことになるとかんがえられるのではあるが。というのも、こちらの側に歴史の進歩的な勢力は存在すると判断されるからであり、じっさいにも、ただちにひとつの成果、すなわち、伝統的イデオロギーに依拠した統一を粉砕するという成果が獲得されるからである。この断絶が生じることなしには、新しい勢力は自己の独立した人格を自覚することができないはずなのだ。マキャヴェリズムは、実践の哲学の政治と同様に、保守的指導集団の伝統的政治技術をも改善するのに役だってきた。しかし、このことは、それが本質的に革命的な性格のものである事実を隠蔽するものであってはならない。その革命性は今日でも感じられている。そして、〔対抗宗教改革の時代の〕イエズス会士たちのそれから〔イタリア国家統一後の〕P・ヴィッラリ[6]の敬虔主義的なそれにいたるまでの、すべての反マキャヴェリズムを説明してくれる。

[Q. 13, §20 ; cf. Q. 4, §8]

(1) フォスコロ (Ugo Foscolo, 1778-1827) は、イタリアの詩人。その代表作『墓』(一八〇七年) のなかに、《〔マキャヴェッリは〕統治者たちには権杖に焼きを入れて余分な部分をそぎ落とし、民衆には暴露するのだ》とうたった箇所がある。

(2) このような「偉大な政治家」の典型がプロイセンのフリードリヒ大王である。かれは『反マキャヴェッリ論』(一七四〇年) を著わして、道徳を破壊し、君主を惑わす危険な思想であるとして『君主論』を攻撃したが、かれが実際にとった諸政策はいわゆるマキャヴェリズムの最たるものであった。

(3) 『批判的談話』第二集 (一九一八年) のなかに出てくる《ショーペンハウアーがマキャヴェッリのさずけている政治教育を剣術の師範のさずける教育にたとえたのも理由のないことではない。剣術の師範は、なるほど人を殺す術を教えるが、だからといって暗殺者になれと教えるわけではない》という述言が念頭におかれているものとおもわれる。

(4) カストルッチョ・カストラカーニ (Castruccio Castracani, 1281-1328) は、一三二五年、トスカーナのギベッリーニ派の首領としてフィレンツェを破り、その武勲が伝説にもなっている有名な傭兵隊長。ルッカの領主。

(5) ピエロ・ソデリーニ (Piero Soderini, 1452-1522) は、フィレンツェの政治家。一五〇二年、終身市政府主席 (ゴンファロニエーレ) に選出され、マキャヴェッリの民兵創設計画にも支持をあたえたが、一五一二年、フランスの退去とともに政権をメディチ家に明け渡すはめにおちいっている。

(6) パスクァーレ・ヴィッラリ (Pasquale Villari, 1827-1917) は、イタリアの哲学者、歴史家、政治家。とくに国家統一後、「南部問題」の啓蒙に努めたことで知られ、一八九一年には文相に就任している。『ニッコロ・マキャヴェッリとその時代』は一八七七年刊。

III

情勢または力関係の分析

政治の科学と技術というのは、実際の現実への関心を覚醒させ、政治的直観力をさらに正確で強靭なものにするのに役だつ実践的な探究規準と個別的観察の総体のことであると解されるとしよう。そうだとすれば、どのように「情勢」を分析すべきか、すなわち、どのように力関係のさまざまな段階を確定すべきかを研究することは、そのような政治の科学と技術についての基礎的な説明をあたえるのに寄与するであろう。同時に、政治において戦略と戦術、戦略的「計画」、宣伝と煽動、組織学または政治における組織と管理の学ということで理解されるべきことがらについての説明もなされなければならない。政治学の体系的論述書のなかで通常いっしょくたにして陳述されている経験的観察の諸要素は(その見本としてはG・モスカの著作『政治科学要綱』をあげることができる)、それらが抽象的または空中楼閣的な問題でないかぎり、力関係の各段階のうちに位置づけられるべきであろう。力関係の各段階は、まずは国際的諸勢力の関係からはじまって〔注記省略〕、客観的な社会的諸関係、すなわち、生産諸力の発展段階に移り、さらには政治的な力および政党レヴェルの諸関係（国家の内部におけるヘゲモニー的諸体系）と直接的な（いいかえれば潜在的に軍事的な）政治的諸関係とにいたる。

国際的諸関係は、基本的な社会的諸関係に（論理的に）先行するのであろうか、それとも後続するのであろうか。うたがいもなく、後続する。構造におけるいっさいの有機的革新は、それの軍事技術的表現をつうじて、国際分野における絶対的ならびに相対的な諸関係を有機的に変化させる。ある国民国家の地理的な位置でさえもが、構造の分野におけるもろもろの革新に（論理的に）先行するのではなくて、後続するのである。ある程度までは（ということは、まさしく、上部構造が構造に、たとえば政治が経済に反作用をおよぼす程度まではということであるが）後者に反作用をおよぼすことがあるにしてもである。他方、国際的諸関係は、政治的な（諸政党のヘゲモニーにかかわる）諸関係に受動的かつ能動的に反作用をおよぼす。ある国民の経済生活が国際的諸関係に依存していればいるほど、特定の政党がこの情勢を代表することが多くなり、この情勢を利用して、敵対する諸政党が優勢化するのを阻止しようとするようになる[3]（イタリア革命は技術的に不可能である！　というニッティの有名な演説を想起のこと）。これら一連の事実からは、いわゆる「外国の手先の党」というのは、しばしば、巷間そういわれている党[4]ではなくて、ほかでもないもっとも民族主義的な党がそうであるという結論に到達する。民族主義的な党は、現実には、自国の生命力を代表するというよりも、覇権をにぎっている諸国民またはそれらの一グループに自国が経済的に従属し隷従しているという事実を代表しているのである。

[Q. 13, §2; cf. Q. 8, §37]

〔注記省略〕

(1) 原語は〈realtà effettuale〉である。本書一一九ページの訳注(1)を参照のこと。

(2) G・モスカ(Gaetano Mosca, 1858-1941)は、イタリアの政治学者。その著作『政治科学要綱』(初版一八九六年、増補版一九二三年)は、いわゆる「政治階級の理論」、すなわち、およそ政府とよばれるものの存在するあらゆる社会において統治機能を現実に遂行しているのは、政体のいかんを問わず、つねに、ごく一部の組織された少数者からなる階級であるという「恒常的にして法則的な事実」の確認にもとづいて、この「政治階級」(classe politica)とよびうる少数者階級の支配の秘密を明らかにしようとした理論を提示したことで知られるが、同著作のなかでは、「歴史の経験と観察」を重視するとして、雑多な経験的事実がうんざりするほどふんだんに引かれている。

(3) ニッティ(Francesco Saverio Nitti, 1868-1953)は、イタリアの経済学者、政治家。一九一九年七月九日、首相に就任して下院に新内閣の政策綱領を提示したさいにおこなった演説のなかで、イタリアのような工業原料にとぼしく、食糧も十分でない国においては革命は技術的に不可能であると指摘して、《原料を生産していたり、多くを自分でまかなっていける諸国においては、革命はたかだかひとつの災難程度のものであろう。が、十分な原料がなく、生きていけない諸国においては、それは集団的な自殺の企てに等しいといってよいであろう》とのべている。

(4) 共産党を指す。

ある時代の歴史のなかで作用している諸力を正確に分析し、それらの関係を明確にするためには、構造と上部構造とのあいだに存在している関係の問題を正しく提起して解決する必要がある。この仕事は、つぎの二つの原則の範囲内でおこなわれなくてはならない。㈠どのような社会も、その解決のために必要にして十分な諸条件がすでに存在していないか、またはすくなくとも出現と発展の途上にないような課題を提起することはないという原則と、㈡どのような社会も、その諸関係のうちに包含されている生活の諸形態がすべて展開されてしまうまでは、解体して〔べつの新しい社会に〕とってかわられることはありえないという原則である。(1)

この二つの規準にかんする反省から、歴史方法論の他の諸原則はすべて系統的にくりだすことができる。他方、構造の研究にあたっては、有機的な〔相対的に永続的な〕運動を変動的とよぶことのできる〔そして偶発的で、即発的で、ほとんど偶然といってよいようなかたちで出現する〕運動から区別しなくてはならない。(2)変動的な諸現象も、それ自体、有機的な運動に依存したものであることはたしかである。が、それらの意義は、歴史的には、それほど大きなものではない。それらがうみだすのは、たかだか、小さな指導的グループや直接権力を掌握している人物たちを対象にした、日々の、こまごまとした政治批判にすぎないのだ。これにたいして、有機的な諸現象のほうは、直接権力を掌握している人物や指導的幹部層をこえて、〔指導的階級を形成している〕大集団全体を対象にした歴史的‐社会批判をうみだす。ある歴史的な時代を研究しようとするさいには、この区別があきらかに大きな重要性をもっている。危機があらわれ、それがときとして二、三十年もつづく。このように危機が異例なまでに長く持続するということは、構造のなかにいやすことのできない諸矛盾があらわになっている（成熟するにいたっている）ということ、そして、それでもなお、構造自体の保守と防衛をめざして積極的にはたらいている政治勢力が、それらの矛盾をなんとか一定の限度内でいやし、克服しようと努力しているということを意味している。これらの、間断なき、執拗な（というのも、どのような社会形態も、自分がのりこえられてしまったとみずから承認することはけっしてないだろうからであるが）努力は、「偶発的なもの（＝機会原因的なもの）」[3]の領域を形成する。そして、この領域のうえに、特定の諸課題が歴史的に解決されうるための、ひいては解決されなければならないための（解決されなければならないというのは、この歴史的義務をはたさないときには、混乱が必然的に増大し、いっそう重大な破局が用意されることになるからである）、必要にして十分な条件がすでに存在していることを証明しようとする敵対勢力が組織されるのである（この証明は、究極的には、それが新しい現実になり、敵対勢力のほうが勝利したときにのみ、成功をおさめ、「真の」証明となる。しかし、さしあたって、それは一連のイデオロギー的、宗教的、哲学的、政治的、法律的、等々の論争のかたちで展開される。そして、それらがどこまで具体的なものかは、それらが社会的勢力の既存の陣営を説得するのに成功して移動させる程度がどれほどかということから評価することができる)。

歴史的‐政治分析においてしばしば誤りにおちいることがあるのは、有機的なものと偶発的なものとの正しい関係をみいだす方法がわからないためである。こうして、間接的に作用している原因を直接的に作用している原因であるかのように陳述するか、さもなければ、直接的な原因をもって唯一の作用原因であると主張するかのいずれかになってしまうのだ。前者の場合には、「経済主義」またはペダンティックな教条主義の行き過ぎが生じ、後者の場合には、「イデオロギー主義」の行き過ぎが生じる。(4) 前者の場合には、機械的な原因が過大評価され、後者の場合には、意志的、個人的な要素が称揚される(「有機的な」運動や事実と「変動的な」または偶発的な運動や事実との区別は、あらゆる型の情勢に適用されなくてはならない。すなわち、後退または尖鋭な危機の展開がみられる情勢だけでなく、前進または繁栄の展開がみられる情勢や、生産諸力の停滞がみられる情勢にも適用されなくてはならない)。この二系列の運動、ひいては二系列の研究のあいだの弁証法的連関を正確に規定するのは、容易でない。しかも、誤りは歴史研究において重大であるとすれば、政治技術においてはなおいっそう重大なものと化す。そこでは、過去の歴史を再構築することではなくて、現在と未来の歴史を構築することが問題となるからである。自分のいだいている願望や、自分を駆りたてている、程度の低い直接的な情熱が、誤りの原因となる。それらが客観的で公平な分析にとってかわってしまうのだ。しかも、こういった事態が、行動への刺激のための自覚的な「手段」としてでなく、自己欺瞞というかたちで起こるのである。この場合にも、毒蛇が蛇使いを嚙む、いいかえれば、デマゴーグが自分のデマゴギーの最初の犠牲者になってしまうわけである。

これらの方法論的基準は、具体的な歴史的諸事件の検討に適用してみれば、その意義のすべてを目にみえる教訓的なかたちで獲得することができる。たとえば、一七八九年から一八七〇年にかけてフランスで展開された諸事件にたいして適用してみると有益であろう。わたしがおもうに、叙述を明確にするためには、この時期全体を包括的にとらえることが必要である。じっさいにも、一八七〇―七一年になってはじめて、パリ・コミューンの試みとともに、一七八九年にうまれたすべての芽は歴史的にその生命をおえる。すなわち、権力をめざして闘う新しい階級は、決定的にのりこえられてしまったことをみずから承認しようとしない旧社会の代表者たちをうちやぶるだけでなく、一七八九年に開始された変革からうまれた新しい構造もすでにのりこえられてしまったと主張する最新の諸集団をもうちやぶり、こうして旧来の階級にたいしても最新の階級にたいしてもみずからの生命力を証明してみせるのである。さらに、一八七〇―七一年とともに、実践的には一七八九年にうまれ、イデオロギー的には一八四八年ごろに発展することになった政治的な戦略と戦術の諸原則の総体も効力をうしなう(「永続革命」の定式[5]に集約されるものがそれである。この定式のどれほどの部分がマッツィーニの戦略――たとえば一八五三年のミラーノ蜂起にたいする――に流れこんでいるか、また、これは自覚的に生じたことであったのかどうかを研究してみるとおもしろいだろう)。[6] このような(問題となる時期全体を包括的にとらえるべきであるという)見地の正しさを証明してくれるひとつの材料を提供しているのが、フランス革命を構成する諸事件がどこまでかを確定するにあたって、歴史家たちの見解がまったく一致していない(また一致することは不可能である)という事実である。ある人びと(たとえばサルヴェーミニ)によれば、革命はヴァルミーで完了したのだという。この時点までに、フランスは新国家をつくりだすとともに、その領土主権を確立し防衛する政治的‐軍事的力を組織しおえたというのである。[7] べつの人びとによれば、革命はテルミドールまでつづくのだという。それどころか、かれらはさらに多くの革命について語っている(八月十日事件もそれ自体ひとつの革命であるだろう、等々。コラン叢書にはいっているA・マティエの『フランス革命』を参照のこと)。[8] テルミドールとナポレオンの事業についての解釈のしかたは、もっともはげしい矛盾対立を呈している。そもそも、これは革命であるのか、反革命であるのか、等々。さらにべつの人びとによれば、フランス革命の歴史は、一八三〇年、一八四八年、一八七〇年、そしてついには一九一四年の世界戦争までつづくのだという。

これらの見かたには、どれも一面の真理がある。現実には、一七八九年以降に展開されることとなるフランスの社会構造の内的諸矛盾は、第三共和政にいたってはじめて相対的な解決をみいだすのであって、フランスは、一七八九年―九四年―九九年―一八〇四年―一八一五年―一八三〇年―一八四八年―一八七〇年と、うねりがしだいに長くなっていく変革の八十年[9]ののち、均衡のとれた政治生活の六十年をもつことになるのである。そしてまさしく、これらの振幅を異にする「うねり」の研究こそが、一方では構造と上部構造との関係、また他方では構造の有機的運動と変動的運動との関係を再構築することを可能にしてくれるのである。ともあれ、このノートのはじめにのべた二つの方法論的原則を弁証法的に媒介するのが永続革命という政治的－歴史的定式であるということができるだろう。

おなじ問題のひとつの側面がいわゆる力関係の問題である。歴史叙述のなかには、しばしば、あれこれの傾向にとって有利・不利な力関係といった、漠然とした表現が出てくる。このように抽象的なままでは、この言いまわしはなにも説明していない。あるいは、ほとんどなにも説明していない。これは説明されるべき事実をおうむ返しにくりかえしているだけであって、その事実を一方では事実として、他方では抽象的な法則ならびに説明として提示しているからである。したがって、理論的な誤りは、探究と解釈のための規準であるものを「歴史的原因」であるとしてしまっている点にあるのだ。

ともあれ、「力関係」におけるさまざまな契機または段階を区別する必要がある。それらは基本的にはつぎのとおりである。

㈠ 社会的諸勢力の関係。これは構造と緊密にむすびついており、客観的で、人びとの意志からは独立していて、精密科学または物理科学の体系によって測定することができるものである。物質的な生産諸力の発展段階を土台として、それのうえにもろもろの社会集団が生じるのであって、各集団は生産そのものの内部にあってひとつの機能を代表しており、ひとつのあたえられた場を占めている。この関係は現にあるとおりのものであって、〔人びとの意志によっては〕どうにもならない現実である。経営体とその従業員の数、一定の人口を有する都市の数、等々を変更することは、だれにもできないのだ。この基本的な力の配置関係は、社会のなかにそれの変革のための必要にして十分な条件が存在するかどうかを研究することを可能にする。すなわち、その力の配置関係そのもの、それが発展をとげるあいだにうみだしてきた諸矛盾を土壌として、そこから生じたさまざまなイデオロギーについて、それらの現実性と実現可能性の程度を検査することを可能にするのである。

(二) つぎの契機は政治的諸勢力の関係である。すなわち、各種の社会集団の到達している等質性、自己意識、組織化の程度の評価である。この契機のほうは、これはこれでさらに分析して、これまで歴史のなかにあらわれてきた集団的政治意識のさまざまな契機に対応する各種の段階に区別することができる。第一の、もっとも基礎的な契機は、経済的―同業組合的な契機である。この段階では、商人は商人と、職人は職人と、たがいに連帯しなければならないと感じているが、商人は職人とはまだ連帯感をもっていない。すなわち、同職集団としての等質的統一性は感じられており、その統一性を組織する義務も感じられてはいるが、いっそう広範な社会集団としてのそれはまだ感じられていない。第二の契機は、社会集団の成員全体のあいだに利害の連帯性があるという意識には到達しているが、それがまだたんに経済的な分野にとどまっている契機である。すでにこの契機において国家の問題が立てられるが、それは支配的集団とのあいだの政治的‐法律的平等の達成という領域においてでしかない。なぜなら、要求されるのは、立法や行政に参加する権利、さらには立法や行政を修正し改革する権利であるが、それはあくまで現行の基本的枠内でのことなのだ。第三の契機は、自己の同業組合的利害関心が、その現在および将来における発展のなかで、同業組合の圏域、たんに経済的な集団の圏域をこえて、他の従属的諸集団の利害関心ともなることができるし、またそうならなくてはならないという意識に到達する契機である。これは、構造から複合的な上部構造の領域への明白な移行をしめす純然たる政治的な段階であり、それまでに芽ばえていたもろもろのイデオロギーが「政党」となって、対立し闘争しあうにいたる段階である。そして最後には、それらのうちのただひとつ、またはそれらのただひとつの組み合わせが、社会の全領域にわたる支配と浸透をめざして、経済的および政治的な諸目的の唯一性だけでなく、知的および道徳的な統一性をもうみだしていくのであり、ありとあらゆる問題を提起しては、それらをめぐって、同業組合的な平面ではなくて「普遍的な」平面において白熱した闘争を展開し、こうして一連の従属的諸集団にたいするあるひとつの基本的な社会集団のヘゲモニーを創出していくのである。ここでは、国家は、なるほど、あるひとつの社会集団の専属機関であり、その集団が最大限の膨脹をとげていくのに有利な諸条件をつくりだしていくべきものであるとはみなされるが、しかしまた、この発展、この膨脹は、普遍的な膨脹の、「国民的な」エネルギー全体の発展の、原動力とみなされる。また、そのようなものとしてあらわれる。すなわち、支配的集団は従属的諸集団の一般的な利害関心との具体的な調整のもとにおかれるようになり、国家生活というのは基本的集団の利害関心と従属的諸集団の利害関心との不安定な均衡を（法律の領域において）たえず形成しては克服していくことであるとみなされるようになるのである。そして、この均衡のなかでは、支配的集団の利害関心が優位を占めるが、それもある点までである。すなわち、狭隘な経済的‐同業組合的利害にまでおよぶことはないのだ。現実の歴史のなかでは、これらの契機は、相互に、いわば水平的にも垂直的にも、からみあっている。経済的‐社会的な活動に応じて（水平的に）、また領土域に応じて（垂直的に）、さまざまに結合したり分離したりしつつ、からみあっているのである。また、これらの組み合わせのそれぞれが独自の経済的および政治的に組織された表現をみいだすこともありうる。さらに考慮しなくてはならないのは、あるひとつの国家‐国民のこれらの内部的諸関係には国際的諸関係がからみあっていて、独自の、歴史的に規定された、新たな組み合わせをつくりだしているということである。あるイデオロギーが先進国にうまれると、それは後進諸国に普及していって、各地域での組み合わせゲームに深刻な影響をおよぼすのだ（たとえば、宗教はつねにこのような一国的および国際的なイデオロギー的‐政治的組み合わせの一源泉であった。また、宗教とともに、フリーメイスン、ロータリー・クラブ、ユダヤ人、職業的外交官などの国際的組織体もそうである。これらの組織体は、国際的な政党として各国民のなかで国際的な力のすべてを集中して活動することによって、それぞれの国にとっては外来のものである政治的諸方策を提起してはそれらを勝利させているのである。しかしまた、宗教、フリーメイスン、ロータリー・クラブ、ユダヤ人などは、「知識人」という社会的カテゴリーにいれることができる。この国際的な規模においての「知識人」の役割は、相互に対極をなしているものを媒介することであり、指導にかかわるありとあらゆる活動を機能させるための技術的工夫を「社会化」することであり、極端に対立している解決策のあいだに妥協と出口をつくりだすことである）。この国際的な力と国内的な力との関係は、どの国家の内部にも、構造を異にし、各段階にあっての力関係を異にするかなりの数の地域が存在することから、さらに複雑なものになっている（たとえば、ヴァンデー[10]は反動的な国際勢力と同盟し、フランスという領土的統一体の内部におけるこの勢力の代弁者であった。また、フランス革命におけるリヨン[11]は諸関係の特殊な結節点をなしていた、等々）。

㈢　第三の契機は軍事的諸勢力の関係という契機である。この契機は、そのときどきにおける当面の決定的な契機をなしている（歴史の発展は、第二の契機を媒介として、第一の契機と第三の契機のあいだをたえず揺れ動いていく）。しかし、この第三の契機も、無区別なもの、直接に図式的なかたちで同定可能なものではない。この契機においても、二つの段階を区別することができる。狭義の軍事的段階、または技術的‐軍事的段階と、政治的‐軍事的とよびうる段階とである。歴史の発展のなかでは、この二つの段階はじつに多様な組み合わせをもってあらわれる。限界的な例証として利用することのできる典型的な例は、国家的独立を達成しようと努めているある民族にたいして、ある国家が軍事的抑圧の関係に立つ場合である。この関係は、たんに軍事的な関係ではなくて、政治的‐軍事的な関係である。じっさいにも、そのような型の抑圧は、被抑圧民族のほうが社会的解体状態にあり、その構成員の多数が受動的態度におちいっているということがなくては、説明不可能であろう。したがって、独立は、たんに軍事的な力によって達成されるものではないのであって、軍事的な力と政治的‐軍事的な力とによって達成されるのである。じじつ、もしも被抑圧民族が独立闘争を開始しようとするにあたって、覇権を掌握している国家のほうがその民族に狭く技術的な意味においての自分の軍隊を組織するのをゆるすまで開始の時機を待たなければならないのだとしたら、それは待ってもほとんど甲斐のないことだろう（自分の軍隊をもたせろという要求が覇権国によって充足されることもありうるが、このことは、すでに闘争の大部分が闘いぬかれて、政治的‐軍事的領域では覇権国側が敗北してしまっているということを意味しているのだ)。したがって、被抑圧民族が覇権国の軍事力にまずもって対置するのは、もっぱら「政治的 - 軍事的な」もののみあるような力であることになるだろう。すなわち、つぎのような意味においての軍事的な性格の反響をうみだす力量をもっているような政治的行動の形態であろう。㈠ 覇権国の戦闘効果を内部から解体させる効果をもつということ。㈡ 覇権国の軍事力が広大な地域に分散して稀薄化するのを余儀なくさせ、その戦闘効果の大半を喪失させるということ。イタリア・リソルジメント[12]において確認することができるのは、大きな痛手であったことにも、政治的 - 軍事的な指導が欠如していたことである。それはとくに行動党[13]において(もって生まれた無能力さからして)そうであったが、ピエモンテ - 穏健派[14]においてもまたそうであった。しかも、一八四八年以前も以後もそうなのであった。もっとも、後者のほうは無能力さからではなく、「経済的 - 政治的マルサス主義」からしてそうなのであった[15]。すなわち、農業改革の可能性については示唆しようとさえ欲せず、憲法制定議会の召集をのぞまず、ただ、ピエモンテ王政が、人民的起源の条件や制限を課せられることなしに、たんなる各地方単位の人民投票による承認をへて、全イタリアに拡大されることだけをめざしたからである。

以上と関連しているもうひとつの問題は、基本的な歴史的危機は直接に経済的危機からうみだされるのかどうかをしらべてみるという問題である。この問いにたいする答えは、これまでのべてきたことのなかに暗々裡にふくまれている。これまでの論述のなかであつかわれた諸問題は、いまここであつかう問題をべつのかたちで提示したものなのだ。しかし、教育上の理由から、つまりは読者大衆が特殊であることから、同一の問題についてなしうるあらゆる提示方法を独立の新しい問題であるかのようにみなして検討してみることがいつの場合にも必要なのである。経済的危機がそれ自体として直接に基本的な諸事件をうみだすというのは、しりぞけてよい。経済的危機は、国家生活のいっそうの発展全体に関係のある諸問題について、それらを思案し、定立し、解決するためのいくつかの方法を普及させるのにきわめて有利な地盤をつくりだすにすぎない。そのうえ、危機や繁栄の時期にかんするすべての主張は、一面的な判断をうみやすい。マティエは、そのフランス革命史の概要（コラン社版）のなかで、危機が社会的均衡の大崩壊と一致することをアプリオリに「発見」する従来の通俗的な歴史叙述に反対して、一七八九年当時、経済情勢はむしろさしあたっては良好であり、絶対王政国家の破局が窮乏化の危機によるとはいえないと主張している（マティエの正確な主張内容を参照のこと）[16]。注意する必要があるのは、当時、国家は致命的な財政的危機に見舞われており、国家と王家の財政をたてなおすためには三つの特権的身分のどれかが犠牲と負担をひきうけなければならないという問題が生じていたことである。さらには、ブルジョアジーの経済状態は活気にみちたものであったにしても、都市と農村の人民階級、とくに農村の風土病的貧困になやむ階級の状態は、たしかに良好ではなかった。いずれにせよ、諸勢力の均衡の破壊は、その均衡を破壊することに関心があり、また実際にそれを破壊した社会集団の窮乏化ということが直接的、機械的な原因となって生じたのではないのであって、直接の経済的世界よりも高次の抗争の場面、階級としての「威信」（将来の経済的利益）と関連し、独立、自立、権力の感情の激化と関連する抗争の場面において生じているのである。経済的に幸福な状態と困難な状態のどちらが新しい歴史的現実の原因となるかという問題は、力関係とそのさまざまな段階という〔一般的な〕問題の部分的な一側面をなす特殊的な問題にすぎない。革新は、敵対する集団の狭隘な利己主義によって幸福がおびやかされるために生じることもあれば、困難がたえがたいものとなり、しかも、旧社会のなかには、合法的な手段によってそれを緩和し、常態をとりもどすことのできる力がみられないために生じることもある。したがって、これらの要素はすべて社会的力関係の総体の循環的変動の具体的なあらわれであるといってよい。この社会的力関係を地盤として、そこから政治的力関係への移行が生じ、さらには決定的な軍事的関係において頂点に達するのである。もしもこのひとつの契機からもうひとつの契機への発展の過程が生じなかったならば、そして、それが、本質的に、人間を主役とし、人間の意志ならびに力量を主役とする過程であるのであってみれば、そのときには情勢は停滞したままで、矛盾した結果がうみだされることになる。旧社会が抵抗して、敵対するエリートを物理的に殲滅し、予備軍大衆を恐怖におとしいれることによって、「休息」期間を確保するか、それとも、抗争しあっている諸勢力の相互破壊が生じ、墓場の平和、それも外国の哨兵の監視下にあっての墓場の平和が確立されておわることになりかねないのだ。

しかし、力関係のあらゆる具体的分析にかんして指摘しておかなければならないもっとも重要なことは、つぎのこと、すなわち、そのような分析はそれ自体が目的ではありえないし、またあってはならず(過去の歴史の一章を書くのでないかぎり)、それは実践的な活動、意志のイニシアティヴを根拠づけるのに役だってはじめて意味をもつということである。それらの分析は、意志の力をより実りあるかたちで適用することのできる抵抗のより少ない点はどこかを明らかにし、さしあたってどのような戦術的作戦をとればよいかを示唆し、政治的煽動キャンペーンができるだけよい効果をあげるにはどのようにすればよいか、どのような言葉を使用すれば大衆にわかりやすくなるか、等々といったことを指示してくれる。あらゆる情勢において決定的な要素は、情勢が有利であると判断されるやいなや前進することのできる準備がずっと以前からできている永続的に組織された力である(そして、情勢が有利であるということができるのは、そのような力が存在していて、戦闘の熱情にもえているからこそ、はじめていえることなのだ)。だから、不可欠なのは、じっと忍耐強く待って、この力を形成し、発展させ、ますます等質的で、緊密で、自覚的なものにしていくことである。このことは軍事史にみられるとおりであって、どの時代にも、軍隊は、いつなんどきでも戦争を開始することができるよう、万端の準備をととのえていたのであった。大国が大国であったのは、まさしく、いつなんどき有利な国際情勢の変動がおとずれても、それに効果的に介入できる準備をととのえていたからにほかならない。また、その有利な国際情勢が有利であるといえたのは、それに効果的に介入する具体的な可能性があったからこそのことなのだ。

[Q. 13, §17; cf. Q. 4, §38, Q. 8, §163]

(1) ノートの欄外に、この点を説明したマルクス『経済学批判』の序言のくだりが書き加えられている。マルクスのテクストについては、本書三三—三四ページの訳注(3)を参照のこと。

(2) 「有機的」「変動的」の原語は、それぞれ、〈organico〉と〈di congiuntura〉である。〈congiuntura〉という語は、経済学で景気の循環的変動を指すのにもちいられる語であることに注意。

(3) 原語は〈occasionale〉である。

(4) 「経済主義」「イデオロギー主義」の原語は、それぞれ、〈economismo〉と〈ideologismo〉である。くわしくは、本書一五二ページ以下に訳出してある「経済主義」にかんするノートを参照のこと。

(5) 「永続革命」というのは、一八四八年革命当時、マルクスとエンゲルスが提起した概念＝定式である。とくに一八五〇年三月にロンドンから出された「共産主義者同盟への中央委員会の呼びかけ」をみられたい。そこでは、社会主義革命が直接成功するための条件がまだ存在しないかぎり、ブルジョア革命におけるプロレタリアートの任務は、封建的反革命派から自由主義ブルジョアジーへ、さらには小ブルジョア民主主義者への権力移行を促進することであるが、しかしまたプロレタリアートは民主主義的任務の実現の段階にとどまることもできないのであって、すべての搾取者を打倒して国家権力を獲得するまで「革命を永続させる」ことが必要であると主張されている。

(6) マッツィーニ (Giuseppe Mazzini, 1805-1872) は、ジェーノヴァ生まれのイタリアの革命家。一八二七年、秘密結社のカルボネリーア(炭焼党)に加盟するが、三〇年には逮捕され、国外への亡命を余儀なくされる。一八三二年、マルセイユで秘密結社《青年イタリア》を結成。「思想と行動」「神と人民」をモットーにした共和主義革命の理念をかかげて、ジェーノヴァ一揆やサヴォイア遠征などをくわだてる。亡命先をスイス、ロンドンと転々と変えたのち、一八四八年のヨーロッパ革命のさいにイタリアに帰国、ミラーノで人民蜂起をよびかける。一旦スイスに亡命後、四九年、共和政権を樹立したローマにむかえられて、制憲議会の議長や三頭執政官職をつとめる。ローマ共和国崩壊後、ふたたびロンドンに亡命、当地からイタリアでの革命運動を指導しつづける。ここで言及されている一八五三年二月六日のミラーノ蜂起もそのひとつであった。一八六〇年の国家統一時にはガリバルディの千人隊によるシチリア遠征を組織したが、統一後も王国政府には共和主義者として反抗しつづけ、死ぬまで逃亡生活を強いられている。なお、一八六四年、第一インターナショナルのロンドン会議が開かれたさいには、一旦参加したものの、マルクス、バクーニンと意見を異にしてまもなく脱退している。

(7) サルヴェーミニ (Gaetano Salvemini, 1873-1957) は、イタリアの歴史家。その著作『フランス革命(一七八八—一七九二)』(一九〇五年) は、タイトルにもあるように、一七九二年夏、フランスの革命軍がマルヌ県ヴァルミーで、プロイセン、ロシア、オーストリアの連合軍を破り、外国の干渉から身をまもることに成功したところでおわっている。

(8) A・マティエ (Albert Mathiez, 1874-1932) は、フランスの歴史家。その著作『フランス革命』

全三巻（一九二二―二七年）は、一七九四年七月、ロベスピエール派の革命独裁が議会内大ブルジョア勢力のクーデタによって打倒されたテルミドール反動の時点でおわっている。また、八月十日事件というのは、一七九二年八月十日、パリの市民大衆が蜂起して、ルイ十六世のこもるテュイルリー宮をおそい、王政を打倒した事件のことであるが、この事件について、マティエは第一巻の末尾に《王位の転覆はひとつの新しい革命といってよい価値があった。民主主義が地平線上に頭をもたげてきたのである》と記している。

(9) それぞれの年に起こったできごとを列記しておくと、一七八九年＝革命の勃発、一七九四年＝テルミドールの反動、一七九九年＝ナポレオンのブリュメール十八日のクーデタと統領政府の発足、一八〇四年＝ナポレオン一世の帝政樹立、一八一五年＝ナポレオンの失脚と第二王政復古、一八三〇年＝七月革命と七月王政の成立、一八四八年＝二月革命と第二共和政の成立、一八七〇年＝普仏戦争と第三共和政の成立、となる。

(10) 一七九三年三月、外では全ヨーロッパ君主国の対仏大同盟が結成されたなかにあって、フランス西部のヴァンデー地方で王党派の指導による農民反乱が起こった。

(11) リヨンは、十八世紀には繊維産業が成長し、フランスにおける産業革命の中心となりうるまでになっていた。そして、革命勃発時には、大量の失業絹織工を中心に、パリ以上に急進化する動きもうかがわせたが、ヴァンデーの反乱のときには、これに呼応した王党派とジロンド派による反乱が発生し、ジャコバン派に軍事的制圧を余儀なくさせたりもしている。リヨンの動きについては、グラムシが読んだマティエの『フランス革命』にもくわしい叙述がある。

(12) リソルジメント（Risorgimento）というのは、十九世紀のはじめからなかばにかけて展開されたイタリアの「再興」または独立と統一をめざす運動のこと。一八七〇年におけるローマ併合をもって終結する。

(13)「行動党」は、人民大衆の運動をつうじての共和政の実現によるイタリア民族の再生を目標にかかげて、マッツィーニ派の組織した党。都市の急進的ブルジョアジーが基盤で、リソルジメントにおける民主主義的潮流を代表していた。

(14) ここでグラムシが「ピエモンテ-穏健派」とよんでいるのは、一八四八年にイタリア各地で起こった憲法要求の革命が挫折したのち、唯一憲法の残ったピエモンテのサルデーニャ王国に各地から穏健自由主義者たちが亡命・結集してできた党派のこと。イタリアの国家統一事業は、この勢力にささえられたサルデーニャ王国の主導のもと、実質的に同国の立憲君主政的体制のイタリア全域への拡大といった形態をとって推進されることとなる。

(15)「経済的-政治的マルサス主義」というのは、抜本的な社会改革を忌避する態度を指している。本書八二―八三ページの訳注(14)を参照のこと。

(16) マティエ『フランス革命』には、第一巻第一章に、革命当時、《経済的発展はきわめて旺盛であった》としたうえで、《革命が勃発するのは、消耗した国においてではなく、逆に、発展し繁栄している国においてである。貧窮はときとして蜂起をうみだすが、社会の大転覆をひきおこすことはできない。大転覆のほうは、いつも階級間の不均衡から生じる》とある。

「経済主義」の問題

経済主義[1]—自由貿易のための理論運動—理論的サンディカリズム。理論的サンディカリズムがどの程度まで実践の哲学〔=マルクス主義〕に起源をもち、また、どの程度まで自由貿易の経済学説に、すなわち、究極的には自由主義に起源をもつものであったのかをしらべてみるべきである。したがって、経済主義は、そのもっとも完成した形態においては、自由主義の直系ではないのかどうか、そして、起源においても、実践の哲学とはごくわずかの関係、いずれにせよ、たんに外的で純粋に言葉のうえだけでの関係しかもっていなかったのではないのかどうかをしらべてみるべきなのである。〔クローチェがかれの著作『史的唯物論〔とマルクス主義経済学〕』に書いた（一九一七年の）新しい序文によってひきおこされたエイナウディ－クローチェ論争[2]をこの観点からしらべてみるべきである。〔マルクス主義の理解のためには〕イギリス古典派経済学のうみだした経済史の文献を考慮にいれるべきであろうというエイナウディの提出している要求がみたされうるのは、つぎの意味、すなわち、それらの文献は、実践の哲学と表面的にはまざりあっているようにみえたため、経済主義をうみだした、という意味においてである。だから、エイナウディが〔マルクス主義のうちにみてとった〕いくつかの経済主義的な堕落を批判するとき（それは、じつをいえば、不正確なかたちでの批判なのだが）、かれは自分の鳩小屋に石を投げこむようなことをしているわけである。ランツィッロ一派のようなサンディカリストたちのパレートにたいする賛美(3)が周知のものとなっているイタリアでは、自由貿易論的イデオロギーと理論的サンディカリズムとの結びつきは、とりわけ明白である。しかしながら、この二つの傾向のもつ意味はきわめてことなっている。前者は、あるひとつの支配的かつ指導的な社会集団に固有のものである。これにたいして、後者は、自己の力と自己の発展の可能性ならびに方法をいまだ自覚せず、したがって原始的な状態から脱出することができないでいる、あるひとつのなおも従属的な集団に固有のものなのだ。自由貿易運動の立場は、その実践的起源をつきとめるのがむずかしくないひとつの理論的誤謬に立脚している。すなわち、方法論的な区別から有機的な区別に変化させられて提示された政治的社会と倫理的社会または「市民社会」との区別がそれである。こうして、経済的活動は「市民社会」に固有のものであって、国家はそれの規制のために干渉すべきではない、と主張される。しかし、実際の現実にあっては「市民社会」と国家とは一体をなしているのだから、自由貿易論も、立法的かつ強制的な方途によって導入され維持される国家的性格の「規制」のひとつだというべきである。それは、自己本来の諸目的を自覚した意志の行為であって、経済的事実の自然発生的、自動的な表現ではないのだ。したがって、自由貿易論はひとつの政治綱領であって、それが勝利したあかつきには、国家の指導層とその国家の経済綱領の変更、すなわち、国民所得の分配の変更を実行することになるはずなのである。これにたいして、理論的サンディカリズムの場合は、あるひとつの従属的な集団に関係したものであるかぎりで、事情を異にしている。その従属的な集団は、この理論によってはけっして支配的な集団になることはできないのであり、経済的‐同業組合的段階をこえて自己発展をとげ、倫理的社会においての倫理‐政治的なヘゲモニー、また国家においての支配的なヘゲモニーの段階にまで向上することをさまたげられるのである。自由貿易論にかんしていえば、そこにみられるのは、指導的集団の一分派が、変更とはいっても、国家の構造ではなくて、統治方針のみの変更をのぞみ、改革とはいっても、通商面での法律と、たんに間接的にのみ（とくに市場が貧しくて狭い諸国では、保護貿易主義が工業的創意の自由を制限し、不健全なことにも独占の誕生を助長するというのは、否定しがたいことなので）工業面での法律の改革を要求して登場してくるということでしかない。政権の座にある指導的集団内部の党派が交替するというだけのことであって、新しい政治的社会が創建され組織されるということではなく、いわんや、新しい型の倫理的社会が創建され組織されるというようなことではさらさらない。これにたいして、理論的サンディカリズムの運動の場合には、問題はもっと複雑である。それのもとにあっては、それが表現しているといわれる従属的集団の独立性と自立性が逆に支配的集団の知的ヘゲモニーの犠牲になってしまっているというのは、否定しようもないのだ。なぜなら、まさしく理論的サンディカリズムは自由貿易論の一形態でしかなく、実践の哲学のいくつかの毀損され、したがって通俗化した主張によって自由貿易論を正当化したものにほかならないからである。この種の「犠牲」は、なぜ、またどのようにして生じるのか。従属的集団の支配的集団への転化という問題が排除されてしまっているのである。問題がそもそも展望すらされていなかったり（フェビアン協会[4]、ド・マン[5]、イギリス労働党のかなりの部分）、支離滅裂で非能率的なかたちでしか提出されていなかったり（社会民主主義的傾向一般）、諸集団の体制[6]から完全な平等と組合経済の体制への一挙的な飛躍が主張されたりしているのだ。

経済主義が、意志、行動、政治的および知的なイニシアティヴといったような表現にたいして、あたかもこれらの表現がもろもろの経済的必要の有機的な発現、それどころか、経済の唯一の実効ある表現ではないかのような態度をとっているのは、すくなくとも奇妙である。こうして、つじつまが合わないことにも、実際にはヘゲモニーの問題を具体的に提起したものであるにもかかわらず、それがヘゲモニーを掌握している集団を従属的な地位におとしめることがらであるかのように解釈されるというようなことになってしまうのである。ヘゲモニーという事実は、うたがいもなく、ヘゲモニーが行使される諸集団の利害関心と傾向が考慮にいれられること、ある種の妥協的な均衡が形成されること、すなわち、指導的集団が経済的-同業組合的種類の犠牲をはらうことを前提にしている。しかしまた、そのような犠牲やそのような妥協が本質的な部分にかかわるものであるわけにはいかないことも、うたがいのないところである。なぜなら、ヘゲモニーが倫理-政治的なものであるとするならば、それは経済的なものでもあらざるをえず、指導的集団が経済的な活動の決定的な核心部分において行使している決定的な役割のなかに基礎をもたざるをえないからである。

経済主義は、自由貿易論と理論的サンディカリズム以外にも、多くの形態で出現している。あらゆる形態の選挙棄権主義もそうである（典型的な例は、一八七〇年以降イタリアの教権派がとってきて、一九〇〇年以後しだいに緩和され、一九一九年にいたって人民党の結成をもって終結することとなった棄権主義である。教権派が立てた〈現実のイタリア〉と〈法律上のイタリア〉との有機的な区別は、経済的世界と政治的-法律的世界との区別の複製版であった）[7]。これには半棄権主義、四分の一棄権主義、等々がありうるため、その数は多い。「悪ければ悪いほど良い」といった定式や、一部の議員グループのいわゆる議会内「非妥協」の定式も、棄権主義とむすびついている。経済主義はかならずしもつねに政治行動や政党に反対しているわけではないが、そこでは政党は組合型のたんなる教育機関とみなされているのである。

経済主義を研究するためには、また構造と上部構造との関係を理解するためには、〈マルクスの著作)『哲学の貧困』中の、ある社会集団が発展をとげていく過程での重要な一段階は、組合の個々の構成員がもはやかれらの経済的利益のためだけに闘うのではなくて、組織自体の防衛と発展のために闘うようになる段階である、とのべられているくだりが参照点になる(正確な原文をみること。[8])『哲学の貧困』は、実践の哲学の形成過程におけるひとつの本質的な契機をなしている。「フォイエルバッハにかんするテーゼ」を発展させたものとみなすことができるのである。これにたいして、『聖家族』のほうは、なおも無区別な中間段階をなしており、また、もともと偶然の機会に書かれたものであった。このことは、プルードン、とくにフランス唯物論にあてられている断章から明らかである。フランス唯物論にかんする断章は、なによりも文化史の一章であって、しばしばそう解釈されているような理論的な断章ではない。そして、文化史として称賛に値するものである。『哲学の貧困』にふくまれているプルードンとかれのヘーゲル弁証法解釈にたいする批判は、ジョベルティならびにイタリアの穏健派自由主義者一般のヘーゲル主義にも拡大することができると指摘しておいたことを想起すること。[9]プルードンとジョベルティとを比較してみることは、両者が代表している政治史的段階は等質でないにもかかわらず、いやかえってまさにそうであるからこそ、興味深く、実り豊かなものであるだろう)。同時に、経済はただ「究極において」のみ歴史の原動力であるという(実践の哲学にかんするイタリア語でも発表されている二通の手紙における)エンゲルスの主張をも想起すべきである。[10]

この主張は、人間は経済の世界にあらわれるもろもろの対立抗争をイデオロギーの場において意識するようになる、という〔マルクスの〕『経済学批判』の序文の一節と直接むすびつけられるべき主張である。

実践の哲学〔=マルクス主義〕は人が承認しようとしている以上に広く普及しているということは、このノートのなかでも折りあるごとに確言してきたところである。現在、ロリア教授が多少とも乱雑なかれの思想をそう称しているような歴史的経済主義[11]が普及しているという意味では、したがって実践の哲学がその闘争を開始した時代とは文化的環境がすっかり変わってしまったという意味では、この確言は正確である。クローチェ流の用語をもってすれば、「自由の宗教」の胎内からうまれた最大の異端もまた、正統派の宗教〔=自由主義〕とおなじく、堕落をこうむり、「迷信」として普及するにいたった、[12]すなわち、自由貿易論と結合して経済主義をうみだすにいたった、というようにいうことができるのかもしれない。しかし、正統派の宗教がいまではもう萎縮してしまっているのにたいして、異端派の迷信のほうはこれをもっと高次の宗教として再生させるような酵母をつねに保持してこなかったかどうか、すなわち、迷信の残滓は容易にぬぐいさることのできるものではないのかどうかを検討してみるべきである。

歴史的経済主義のいくつかの特徴点。㈠　歴史的連関を研究するさい、「相対的に永続的な」ものを偶発的で変動的なものと区別せず、個人や小集団の直接的で「けがらわしくもユダヤ的な」意味においての利害関心を経済的事実であると理解してしまっていること。すなわち、経済的階級としての形成体ならびにそれの内在的諸関係が考慮にいれられておらず、いやしい高利貸的な利害関心、とりわけ、刑法の対象となる犯罪的形態と合致するような場合のそれがとりあげられているのである。(二)経済の発展は労働用具の面における技術的変化の継起に還元されるとする学説。ロリア教授は、一九一二年の『ラッセーニャ・コンテンポラーネア〔同時代評論〕』誌に発表された航空機の社会的影響にかんする論文のなかでこの学説を応用して、みごとな陳述をおこなってみせた。[13] (三)経済および歴史の発展は、新しい原料、新しい燃料、等々の発見といったような、機械の建造と運転への新しい方法の適用をもたらすなんらかの重要な生産要素の変化に直接的に依存させられるとする学説。最近では石油にかんするおびただしい数の文献がある。典型的なものとして、一九二九年の『ヌオーヴァ・アントロジーア〔新文集〕』誌に載っているアントニーノ・ラヴィオーザの論文を参照することができる。新しい燃料、新しい動力エネルギーの発見は、新しい加工原料の発見とおなじく、個々の国家の地位に変化をもたらすことからして、たしかに大きな重要性をもつ。しかしながら、それは歴史の運動を規定〔=惹起〕するものではない。

史的唯物論と闘っていると信じこんで歴史的経済主義と闘っているということがしばしば起こっている。たとえば、一九三〇年十月十日のパリの『アヴニール〔未来〕』誌上の論文の場合がそうである（この論文は『ラッセーニャ・セッティマナーレ・デッラ・スタンパ・エステラ〔海外出版物週報〕』一九三〇年十月二十一日号、二三〇三―四ページに転載されている）。典型的な例としてここに引いておく。《諸国民を支配し、世界を前進させているのは、利害の問題である、という言説を、かなり以前から、しかしまたとくに戦後になってから、よく耳にするようになった。「史的唯物論」といういささか学理めいた呼称のもとでこの命題を発明したのはマルクス主義者たちである。純粋マルクス主義においては、人間は、大衆としてとらえた場合には、情熱にしたがっているのではなく、経済的必要にしたがっているものとされる。政治は情熱である。祖国は情熱である。が、この二つの枢要な観念は、歴史においては、表面上の役割しか享受しない。現実には、諸国民の生活は、数世紀の経過のなかでは、物質界の諸原因の、変化し、つねに更新される相互作用によって説明されるからである。経済こそがすべてである。こう〔純粋マルクス主義においては〕とらえられるのだ。そして、多くの「ブルジョア」哲学者や経済学者も、この決まり文句を復唱してきた。かれらは偉大な国際政治を穀物や石油やゴムの相場によって説明してみせようとしている。かれらはいっさいの外交が関税と生産原価の問題によって左右されていることをわたしたちに証明しようとして懸命になっている。こういう説明が非常に受けているのだ。これらの説明にはどこか科学的にみえるところがある。そして、これこそは最高の優雅さであるといいたいのであろうか、一種の高等な懐疑主義がとられているのである。対外政策における情熱だって？　国政における情熱だって？　つまらん！　そんなものは一般素人向けの言辞さ。偉大なる精神の持ち主たち、政治の奥義に通じている者たちは、いっさいが損得勘定によって支配されていることを知っている。こうかれらはいうのだ。さて、しかしながらこれはまったくのでたらめである。諸国民が利害計算によってしか動いていないというのは完全な偽りである。諸国民は「かつてなく感情にしたがっているということこそは完全な真実なのだ。史的唯物論などというのはまったくのたわごとである。諸国民は」なによりも威信をえたいという願望と威信への熱烈な信仰とによって指図された考慮にしたがっているのである。このことを理解しない者はなにも理解していないに等しい》。論文（「威信の狂気」という題がついている）は、さらにつづいて、ドイツとイタリアの政治を例にあげ、それが「威信」の政治であって、物質的利害によって指図されたものではない、と論じている。そして、最後は実践の哲学（＝マルクス主義）にたいする陳腐な非難の文句のかずかずを簡潔に並べ立てておわっているのだが、しかし、みられるように、現実には論戦の矛先はロリア型の乱雑な経済主義に向けられているのである。くわえては、この筆者は他の点についてもあまり議論がしっかりしていない。「情熱」というのは経済的利害関心の同義語以外のなにものでもないことがわかっておらず、情熱的な高揚や発作の永続する状態が政治的活動であるというのはとても支持しがたいことであることもわかっていない。こんなふうだから、フランスの政治は体系的かつ首尾一貫した「合理性」を体現している、すなわち、あらゆる情熱的要素を払拭してしまっている、などと主張するようなことになってしまうのだ。

経済主義的な迷信という形態で普及してしまったため、実践の哲学（＝マルクス主義）は知識グループのもっとも優れた部分においては文化的膨脹力の大部分をうしなってしまっている。人民大衆や、あまり頭を使おうとせず、ただできるだけ抜け目ないように見せようとする中程度の知識人のあいだでは、膨脹力を獲得しているにしてもである。エンゲルスが書いているように、歴史の全体と政治的ならびに哲学的な知恵の全体をいくつかの短い定式に集約したものを、ほんのわずかの代価で、そしてなんの苦労もせずに、ポケットに入れておけるというのは、多くの人びとにとってはたいへん重宝なことなのだ。[14] 人間はイデオロギーの場において基本的な葛藤についての意識を獲得するという命題は心理学的かつ道徳論的な性格のものではなくて、認識論的な有機的性格をもっているということがわすれられてしまい、政治を、ひいては歴史を、不断のだましあい、手品と奇術のゲームとみる習慣ができてしまった。「批判」の活動は、トリックを見破ったり、スキャンダルをひろめたり、代表者（＝議員）たちの懐具合を詮索することになりさがってしまったのである。

こうして、「経済主義」もまたひとつの客観的な（客観的－科学的な）解釈規準であるからには、あるいはそうであると称しているからには、直接的利害の追求ということは、歴史のすべての面について、「テーゼ」を代表している人間にも、「アンチテーゼ」を代表している人間にも、妥当するものでなければならない、ということがわすれられてしまった。さらには、実践の哲学（＝マルクス主義）のもうひとつの命題もわすれられてしまった。「人民の信念」または「人民の信念」型の信念は物質的諸力とおなじだけの効力をもつ、という命題がそれである。[15]

「けがらわしくもユダヤ的な」利害の追求という方向でなされたもろもろの解釈の誤謬は往々にして粗雑で滑稽なものであった。かくては本来の学説の威信に否定的に作用してきた。したがって、経済主義とは、たんに歴史叙述の理論の分野においてだけでなく、ことに政治の理論と実践の面でも闘う必要がある。政治の分野では、闘争はヘゲモニーの概念を発展させることによって遂行されうるのであり、また遂行されるのでなければならない。現実に政党の理論の発展および政党政治の実践的な発展のなかで遂行されてきたようにである（いわゆる永続革命の理論にたいする闘争がそれである。この理論にたいしては革命的‐民主主義的独裁の概念が対置され、制憲主義的イデオロギーに支持をあたえることの重要性が主張されたのであった）。[16]一定の政治運動が発展していくにつれてつぎつぎにくだされていった判断についての研究をおこなってみてもよいだろう。ブーランジェ派の運動（一八八六年から一八九〇年ごろまで）[17]や、ドレフュス裁判、[18]あるいはまた十二月二日のクーデタ[19]を典型としてとりあげながらである（十二月二日にかんする古典的な著作[20]を分析して、そこでは、直接的な経済的要因にはどれほどの相対的重要性しかあたえられておらず、これにたいして「イデオロギー」についての具体的研究がどれほど大きな位置を占めているかをしらべてみること)。このような事件を前にして、経済主義は自問する。この行為は直接的にはだれを利するか? と。そして、きわめて単純に割りきった、しかもまったくの誤謬推理でしかない理屈でもって答えるのである。これは、直接的には、支配的集団の一部の分派を利するのだ。しかも、まちがっていなければ、この選択は、あきらかに進歩的な機能、経済的諸力の総体にたいする統制の機能をもっている分派のものだ。しかも、まちがっていないことは確信してよい。というのも、もしもこの運動が権力の座につけば、かならずや、早晩、その支配的集団のうちの進歩的な分派が新政府を制御して、国家機構が自分の利益になるようなものにするための道具にしていくであろうから、と。これはなんとも大安売りの無謬性である。こんな理屈には理論的意義はないばかりか、政治的な価値や実践的な効果もほとんどない。総じて、道徳主義的な説教と、とりとめのない個人的な問題以外には、なにひとつうみだすことはないのである。

ブーランジェ型の運動がうみだされたときには、分析はつぎのような線にそって現実主義的に遂行されるべきであろう。(一) 運動に参加している大衆の社会的内容。(二) その新しい運動がそれの発生自体によって証明しているように、従来の力の均衡にいまや変化が生じつつあるわけであるが、それまでの力の均衡のなかで、この大衆はどのような機能をはたしていたのか。㈢指導者たちが提出して賛同をえている諸要求は、政治的および社会的にどのような意義をもっているのか。どのような実際の要請に対応しているのか。㈣提起された目的に手段が適応しているかどうかの検討。㈤このような運動はかならず変質をきたして、追随する大衆が期待しているのとはまったくべつの諸目的に奉仕することになるだろう、という仮定が展望されるようになるのは、ただ究極においてのみである。それも、道徳論的な形態においてではなく、政治的な形態において提出されるのである。ところが、このような仮定が、なおもそれを支持するにたるだけの具体的な(すなわち、秘教的な「科学的」分析によってではなく、常識の明証性によってそうであるとわかるような)要素がなにひとつ存在しないときから、予防的に主張される。そのために、それは、二枚舌とか背信、あるいはまた(追随者のほうについての)明敏さの欠如、愚鈍さといったような道徳主義的非難となってあらわれる。こうして、政治闘争は、抜け目がなくて、悪魔を瓶のなかにとじこめている者と、自分の指導者たちに愚弄されていながら、度しがたい愚かさのためにそのことをみとめようとしない者とのあいだでくりひろげられる、一連の個人的なできごとになってしまうのだ。

他方、これらの運動が権力に到達しないうちは、これらの運動の失敗の可能性をつねにかんがえることができるし、事実上もいくつかの運動は失敗している〔注記省略〕。したがって、研究は、力の諸要素だけでなく、それらが内部にふくんでいる弱さの諸要素を同定することにも、さしむけられなければならない。「経済主義」的仮定は、あるひとつの直接的な力の要素、すなわち、直接または間接の財政的支援の利用可能性（運動を支持する大新聞も間接的な財政的支援である）だけを確認して、それでおしまいである。これでは足りなさすぎるのである。

この場合にも、力関係のさまざまな段階の分析が頂点に達するのは、ヘゲモニーと倫理‐政治的な諸関係の領域において以外にはないのである。

[Q. 13, §18 ; cf. Q. 4, §38]

（1）　原語は〈economismo〉である。もともとは、十九世紀末、ロシアの社会民主主義運動内部に登場した一潮流によって標榜された立場で、「政治はつねに従順に経済のあとにしたがう」という経済決定論的な理解にもとづいて、労働者階級の解放の過程において政治闘争や理論闘争のもつ固有の意義や革命政党のはたす役割を否定し、経済闘争に労働運動の課題を限定しようとするところに特徴があった。レーニンは、『なにをなすべきか』（一九〇二年）において、この傾向を自然発生性への屈伏という広い意味にとらえたうえで、ベルンシュタインの修正主義やイギリスのトレード・ユニオニズムなども視野におさめつつ、徹底した批判を展開している。グラムシの用法も、基本的には、同書においてレーニンがもちいている意味をふまえたものとみてさしつかえないであろう。

（2）　クローチェは、一九一七年、かれの著作『史的唯物論とマルクス主義経済学』の第三版が出たさい、これに付した新しい序文のなかでみずからのマルクス主義体験について新しい総括をおこなった。「エイナウディ‐クローチェ論争」というのは、このクローチェの著作の新版について、当時のイタリアにおけるもっとも代表的な自由主義経済学者で、反保護貿易運動の理論的指導者のひとりでもあったトリーノ大学財政学教授、ルイージ・エイナウディ（Luigi Einaudi, 1874-1961）が、『リフォルマ・ソチャーレ〔社会改革〕』誌一九一八年七―八月号で短い批評をおこなったことを指している。なお、エイナウディは、ムッソリーニ政権下では反ファシストとしての立場をつらぬき、第二次世界戦争後は新生イタリア共和国の大統領をつとめている。『課税効果にかんする研究』（一九〇二年）、『ある経済学者の理想』（一九二一年）、『労働の闘争』（一九二四年）、『財政学原理』（一九三二年）、『善政』（一九五四年）などの著作がある。

（3）ランツィッロ（Agostino Lanzillo, 1886-1952）は、ソレルとの交流をつうじてイタリアにおける理論的サンディカリズムの代表者のひとりになった社会問題研究家。パレート（Vilfredo Pareto, 1848-1923）は、『経済学講義』（一八九六―九七年）、『社会主義体系』（一九〇二年）、『経済学提要』（一九〇六年）、『一般社会学概論』（一九一六年）、『民主主義の変容』（一九二一年）などの著作で知られるイタリア人経済学者・社会学者。熱烈な自由貿易論者でもあった。

（4）漸進的な社会改良主義的綱領をかかげて一八八四年にイギリスで創設された協会。名称自体も、正面対決を避けてハンニバルに消耗戦＝持久戦を強いたローマの将軍ファビウスからとられている。一九〇〇年には労働代表委員会（のちの労働党）に参加し、以来、今日にいたるまで、「フェビアン主義」とよばれるその理念はイギリス労働党の政策に大きな影響力をおよぼしている。

（5）本書二五六―七ページの訳注（1）を参照のこと。

（6）原語は〈regime dei gruppi〉である。「階級社会」のことを指している。

（7）イタリアのカトリック教会は、一八七〇年、イタリア政府軍のローマ占領によって世俗権を完全にうしなった。しかし、教皇は、政府が制定した「保障法」を拒絶するとともにイタリア国家そのものの承認を拒否した。そして、イタリアのカトリック教徒にたいして、国会議員選挙への立候補や投票の禁止を意味する「ノン・エクスペディト」（non expedit）を発令し、選挙棄権をとおしてイタリア国家にたいする原則的非妥協の意思をしめそうとした。「現実のイタリア」（Italia reale）と「法律上のイタリア」（Italia legale）との区別は、イタリアの教権派がイタリア国家を不当な既成事実にもとづく法律上の「擬制」とみなして、この非妥協主義を正当化するために立てた区別である。しかし、この選挙棄権主義も、一九〇四年十一月の総選挙のさい、ピオ十世が社会主義の脅威に対抗するという動機からカトリック教徒の政治参加を事実上黙認したことによって、大きく揺らぐ。そして、第一次世界戦争後の一九一九年、カトリックの大衆政党である人民党が結成されたことによって、最終的にその幕を閉じる。

（8）《労働者たちが組合に結集しようとする最初の試みが生じてきたのは、つねに連合という形態のもとにであった。大工業はたがいに知らない一群の人びとをただひとつの場所に寄せ集める。競争はかれらを利害の点で分離させる。しかし、賃金の維持、かれらが雇い主にたいしてもつこの共通の利害が、かれらを同一の抵抗の意図において団結させる。これが連合なのだ。かくて連合はつねに二重の目的をもつ。資本家にたいして一般的な競争をおこなうことができるようにするために、労働者相互のあいだの競争をなくするという目的がそれである。たとえ抵抗の第一目的が賃金の維持でしかなかったとしても、資本家のほうでも抑圧の意図をもって団結するようになるにつれて、最初は個々ばらばらであった連合は集団を形成するようになる。そして、つねに団結した資本をまえにしては、組合の維持のほうが賃金の維持よりも労働者たちにとってより重要になってくる。〔中略〕ひとたびこの点に達すると、組合は政治的な性格を獲得する》（マルクス『哲学の貧困』第二章第五節）。

（9）「マルクス＝エンゲルスとイタリア」にかんするノート *Q*. 9, §97 において、《プルードンによってなされたヘーゲル弁証法の偽造にたいする『哲学の貧困』の批判はイタリアとも関係をもっている。この偽造は、それに対応するイタリアの知識人たちの運動（ジョベルティ、穏健派のヘーゲル主義、受動的革命、革命と復古の弁証法）に対応している》とあったのを指している。プルードン（Pierre-Joseph Proudhon, 1809-1865）は、一八四〇年に出した著作『所有とはなにか』のなかで「所有とは盗みである」とのべ、当時進行中であった資本主義のもとでの貧富の格差の拡大傾向を批判して、世に知られるようになったフランスの社会思想家。マルクスの『哲学の貧困』（一八四七年）は、そのプルードンの著作『経済的諸矛盾の体系、または貧困の哲学』（一八四六年）を批判したものである。マルクスによれば、プルードンは、あらゆる経済的範疇には「善い面」と「悪い面」とがあり、これが各経済的範疇内の矛盾を形成するととらえたうえで、「悪い面」を除いて「善い面」を保つという方向でヘーゲル弁証法の経済学への応用をくわだてている。しかし、現実には、闘争を構成することによって歴史をつくる運動を生じさせるのは「悪い面」のほうである。この肝腎の点をプルードンはわすれているというのであった。他方、ジョベルティ（Vincenzo Gioberti, 1801-1852）は、リソルジメント期のイタリアにあってトリーノ神学校教授、サヴォイア王家宮廷司祭をつとめたのち、革命運動への関与をうたがわれて、パリ、ついではブリュッセルに亡命し、その地で『イタリア人の道徳的および政治的優位性』（一八四二―四三年）を著わして、諸改革によるイタリアの平和的な統一と教皇の道徳的指導権のもとにあっての諸国家の連合を唱道したことで知られる哲学者。哲学的には「本体論」（ontologismo）の立場をとって、この立場から理性と啓示、哲学と神学の「弁証法的」総合を唱えている。また、ヘーゲル哲学は、イタリアではベルトランド・スパヴェンタ（Bertrando Spaventa, 1817-1883）やアウグスト・ヴェーラ（Augusto Vera, 1813-1885）など主としてナポリを中心に活躍した哲学者たちによって受容されたが、ここでグラムシがいっている「イタリアの穏健派自由主義者一般のヘーゲル主義」というのは、もっとゆるやかな意味においての思想傾向のことであろう。本書二一四ページ以下に訳出してある「受動的革命」にかんするノートを参照のこと。

(10) エンゲルスの二通の手紙というのは、ひとつは一八九〇年九月二十一日付ヨーゼフ・ブロッホあての手紙のことで、そこには《唯物論的歴史観によれば、歴史における究極の決定原因は現実の生活の生産と再生産である。それ以上のことはマルクスもぼくもかつて主張したことはない。もしいま、これを経済的要因が唯一の決定要因であるというふうにねじまげる者があるならば、その者はさきの命題を無意味な、抽象的な、ばかげた空文句にかえてしまうことになる》とある。いまひとつは一八九四年一月二十五日付ハインツ・シュタルケンブルクあての手紙であって、そこでは《政治的、法律的、哲学的、宗教的、文学的、美術的、等々の発展は、経済的発展にもとづいている。しかし、これらの発展はみな、相互にも、経済的土台にも、反作用をおよぼす。経済的状態が原因で、それだけが能動的で、他のものはみな受動的な結果にすぎないというのではない。究極においてはつねに自己を貫徹する経済的必然性の基盤のうえにあって交互作用がおこなわれるのである》というように説明されている。二通とも、一八九五年にエンゲルスの死を追悼して『ゾツィアリスティッシェ・アカデミカー〔社会主義学者〕』誌に公表された。イタリア語訳は一九〇六年に出ている。

(11) ロリア(Achille Loria, 1857-1943)は、イタリアにおけるマルクス主義の最初の紹介者のひとりとして知られる経済学者である。『政治的構成の経済的理論』(一八八六年)、『資本主義的所有の分析』(一八八七年)、『経済的構成の歴史的諸形態』(一八八九年)などの著作がある。しかし、エンゲルスは、『資本論』第三巻によせた序言(一八九四年)のなかで、このロリアのマルクス理解を偽造と曲解に満ち満ちたものであるとして、《時と場所をとわず政治的な状態および事件はそれに照応する経済的状態によって説明されるという発見は、けっしてマルクスによって一八四五年に〔『聖家族』のなかで〕なされたのではなくて、ロリア氏によって一八八六年に〔『政治的構成の経済的理論』のなかで〕なされたのだ》との痛烈な批判をおこなっている。「歴史的経済主義」の原語は〈economismo storico〉である。

(12) 「自由の宗教」(religione della libertà) という表現はクローチェの『十九世紀ヨーロッパ史』(一九三二年)の冒頭の章に出てくる。なお、このさいの「宗教」というのは「信仰に姿を変えて、行動の基礎ならびに道徳生活の光明となるにいたった、あらゆる知的体系、あらゆる実在観」を指していわれている(一九二四年の論考「経済‐政治史と倫理‐政治史」を参照のこと)。

(13) ロリアの論文「航空機の社会的影響」が掲載されているのは、実際には一九一〇年一月号の『ラッセーニャ・コンテンポラーネア』誌である。

(14) エンゲルスがC・シュミットにあてた一八九〇年八月五日付の手紙を参照のこと。《「唯物論的」という言葉は、ドイツでは、多くの若い著述家たちには、あらゆるものにレッテルとして貼りつけるたんなる文句として役だっているにすぎない。いっそうの研究をすることなしに、あらゆるものにこのレッテルを貼りつけて、それで万事が片づいたものとおもいこんでいるのだ》。

(15) 『資本論』第一巻第一章第一節に《価値表現の秘密、すなわち、すべての労働は人間的労働一般であるがゆえに、またそのかぎりで、平等であり、平等の妥当性をもつということは、人間の平等という観念がすでに人民的な先入見としての堅固さをもつにいたっているようなときにのみ、解明されうるものとなる》とある。そして、このくだりについては、クローチェの『史的唯物論とマルクス主義経済学』のなかに、《本性と価値は「人間の平等という観念が人民的な確信の堅固さを獲得するにいたった」社会でなければ明確にはなりえない、とマルクスがのべているくだりに注目されたい》との注記がみえる。グラムシの脳裡にはこのクローチェの注記のことがあったのではないかと想像される。ただし、

「ヘーゲル法哲学批判 序説」(一八四四年) のなかにも、《批判の武器はもちろん武器の批判のかわりをすることはできないし、物質的な力は物質的な力によって倒されなければならない。しかし、理論も、それが大衆をつかむやいなや、物質的な力となる》とある。あるいは、こちらのほうが念頭におかれているのかもしれない。

(16)「いわゆる永続革命の理論」というのは、トロツキーが一九〇五年のロシア第一革命期に提起した理論をいう。一方、「革命的 - 民主主義的独裁の概念」のほうも、最初はおなじくロシア第一革命期にロシア社会民主党のボリシェヴィキ派によって提起された概念である(一九〇五年四月のレーニンの論文「プロレタリアートと農民の革命的民主主義的独裁」などを参照のこと)。しかし、ここでいわれている「いわゆる永続革命の理論にたいする闘争」というのは、第一次世界戦争後、ロシア共産党およびコミンテルン内部において、レーニンの指導のもとで遂行されたトロツキズム批判の闘争のことを指しているとみられる。トロツキーは、一九〇五年のロシア革命のさい、マルクスが一八五〇年三月に「中央委員会の同盟員への呼びかけ」においてのべたことのある「革命の永続」図式を踏襲して、ロシアのような後進資本主義国においては都市のブルジョアジーがいまだ未成熟なため、革命はまずもってプロレタリアートによるブルジョア民主主義革命として開始されざるをえないが、この革命はただちに社会主義革命へと中断することなく連続させられるのでなくてはならないという、いわゆる「永続革命」の理論を立てた(くわしくは一九一九年に出版された『結果と展望』を参照のこと)。そして、戦後も、この基本図式にのっとった方針を主張しつづけた。これにたいして、レーニンは、とりわけドイツ革命の失敗とともに、情勢は資本主義という要塞にたいする「強襲攻撃」から「長期の包囲」への戦術転換を必要とする段階に移行したとの認識にもとづいて、プロレタリアートと農民や都市の小ブルジョアジーとの同盟ないしは「統一戦線」の結成の必要性を主張したのであった。したがって、「革命的 - 民主主義的独裁の概念」のほうも、むしろ、この戦後期のレーニンの方針を念頭においていわれているのではないかとも推測される。また、「制憲主義的イデオロギー（ideologia costituente）」への支持という点にかんしては、おなじ時期にグラムシ自身、「労農評議会を土台とする制憲議会」構想をかかげて、イタリア共産党内部で選挙棄権主義を主張するボルディーガ派とのあいだで激しい闘争を展開していたことにも留意しておいてよいであろう。

(17) 本書八一ページの訳注（7）を参照のこと。

(18) 一八九四年、フランスで、ユダヤ系の砲兵大尉アルフレッド・ドレフュス（Alfred Dreyfus, 1859-1935）がドイツのスパイの嫌疑で軍法会議にかけられ、無期流刑に処せられた裁判事件。九六年に真犯人らしい軍人がうかんだが、九八年一月、軍法会議はこれを無罪とした。その直後の一月十三日、作家のゾラが『オーロール〔曙光〕』紙に大統領あての公開状を発表し、ドレフュスを有罪とした関係者たちを非難。これを機に、世論は、共和主義者や社会主義者を結集したドレフュス派と、反共和主義的な国粋派、カトリック勢力、王党派、反ユダヤ主義者を結集した反ドレフュス派とに分裂し、争点は当時の第三共和政そのものをゆるがすものへと発展していった。ドレフュス自身は、九九年に特赦、そして一九〇六年には無罪になっている。

(19) 一八五一年十二月二日に第二共和政を打倒したルイ・ボナパルトのクーデタのこと。

(20) マルクスの『ルイ・ボナパルトのブリュメール十八日』を指す。

有機的危機の時期における政党編成の若干の側面

もろもろの社会集団は、歴史のなかにあってのそれらの生活のある時点で、自分たちの伝統的な政党からはなれることがある。すなわち、所与の組織形態のもとにあって、それらを構成し、代表し、指導する特定の成員をもった伝統的な諸政党が、自分たちの階級ないしは階級の一部からもはやそれらの表現とはみとめられなくなることがあるのである。このような危機があらわれるとき、当面の情勢は微妙で危険なものと化す。なぜなら、そのときには、舞台は力による解決、神から遣わされた人物あるいはカリスマ的人物によって代表される暗黒の潜勢力の活動にゆだねられることになるからである。代表する者と代表される者とが対立するこのような情勢はどのようにして形成されるのであろうか。それは、政党(狭義の政党組織、選挙‐議会の分野、ジャーナリズム組織)の領域から国家機構全体にはねかえり、官僚(文武双方の)、財界、教会、そして一般に世論の動向から相対的に独立したすべての機関の、権力上の相対的地位を強めることになるのだ。過程は国ごとでさまざまである。もっとも、内容そのものは同一であるが。そして、その内容というのは指導的階級のヘゲモニーの危機ということであって、こういった危機が生じるのは、指導的階級がそれのために大衆の同意を要求したり力をもって強制してきたなんらかの政治的大事業（たとえば戦争）に失敗したためであるか、あるいは、広範な大衆（とくに農民および小ブルジョア知識人からなる）が政治的に受け身の状態から突然なんらかの能動的活動に移って、もろもろの要求を提出し、それらの要求が有機的まとまりを欠いたまま、ひとつの革命を構成しているといったような状況が到来するためである。このときには、人びとは「権威の危機」ということを口にするようになる。まさしく、ヘゲモニーの危機、あるいは全体としての国家の危機なのだ。

この危機は、危険な当面の情勢をつくりだす。国民を構成しているさまざまな階層は、すみやかに自分の針路をさだめる同一の能力をもっているわけでなく、同一のリズムで自分を再組織できるわけでもないからである。数多くの熟練した幹部を擁する伝統的な指導的階級は、従属的諸階級の場合よりもすみやかに人と綱領を変更し、手からすべりおちていきつつあった統制力をとりもどす。たぶん犠牲をはらうことになるだろうし、不明瞭な将来と、もろもろのデマゴギー的約束に身をさらされることにもなるだろうが、それでも権力は保持しており、当面はそれを強化する。そして、その権力を利用して、敵をおしつぶし、数も熟練度も十分ではありえない敵の指導幹部を解体させてしまおうとする。その場合、多くの党の部隊が階級全体の欲求をよりよく代表し集約している単一の党の旗のもとに移行するならば、これは有機的で正常な現象である。たとえ、そのリズムがきわめて急速で、平穏なときにくらべてほとんど電撃的であるにしてもである。このような移行は、唯一これのみがみずからの生存にかかわる主要な問題を解決し、致命的な危険を遠ざける力があると判断された単一の指導のもとへと、ひとつの社会集団全体が融合することをあらわしているのである。ところが、危機がこのような有機的解決をみいださず、カリスマ的首領による解決をみいだすときには、このことは、ある静的な均衡が存在していて（この均衡の要因はさまざまでありうるが、なかでも支配的なのは進歩的勢力の未成熟という要因である）、どの集団も、保守的集団も進歩的集団も、勝利に必要なだけの力をもたず、保守的集団もまたひとりの主人をもつことを必要としているということを意味している（『ルイ・ボナパルトのブリュメール十八日』を参照のこと）[1]。

この種の現象は、政党にかんするひとつのきわめて重要な問題、すなわち、習慣の精神やミイラ化し時代錯誤的になりがちな傾向に抵抗する力が政党にあるかどうか、という問題に関連している。政党が誕生し、組織として構成されるのは、自分たちの階級にとって死活の意義をもつ歴史的瞬間に情勢を指導するためである。しかし、こうして誕生する政党も、かならずしも、新しい任務、新しい時代に適応できるとはかぎらず、かならずしも、特定の国または国際舞台における力関係全体の（ひいては自分たちの階級の相対的地位の）発展に応じて発展することができるとはかぎらない。諸政党のこのような発展を分析するためには、社会集団、党員大衆、党官僚および党司令部を区別する必要がある。うち、党官僚はもっとも危険な因習的で保守的な勢力であり、これが連帯感でむすばれた一団を形成して自立し、大衆から独立していると感じるようになると、党は時代錯誤的な存在と化してしまう。そして、尖鋭な危機の瞬間には、その社会的内容をぬきとられ、根なし草同然になってしまう。ヒトラー主義の拡大によってドイツの一連の諸党になにが生じたかをみてみるとよい。フランスの諸党も、このような研究にとっての宝庫である。フランスの諸党はすべてミイラ化しており、時代錯誤的であり、フランスの過ぎ去った歴史のさまざまな局面の歴史的‐政治的記録資料であって、その歴史の一コマ一コマについての古びたせりふをくりかえしているにすぎない。フランスの諸党の危機は、ドイツの諸党の危機よりもさらにいっそう破局的なものとなりかねないのである。

この種のできごとを検討するさい、文武の官僚的要素に正しい位置づけをあたえることが通常なおざりにされている。さらに、このような分析のなかには、現に活動している軍事的および官僚的要素だけでなく、所与の国家全体のなかで伝統的に官僚を供給してきた社会諸階層もはいってこなくてはならないということが考慮されていない。軍隊がそれとしては公然と参加していなくても、政治運動が軍事的性格をおびることはありうるし、軍隊がそれとしては政府に参加していなくても、政府が軍事的性格をおびることはありうるのである。特定の情勢のもとにあっては、軍隊を「前面におしだす」ことをせず、合憲の枠から逸脱させないほうが適当な場合がある。兵士のなかに政治をもちこまず、見かけ上の中立性および超党派性に立脚して将校と兵士のあいだの等質性を維持しておくほうが得策というわけなのだ。それでも、新しい情勢を惹起し、支配しているのが、軍隊であるということ、すなわち、参謀本部および将校団であるということに変わりはない。他方、憲法によれば軍隊は政治に関与してはならないことになっているというのも、真実ではない。まさに軍隊こそは憲法を、すなわち、国家の法的形態を、それに関連する諸制度とともに防衛すべき存在のはずであろう。したがって、いわゆる中立性は、退歩的な勢力への支持を意味しているにすぎない。しかし、以上のような情勢のもとにあっては、国論の不一致が軍隊内に再現され、ひいては軍事道具の部分が分解してしまって参謀本部の決定権が消失するのをふせぐためには、問いをそのように立てる必要があるのである。これらの考察のための要素はけっしてすべてが絶対的というわけではない。歴史の時点がことなり、国がことなるのに応じて、それぞれのもつ比重もきわめてことなったものになる。

第一に研究すべき点は、つぎの点、すなわち、特定の国に、文武の職業官僚を経済生活と政治活動（たとえ間接的、「恐喝」的形態においてであれ、権力への事実上の参加）のきわめて重要な要素としているような広範な社会階層が存在するかどうか、という点である。近代ヨーロッパの場合には、この階層は、一方では工業力の発展、他方では農業改革の進展の度合いに応じて、その拡がり具合には各国で多少の差があるが、農村の中小ブルジョアジーがそうであるとみることができる。職業官僚（文武の）は、もちろん、この社会階層の専有物ではない。が、この階層がはたしている社会的機能と、この機能が惹起ないし助長している心理的傾向とのために、官僚はこの階層にとくに向いているのである。これら二つの要素は、この社会集団全体に、一定の等質性と指揮のエネルギー、ひいては社会的有機体全体においてしばしば決定的なものとなる政治的価値と機能とをあたえているのだ。この社会集団の成員たちは、それがごく少数の者たちからなるものであっても、人間たちの部隊を直接統率すること、しかも「経済的」にではなく「政治的」に統率することに習熟している。すなわち、かれらの統率術のなかには、工業生産の場合には必要となるような、「物」を秩序づけるための適性、「人と物」をひとつの有機的全体に秩序づけるための適性は存在しない。この集団は言葉の近代的な意味での経済的機能をもたないからである。この集団には所得があるが、それは法律的に国土の一部の所有者であるからである。そして、この集団の機能は、自分の生活を改善しようとする耕作農民と「政治的」に争うことにある。なぜなら、農民の相対的地位のどんな改善も、この集団の社会的地位にとって致命的なものになるだろうからである。農民の慢性的貧困と長時間労働とは、それにともなう農民の非人間化とともに、この集団にとっては根本的な必要事なのだ。農民が労働を自主的に組織しようとするどんなささやかな試みにたいしても、公認宗教の限界をこえたどんな農民の文化運動にたいしても、最大限のエネルギーを動員して抵抗と反撃がおこなわれるのは、このことによって説明される。この社会集団は、その限界とその内的脆弱性の根拠とを、それの地域的分散性と、この分散性に内的連関をもつそれの「不等質性」とにみいだしている。このことはまた、その他の諸特徴、すなわち、それの動揺性、それの奉ずるイデオロギー体系の多様性、それの奉ずるイデオロギーがしばしば呈する異常性、などを説明する。意志はあるひとつの目的にむかって決定されているが、その足どりは緩慢であり、それが組織的かつ政治的に集中されるには、通常は長い過程を必要とする。ただ、この集団の特殊的な「意志」が上層階級の意志および直接の利害と一致するときには、過程は加速される。過程が加速されるだけでなく、この階層の擁している「軍事力」もたちまち表面化してくる。そして、この「軍事力」は、それが組織されると、ときには上層階級にたいして立法を強要することもある。解決のための内容とまではいかなくても、すくなくとも、その「形式」にかんしての立法をである。従属的諸階級にかんして都市‐農村の関係について指摘されてきたのとおなじ法則がはたらいているのがみられる。都市の勢力は自動的に農村の勢力に転化する。しかし、農村では、経済的な余裕がなく、また、上から下へふつうはきわめて重たい圧力が行使されているため、対立はただちに尖鋭かつ「個人的」な形態をとる。こうして、農村では、反撃はいっそう急速かつ決定的なものとならざるをえないのである。この集団は、自分たちの災厄の起源が都市に、都市の勢力にあることを理解している。ひいては、その火種を消すためには、都市の上層階級に解決をせまる「べきである」ということを理解している。このことは、都市の上層階級にとっては、あまりにも高くつくか、長期的には危険なものであるために、ただちにはこのましいものではないにしてもである（都市の上層階級は、当面の「物質的」利害だけでなく、そのなかで操作をおこなうことが可能な、もっと大きな発展のサイクルをみているのだ）。この階層の指揮機能はこのような意味で理解されるべきであって、絶対的な意味で理解されるべきではない。しかし、この階層がこのような意味での指揮機能をもっているということは、小さなことではない。〔注記省略〕

したがって、一連の諸国では、国家生活における軍事的要素の影響力は、たんに専門技術的に軍事的な要素の影響力や比重を意味するだけでなく、この専門技術的に軍事的な要素（なかでも下級将校）をとくに供給している社会階層の影響力や比重をも意味しているのである。この一連の考察は、カエサル主義またはボナパルティズム(2)と呼び慣わされている特定の政治形態のもっとも奥深い面を分析し、それを専門技術的に軍事的な要素がおそらくはいっそう顕著かつ独占的な形態をとってそのものとして支配している他のもろもろの政治形態から区別するために、欠くことができないものである。スペインとギリシアとは二つの典型的な例を提供しているが、その特徴には類似する部分とそうでない部分とがある。スペインでは、いくつかの特殊性、たとえば国土の広大さと農民の人口密度の稀薄さを考慮にいれる必要がある。また、大土地所有貴族と農民のあいだには少数の農村ブルジョアジーしか存在していない。ひいては、独自の勢力としての下級将校団の意義はとぼしい（これにたいして、都市ブルジョア出身の技術科、砲兵科、工兵科の将校団は一種の反対派的な意義をもっていて、将軍たちに対抗して、独自の政策をもとうとこころみている）。したがって、歴代の軍事政府は「大」将軍たちの政府である。市民として、兵士としての、農民大衆の受動性。軍隊内に政治的分裂が生じるとしても、それは指導的グループ内の諸分派の競合による垂直的な方向での分裂であって、水平的な方向での分裂ではない。兵士たちは相互に闘いあっている首領たちに追随するようなかたちで分割されるのである。軍事政府は、二つの立憲政府のあいだに括弧づきで挿入された政府である。軍事的要素は秩序と保守の恒常的予備軍であり、「合法性」が危険におちいったときに「公的なしかた」で作動するひとつの政治的勢力なのだ。ギリシアでも同様の事態が生じているが、ただし、国土が一連の島に散在しており、住民のうちのもっとも精力的で能動的な部分はつねに海上にあって、このことが軍事的な陰謀や策動をいっそう容易にしている点がちがっている。ギリシアの農民はスペインの農民と同様に受動的である。が、国民全体のなかにあって、より精力的で能動的なギリシア国民は海洋国民であり、政治生活の中心からほとんどつねに遠ざかっている以上、一般的受動性についてはべつに分析しなければならず、問題の解決も同様ではありえないのである（数年前、ギリシアでは、打倒された政府の要人たちが銃殺されるという事件が起こったが、これはおそらく、この精力的で能動的な要素が怒りを爆発させて、血の教訓をあたえようとしたということでもって説明されるべきだろう）。とくに注目しなくてはならないのは、ギリシアとスペインでの軍事政府の経験は、いわば潜在的にボナパルティズム的な諸国の場合とちがって、永続的な、そして有機的な形式をそなえた政治的および社会的なイデオロギーをうみださなかったということである。ともあれ、この二つの型の一般的な歴史的条件はおなじである。闘争している都市の諸集団の均衡が「正常な」民主主義の角逐の場、すなわち議会制度を阻止しているというのが、それである。が、この均衡のなかにあっての農村の影響力はことなっている。スペインのような国では、農村がまったく受動的であることは、危険におちいった均衡、すなわち上層諸集団の優位をたてなおすために、土地貴族の将軍たちが軍隊を政治的に利用することを可能にしている。他の諸国では、農村は受動的ではないが、その運動は都市の運動と政治的に歯車が嚙みあっていない。そこでは、軍隊は中立の立場にとどまらざるをえないのだ（いうまでもなく、一定の点までである）。というのも、そうしなければ、軍隊は水平的に分裂してしまいかねないからである。そして、これにかわって、軍事的－官僚階級が行動にはいるのであって、この階級は農村の運動（当面はいっそう危険な）を軍事的手段をもちいて圧殺し、この闘争のなかに一定の政治的ならびにイデオロギー的な統合作用をみいだし、都市に住む農村出身の学生たちによって補強された都市の中間的諸階級（イタリア的な意味での中間的な諸階級）のなかに同盟軍をみいだし、上層諸階級にみずからの政治的方法を強制して、多くの譲歩を余儀なくさせ、特定の有利な立法を承認させる。要するに、軍事的‐官僚階級は、国民一般が非武装状態にあるなかで自己を武装しつづけることによって、そして上層階級があまりにも抵抗の構えをしめしすぎるときには、自己の武装部隊と徴兵軍とのあいだの内戦の危険をうみだすことによって、ある点までは国家に自己の利益を浸透させ、指導層の一部を交替させることに成功するのである。

これらの考察は硬直した図式とみなされてはならず、もっぱら歴史的かつ政治的な解釈の実践的規準とみなされなくてはならない。現実の諸事件の具体的分析においては、それらが歴史的にとる形態はそのひとつひとつが個性的であり、ほとんど「独特」であるといってよい。カエサルの代表する現実的諸条件の組み合わせはナポレオン一世の代表するそれとはきわめてことなっているし、プリモ・デ・リベーラの代表するものはジフコヴィチのそれとはきわめてことなっている、(3) 等々。〔後略〕

[Q. 13, §23 ; cf. Q. 4, §69, Q. 7, §77, Q. 4, §66]

（1）『ルイ・ボナパルトのブリュメール十八日』の最終章には《だから、フランスが一階級の専制からのがれたのは、一個人の専制に、しかも権威なき一個人の権威のもとに逆もどりするためにすぎないようにみえる。闘争はならされて、すべての階級がひとしく力なく声なく棍棒のまえにひざまずくにいたったようにみえる》とある。

(2)「カエサル主義」というのは、人民主権に立脚した軍事的皇帝制のことである。古代ローマの共和政のもとで軍隊にたよって皇帝になったカエサルの例が念頭におかれている。一方、「ボナパルティズム」というのは、一八五一年十二月二日のクーデタで独裁体制をきずき、皇帝ナポレオン三世を称したルイ・ボナパルトの政治体制をいう。マルクスは、一八五二年の著作『ルイ・ボナパルトのブリュメール十八日』のなかで、これをブルジョアジーとプロレタリアートのどちらもが優位を占めることのできない時期にあらわれた国家権力であって、その支持基盤は農民にあるとしている。なお、マルクスは、同著作の第二版(一八六九年)の序文で、《わたしの本はいまとくにドイツではやっているいわゆるカエサル主義という教科書式きまり文句をかたづけるのに役だつとおもう》とのべて、ナポレオン三世の体制を古代ローマのカエサルの体制との「皮相な類推」でとらえることに警告を発している。しかし、グラムシは、この警告を十分に承知したうえで、あえて類似する諸事象を「カエサル主義」という表現のもとに包括したのち、それぞれの歴史的特殊性の分析にはいっていこうとしているようである。つぎの「カエサル主義」にかんするノートを参照のこと。

(3) プリモ・デ・リベーラ(Miguel Primo de Rivera y Orbaneja, 1870-1930)は、スペインの軍人。一九二三年、クーデタで政権をとり、国王アルフォンソ十三世の承認をえて軍事独裁をおこなった。ジフコヴィチ(Petar Zivkovic, 1879-1947)は、ユーゴスラヴィアの将軍。国王アレクサンダル一世(一九二一年から三四年まで在位)が一九二九年一月におこした反議会クーデタを幇助し、みずから首相となって、国王の独裁の手足となった。

カエサル主義と諸勢力の破局的均衡

カエサル、ナポレオン一世、ナポレオン三世、クロムウェル、等々。ひとりの偉大な「英雄的」人物において極点に達した歴史的諸事件の目録を作成すること。カエサル主義は、相闘う諸勢力が破局的なかたちで均衡をたもっている情勢、すなわち、闘争を継続すれば相互の破壊をもってしか終結されえないようなかたちで均衡をたもっている情勢を表現しているということができる。進歩的勢力Aが退歩的勢力Bと闘うとき、AがBに勝つか、あるいはBがAに勝つ、ということが起こりうるだけでなく、AもBも勝利せずに、ともに消滅し、第三の勢力Cが外部から介入して、AおよびBの残っている部分を服従させる、ということもまた起こりうるのだ。イタリアでは、イル・マニーフィコ（＝ロレンツォ・デ・メディチ）の死後、まさにこういった事態が起こっている。また、古代世界においても、蛮族の侵入とともに同様の事態が起こっている。

しかし、カエサル主義は、破局的展望をもった勢力均衡によって特徴づけられる歴史的-政治的情勢の、ひとりの偉大な人物に託された「仲裁的」解決をつねに表現しているにしても、かならずしも同一の歴史的意義をもつわけではない。進歩的なカエサル主義と退歩的なカエサル主義とがありうる。そして、各形態のカエサル主義のもつ厳密な意義は、究極においては、社会学的図式からでなく、具体的な歴史から再構成されうるのである。カエサル主義は、その介入が進歩的勢力を助けて——一定の妥協と、勝利の限定的な緩和とをともなってであれ——勝利させる場合には進歩的である。これにたいして、その介入が退歩的勢力を助ける場合には退歩的である。後者の場合にも、若干の妥協と限定とがともなうが、これらの妥協と限定のもつ価値、比重、意義は前者の場合とはことなっている。カエサルとナポレオン一世は進歩的カエサル主義の例である。ナポレオン三世とビスマルクは退歩的カエサル主義の例である。重要なのは、「革命‐復古」の弁証法のなかにあって、まさっているのは革命的要素のほうであるのか、それとも復古的要素のほうであるのかを判断することである。歴史の運動のなかでは、逆行ということはけっしてありえず、全面的な復古は存在しない、ということは確実であるからである。そのうえ、カエサル主義は、論争的‐イデオロギー的な定式であって、歴史解釈の規準ではない。ひとりのカエサル、ひとりの「英雄的」かつ代表的な大人物なしでも、カエサル主義的解決はありうる。議会制度そのものも、このような妥協的解決のための機構をうみだしてきた。マクドナルドの「労働党」政府はある程度までこの種の解決であった。マクドナルド首相と保守党の過半数からなる政府が成立したとき、カエサル主義の度合いは強まったのである。(1)また、イタリアでは、一九二二年十月、そして人民党員たちの離反と、それから漸次、一九二五年一月三日まで、さらには一九二六年十一月八日までの歴史的‐政治的な動きのなかで、カエサル主義の各種の段階があいついで生起し、ついにはもっとも純粋かつ永続的な形態に達するにいたった。(2) もっとも、これ自体、不動かつ静態的な形態であるわけではないにしてもである。いずれの連立政府もカエサル主義の初期段階であって、それはもっと重大な段階にまで発展することもあればそうでないこともありうるのである(いうまでもなく、通俗的な意見は、これとは反対に、連立政府こそはカエサル主義に対抗するもっとも「堅固な防壁」であるというものである)。

現代の世界では、経済‐組合的および政党政治的性格をもつ広範な連合が存在していることによって、カエサル主義的現象のメカニズムは、ナポレオン三世までのそれとはいちじるしく相違している。ナポレオン三世までの時代には、正規の軍事力すなわち戦列部隊がカエサル主義の出現にとって決定的な要素をなしており、それははっきりとしたクーデタ、軍事行動、等々となってあらわれていた。これにたいして、現代の世界では、組合的および政治的諸勢力が存在しており、市民の小集団が自由に動かしうる無量の財政手段があるため、問題が複雑になっている。政党および経済組合の役員たちを買収したり、恐怖におとしいれたりするのに、カエサルまたはブリュメール十八日型の大がかりな軍事行動は必要としないのだ。いわゆる「永続革命」のジャコバン的‐四八年的定式について検討したのとおなじ情勢がこの分野でも再生産される。一八四八年以降、議会制度、組合と政党の体制、国家官僚制と「私的」な（党と組合の、政治的‐私的な）官僚制の広範な形成が発展をとげたのち、また広い意味での警察の組織、すなわち、犯罪の取り締まりを目的とした国家業務ばかりでなく、指導的諸階級の政治的および経済的支配を保護するために、国家と私人によって組織された力の総体からなる組織のなかに変化が生じたのち、近代の政治技術はまったく変わってしまったのである。この意味においては、「政党」および経済的その他の諸組織はすべて、取り調べと予防の性格をもった政治警察的有機体とみなされなければならない。

勢力Aと勢力Bが破局的な展望のもとで闘っている、すなわち、闘争のなかでAもBも勝利せずにひとつの有機的均衡がつくりだされ（あるいはつくりなおされ）、そこからカエサル主義がうまれる（うまれうる）という展望のもとで闘っている、という一般的な図式は、まさしく、一般的な仮定、社会学的な図式（政治技術にとって便利な）である。この仮定は、もっと具体的なものにし、具体的な歴史的現実にもっと接近したものにすることができる。そして、それのためには、若干の基本的要素を明確にしておく必要がある。たとえば、AとBというとき、それぞれが一般的に進歩的な勢力であり、一般的に退歩的な勢力であるといわれたにすぎない。それがどのような型の進歩的また退歩的な勢力であるかを明確にすれば、このことによっていっそう大きな近似値をえることができるのである。カエサルとナポレオン一世の場合には、AとBは、区別され対立してはいても、分子的過程をへたのちに相互の融合と同化に「絶対に」いたりえぬようなものではなかったということができる。じじつ、すくなくともある程度までは（それでも、基本的な有機的闘争の終結、ひいては破局的局面の克服という歴史的‐政治的目的にとっては十分な程度までは）、そういうことが起こったのであった。これはより大きな近似値に接近するためのひとつの要素である。もうひとつの要素は、つぎのようなもの、すなわち、破局的局面が、必然的に克服不可能な有機的欠陥によってではなく、伝統的な支配的勢力の「一時的な」政治的欠陥によってあらわれることがある、というものである。これはナポレオン三世の場合に起こった。一八一五年から一八四八年までのフランスの支配的勢力は、政治的に（党派的に）四つの分派に分裂していた。正統王党派、オルレアン派、ボナパルト派、ジャコバン‐共和派である。諸党派の内部闘争は、敵対勢力B（進歩主義的）の「早咲きの」形態での前進を可能にするような性質のものであった。しかしながら、その後の歴史が雄弁に証明したとおり、現存する社会形態はまだその発展の可能性を汲みつくしてはいなかった。ナポレオン三世は、この潜在する内在的可能性を代表していたのであった（自己流に、この男の高くない身長に応じて）。だから、かれのカエサル主義は特殊な色彩をおびている。それは客観的には進歩的であったのだ。もっとも、進歩的とはいっても、カエサルとナポレオン一世のそれとはおなじではなかったが——。カエサルとナポレオン一世のカエサル主義は、いわば量的‐質的な性格のものであった。すなわち、ひとつの型の国家から他の型の国家への移行の歴史的局面を表現していた。そこでは、なされた革新の数も多く、完全な転覆を表現しているとみてよいほどのものであった。これにたいして、ナポレオン三世のカエサル主義は、ただたんに、それも制限つきで量的なものであったにすぎない。そこでは、ひとつの型の国家から他の型の国家への移行はなく、ただ同一の型の国家の、連続線上での「進化」があったにすぎなかったのである。

現代の世界では、カエサル主義の現象は、カエサル‐ナポレオン一世型のものとも、ナポレオン三世型のものとも、まったくことなっている。どちらかといえば後者に近いにしてもである。現代の世界では、破局的な展望をもった均衡は、たとえ困難にみちた流血の過程をへてであれ、究極においては相互に融合し統一することができるであろうような諸勢力のあいだに生じるのではなく、相互の対立が歴史的に解消できないものであり、とくにカエサル的形態が出現するときには、むしろ、その対立が深まるような諸勢力のあいだに生じる。それでもなお、現代の世界においても、カエサル主義には、それぞれの国とそれらが世界体制のなかで占めている相対的比重に応じて、それが出現するための多少とも大きな一定の余地がある。なぜなら、ひとつの社会形態は、いっそうの発展と組織整備のための余地を「つねに」残しているからであり、とりわけ、敵対的な進歩的勢力のほうがそれに特有の性質と生存様式のために相対的に弱体であることをあてにすることができるからである。これは維持しておく必要のある弱さなのだ。だからこそ、現代のカエサル主義は軍事的であるよりも警察的であるといわれたのである。

[Q. 13, §27 ; cf. Q. 9, §§133, 136]

(1) マクドナルド (James Ramsay MacDonald, 1866-1937) は、イギリスの政治家で労働党創設者のひとり。一九二四年、自由党の支持をえて初の労働党内閣を組織。翌年、総選挙で敗れて辞職したが、二九年、労働党が第一党になるにおよんでふたたび内閣を組織。おりからの世界恐慌に直面して失業手当を削減せざるをえず、与党労働党の反対にあって、いったん辞職したものの、三一年、保守党・自由党と提携して挙国一致内閣をつくっている。

(2) 一九二二年十月というのは、ファシストの「ローマ進軍」によって、ムッソリーニ首班内閣が誕生した月である。「人民党員たちの離反」というのは、一九二三年四月、カトリック政党人民党内部の親ファシスト派が「国民連合」を結成したことを指しているのであろう。一九二五年一月三日は、前年、統一社会党国会議員ジャコモ・マッテオッティがファシストによって暗殺されたのを機におとずれた政治的危機をのりきったムッソリーニが下院で独裁体制への移行を宣言した日、一九二六年十一月八日は二日前に成立した国家防衛法によってグラムシが逮捕された日である (同法成立の日を八日と勘違いしたのであろう)。

進歩的なものであれ、退歩的なものであれ、あるいは挿話的な中間的性格のものであれ、カエサル主義の現象においては、その新しい歴史的現象の全体がどこまでも「基本的な」諸勢力の均衡に由来するとかんがえるのは、方法としてあやまっている（社会学的機械論の一側面）とみるべきであろう。基本的な諸階級の主要な諸集団（社会的‐経済的および技術的‐経済的な各種類の）と、かれらのヘゲモニー的影響力に指導されるか従属させられている補助的勢力とのあいだに存在している諸関係についても、考察する必要があるのだ。たとえば、フランスの軍事的諸集団と農民の役割を研究しなければ、十二月二日のクーデタは理解されないだろう。

このような観点からきわめて重要な歴史的エピソードは、フランスにおけるいわゆるドレフュス事件にたいする運動である(1)。この運動もまた右の一連の考察のなかにはいるものであるが、それは、この運動が「カエサル主義」に到達したからではなくて、むしろ、まさしく、その反対の理由、すなわち、準備されつつあった明確に反動的な性格のカエサル主義の出現を阻止したからである。ドレフュス運動が特徴的なのは、同一の支配的社会ブロックに属する諸分子が、農民、農村に依拠してではなく、社会主義的改良主義によって指導された都市の従属的諸分子に依拠して（しかしながら農民層のもっとも先進的な部分にも依拠して）、おなじブロック内のもっとも反動的な部分によるカエサル主義を挫折させたことである。現代の世界のなかには、このドレフュス型の歴史的‐政治的な運動はほかにもみいだされる。それらは、たしかに革命ではないが、すくなくとも、支配的陣営内部においても、息のつまるような国家の結晶化作用を破壊し、国家生活と社会活動のなかに従来よりも数多くのべつのスタッフを流しこんでいるという意味においては、完全に反動でもないのだ。これらの運動も、旧来の指導者たちが汲みつくしえなかった活動的な諸勢力が旧社会のなかに潜在していたということをさししめしているかぎりで、相対的に「進歩的な」内容をもちうるのである。もっとも、それらは「時代を画する」ことができないかぎりでは「周辺的勢力」であって、完全に進歩的な勢力ではないにしてもである。これらの勢力が歴史的に実効あるものとなるのは、自身の内的な力によってではなく、敵対者の構造的な弱さによってである。ひいては、ともに自分の陣営内にあって独力では再建の意志を表現する能力をもたないままに相闘っている二つの勢力の特定の均衡状態にむすびついているのである。

[Q. 14, §23]

（1） 本書一七三ページの訳注（18）を参照のこと。

政治の分野における機動戦から陣地戦への移行

政治の分野においても機動戦（および正面攻撃）から陣地戦への移行が生じたこと。これは、戦後期が提起したもっとも重要な、そして正しく解決することの至難な政治理論の問題であるようにおもわれる。これはブロンステイン[1]がもちだした諸問題とむすびついている。ブロンステインは、いずれにせよ、それが敗北の原因でしかない時期における正面攻撃の政治理論家であるとみなすことができるのだ。政治の分野におけるこの移行が軍事の分野において生じた移行とむすびついているのは、ただ間接的にであるにすぎない。たしかに結びつき自体は存在しており、しかも、それはことがらの本質にかかわる結びつきであるにしてもである。陣地戦は無数の住民大衆に莫大な犠牲を要求する。だから、未曾有のヘゲモニーの集中、ひいては、反対者にたいしてより公然と攻撃姿勢をとり、内部解体の「不可能性」を永続的に組織するような、いっそう「干渉主義」的な統治形態が必要になる。政治的、行政的、等々のあらゆる種類の統制、支配的集団のヘゲモニーの「陣地」の強化、等々。こういったことのいっさいは歴史的‐政治的情勢の絶頂段階にはいったことを示唆している。というのも、政治においては、「陣地戦」は、ひとたび敗北すれば決定的な意味をもってしまうからである。政治においては、決定的でない陣地の獲得が問題になっているあいだは、したがってヘゲモニーと国家のすべての資力を動員しなくてもすんでいるあいだは、運動戦がつづけられる。しかしまた、なんらかの理由でこれらの陣地が価値をうしない、決定的な陣地だけが重要性をもつようになったとき、そのときには攻囲戦に移る。それは圧縮された困難な戦争であって、忍耐と創意工夫の並々ならぬ資質が要求される。政治においては、攻囲は、その外観にもかかわらず、相互的である。そして、優勢なほうが自分の全資力をはきださなければならないという事実ひとつをとってみても、それが敵についてどれほどの計算をしているかが明らかになるのである。

[Q. 6, §138]

(1) ブロンスティン (Lev Davidovich Bronshtein, 1879-1940) は、トロツキーの本名。そのかれがもちだした諸問題というのは、一九〇五年のロシア第一革命以来かれの主張していた「永続革命」にまつわるコミンテルン第四回大会 (一九二二年) での問題提起のことを指している。本書二〇一ページを参照のこと。

軍事技術における機動戦と陣地戦の概念と政治技術におけるそれらに対応する概念との比較については、一九一九年にC・アレッサンドリがイタリア語に訳した (フランス語から訳されている）ローザの小冊子[1]を想起すべきである。この小冊子には一九〇五年の（ロシア第一革命の）歴史的経験が理論化されているが、その理論化のしかたはいささか性急で、かつまた皮相である。じつのところ、ローザは「意志」および組織の諸要素をなおざりにしているが、これらの要素は、ローザがその一種「経済主義」的および自然発生主義的な先入見のためにそう思いこむにいたったよりも、一九〇五年の事件のなかではるかに広範にひろまって、効力を発揮していたのであった。それでも、この小冊子は（おなじ著者のその他の著作もふくめて）政治の技術に適用される機動戦を理論化したもっとも意義深い文書のひとつである。直接の経済的要素（恐慌、等々）は、戦争で敵の防御線に突破口をひらいてきた野砲隊のようなものとみなされている。自軍が侵入して決定的な（戦略的な）成功、またはすくなくとも戦略線の基本路における重要な成功をおさめるのに十分な突破口をひらいてきた野砲隊だというのである。当然のことながら、歴史学においては、直接の経済的要素の効力は機動戦における重砲隊よりもはるかに複雑であるとかんがえられている。なぜなら、この要素は二重《ママ》の効力をもつものとみなされてきたからである。すなわち、㈠敵を分断し、敵にその戦力についても先行きについても自信をうしなわせたうえで、敵の防御線に突破口をひらく効力。㈡電光石火のうちに自軍を組織して、新しく幹部をつくりだしたり、あるいはすくなくとも現有幹部（それまでに歴史過程全体のなかで錬成されてきた）をちりぢりになっている部隊の配置部署に電光石火のうちにつける効力。㈢達成すべき目標が同一であることにささえられたイデオロギー的集中を電光石火のうちにつくりだす効力。これは鉄のような経済主義的決定論の一形態であった。しかも、輪をかけたことには、結果は時間的にも空間的にもきわめて迅速にあらわれるであろうとかんがえられていた。それゆえ、これは正真正銘の歴史的神秘主義であったのであり、一種の奇蹟的啓示を待望するものにほかならなかった。

クラスノフ将軍が（かれの小説のなかで）のべているところによれば、機動戦だけが唯一可能であったにもかかわらず、協商国は（協商国は、東方問題が最終的にツァーリズムに有利な方向で解決されることのないよう、帝政ロシアが勝利することをのぞんでいなかった）ロシアの参謀本部に塹壕戦（前線がバルト海から黒海までひろく展開しており、広大な沼沢と森林の地帯があることからして、塹壕戦などというのは道理がとおらない）を強要したとのことであるが、これはまったくの愚言である。(2) 現実には、ロシア軍は、とくにオーストリア戦区では（しかしまた東プロイセンでも）機動戦と突破戦をくわだてて、束の間ではあったが、じつに輝かしい成功をおさめたのであった。ほんとうをいえば、敵にたいしてただちに圧倒的優位に立つことができるのでないかぎり、戦争の形態を望みどおりにえらぶことなどできないのだ。そして、相対立する諸勢力の全般的関係からして陣地戦が「強要」されていたということを参謀本部が頑としてみとめようとしなかったため、どれほどの損害をこうむることになったかは、よく知られているところである。じつのところ、陣地戦は、本物の塹壕だけから構成されているわけではなく、展開した軍隊の背後にある領土の組織的および産業的な体系全体からも構成されている。そして、とくに大砲、機関銃、小銃の速射度や、特定の地点への軍の集中度や、さらにはまた突破や撤退後の物的損耗を急速に補充することを可能にする補給力の豊富さによって「強要」されるのである。もうひとつの要素は、展開に参加する人間の大衆《マス》であって、まさしく大衆《マス》としてのみ行動しうるのだ。この人間たちは、その価値がきわめて不同であって、まさしく大衆としてのみ行動しうるのだ。東部戦線でドイツ戦区に突入するのとオーストリア戦区に突入するのとでは話がちがっていたこと、また、おなじオーストリア戦区でも、ドイツ人の選抜部隊によって補強され、ドイツ人によって指揮されていたところでは、性急な戦術は悲惨な結果におわったことをみるとよい。おなじことは、一九二〇年のポーランド戦争(3)でもみられる。このときには、破竹の勢いにみえた前進が、フランス将校団の指揮する戦線で、ウェーガン将軍によって、ワルシャワ前方で停止させられてしまった。なるほど、かつては機動戦に固執していて、いまでは陣地戦に固執している軍事専門家でも、以前の型が軍事科学から追放されてしまったとみなされなければならないとは主張していない。しかし、産業面でも文化面でもより進んだ国家間の戦争においては、それの機能は戦略的なものよりは戦術的なものに引き下げられてしまっているとみなされなければならないのであり、かつて攻囲戦が機動戦との対比でおかれていたのとおなじ地位にあるものとみなされなければならないのである。

おなじ引き下げは、すくなくとももっとも進んだ国家にかんするかぎり、政治の技術と科学の分野においてもなされなければならない。これらの国家では、「倫理的社会」がきわめて複雑な構造のものになっていて、直接の経済的要素（恐慌、不況、等々）の破局的な「侵入」に抵抗している。倫理的社会のつくりあげている上部構造は現代の戦争における塹壕体系のようなものなのだ。現代の戦争では、砲兵隊の猛攻撃が敵の防御体系全体を破壊したらしくみえたのに、じつは外面部を破壊したにすぎず、突撃と前進の瞬間に突撃者は依然として力をたもっている防御線にぶつかるというようなことが起こったように、大恐慌期間中の政治にもおなじようなことが起こっているのである。突撃部隊のほうは、恐慌の結果、時間的にも空間的にも電光石火のように組織されるというわけでなく、いわんや、攻撃的精神を獲得するわけでもない。しかも、この一方で、攻撃されたほうは、士気沮喪することもなければ、あたりが廃墟と化しても防衛を放棄せず、自己の力と先行きにたいする信頼をうしなうこともない。たしかに万事がもとのままというわけにはいかない。が、速さの要素、加速的テンポの要素、政治的カドルナ主義[4]の戦略家たちが期待するような決定的前進の要素が欠如するにいたっていることもたしかなのだ。政治の歴史におけるこの種の最新のできごとは、一九一七年の事件である。それは政治の技術と科学の歴史における決定的な転換点をしめすものであった。したがって、陣地戦における防御体系にあたる倫理的社会の諸要素がなんであるかを「深く」研究することこそが重要なのである。わざわざ「深く」というのは、それらは研究されてはいるが、一部の服飾史家が風変わりな婦人のモードを研究するときのように、皮相で平凡な見地からであったり、または「合理主義」的な見地からでしかないからである。すなわち、そこには、民間に流布している迷信がそうであるように、ある種の現象は「現実」がどうであるかを説明してしまえさえすれば、たちどころに消えてなくなるだろう、という確信がともなっているのだ（しかしまた、民間に流布している迷信にしたところで、説明がなされたからといって、消えてなくなるわけではない）。

組合運動における新潮流がわずかの成功しかおさめていないのはなぜかという問いは、この問題連関のなかに組みこんでかんがえてみるべきである。

L・ダヴィドヴィッチ・ブロンスティン〔＝トロツキー〕が〔コミンテルン〕第四回大会において東方の戦線と西方の戦線との比較対照をおこなったときに提起したものは、戦術的な方法の修正に着手しようとするひとつの試みであるはずのものだったのであろう。東方の戦線はたちどころに落ちたが、それには未曾有の闘争〔＝内戦〕がつづいた。これにたいして、西方の戦線では、闘争〔＝内戦、つまりは予防的な反革命の動き〕のほうが「さきに」あらわれたというのだ。すなわち、攻撃があった場合、倫理的社会が攻撃のまえに抵抗するのか、それとも、あとに抵抗するのか、ということが問題のかなめをなしていたというのである。しかしながら、この問題についてのかれの陳述のしかたはただ文学

的にみごとであったにすぎず、実践的性格の指摘を欠いていた。(5)

[Q. 13, §24 ; cf. Q. 7, §10]

(1) ポーランド出身のドイツの革命家ローザ・ルクセンブルク (Rosa Luxemburg, 1871-1919) が一九〇六年に発表した『大衆ストライキ、党、労働組合』を指す。ロシア第一革命の経験に即して「大衆ストライキ」(Massenstreik) の問題を再考した論文であって、これのなかでローザは、ロシアにおいては、大衆ストライキは、最初は低賃金とか、恐慌と関連した失業といったような「偶発的で純粋に経済的な部分的要因」から生じ、それがやがて政治的、革命的な事件にまで発展していったことを明らかにして、《ロシア革命がわたしたちになにかを教えるとすれば、それはなによりもまず、大衆ストライキは、けっして人為的に「行使」されたり、むやみやたらに「決議」されたり、「宣伝」されたりするものではなく、歴史的な必然性をもって、一定の契機のもとで、社会的な諸条件のなかからうまれてきたひとつの歴史的現象であるということであろう》とするとともに、とりわけ、大衆ストライキにおける意識的指導の問題について、つぎのようにのべている。《大衆ストライキが個々の行動ではなく、階級闘争のひとつの時期全体を意味し、またこの時期が革命の時期と一致しているという以上、かりにきわめて強力な社会民主党の最高機関が決定をくだしたとしても、大衆ストライキが任意にひきだせるものでないことは、明らかである。〔中略〕イニシアティヴといい、指導性といっても、革命の時代がすでにはじまっているときには、それが通用する範囲は、たいてい、個々の行動、個々のストライキだけにかぎられ、しかも、ひとつの都市の領域内にとどまる。〔中略〕おまけに、イニシアティヴや意識的指導といっても、無制限というわけにはいかない。〔中略〕ロシアでのすべての大衆ストライキにおいては、推進力としてであれ、抑制力としてであれ、例外なく、自然発生的な要因が大きな役割を演じたのであった。〔中略〕これはロシアのプロレタリアートが「無教育」だったからではない。革命というものが教師面をゆるさないのだ》。

(2) クラスノフ (Petr Nikolayevich Krasnov, 1869-1947) は、ロシアの将軍。一九一八年、ドイツ人の支援のもとに反ボリシェヴィキの戦争に参加したが、翌年、フランスに亡命している。かれの小説というのは、その亡命地フランスで一九二二年に発表して大きな成功をおさめた『双頭の鷲から赤旗へ』のことである。

(3) 一九二〇年四月、ポーランドのピウスツキ政府によって、分割前の大ポーランド復活を夢見て起こされた対ソヴィエト・ロシア戦争のことである。ポーランド軍は五月にはキエフを占領するが、やがてトゥハチェフスキーのひきいる赤軍が反撃にうつり、七月にはワルシャワにまでせまった。この事態に恐慌をきたしたフランスはウェーガン将軍を派遣してポーランドを援助し、ふたたび赤軍を東へおしもどした。

(4) 原語は〈cadornismo politico〉。第一次世界戦争のときのイタリア軍総司令官であったカドルナ (Luigi Cadorna, 1850-1928) の思想と行動にちなんだ造語である。語義については、本書二四二ページ以下に訳出してあるノートQ. 15, §4 とそこに付してある訳注 (1) を参照のこと。

(5) トロツキーが、一九二二年十一月十四日、コミンテルン第四回大会においておこなった演説には、つぎのようにある。《なぜ、わたしたちのところでは、激しい内戦は十一月七日以降にしか始まらなかったのか。なぜ、わたしたちは、その後、ほとんど五年間にもわたって、中断なく、内戦を北でも南でも、西でも東でも遂行しなければならなかったのか。これは、わたしたちが権力をあまりにも簡単に獲得したという事実の結果なのだ。わたしたちはわたしたちの有産階級を打倒したのだ、と人びとはことあるごとに口にしている。が、これはある意味でしか正しくはない。政治的には、国はやっとツァーリズムの野蛮からぬけだすにいたったにすぎないのだ。〔中略〕それゆえ、反革命の予備軍がなおも大量に存在している。富裕農民、そしてまた中流農民、中流ブルジョアジー、知識人と小ブルジョアジーの全体、これらすべての予備軍は、いわばなおも手つかずのまま、ほとんど利用されないで残されてきたのである。そして、自分たちが敗れたことによって権力をうしなったことがわかって、ようやくブルジョアジーは、あらゆる手段をもちいて、当然ながら貴族層、貴族出身の士官たちを筆頭に、反革命の潜在的予備軍を動員する試みにのりだしたのである。この長引く内戦も、わたしたちがあまりにも簡単に権力を獲得したことにたいする歴史の復讐であったのだ。〔中略〕反対に、西方では、また全世界の労働運動についていえば、あなたがたのところでは、仕事は権力の獲得以前にははるかに困難であり、以後にははるかに容易であろう、とさしあたっては確実に断言することができる。ドイツでは、プロレタリアートに対抗して動員しうる全勢力が動員されるであろうし、反革命がすでに今日革命が勝利するまえに達成されてしまっているイタリアについてはいうまでもない。〔中略〕フランス、イギリスをはじめ、いたるところで、ブルジョアジーが、ロシアの例からまなび、民主主義的資本主義諸国の全歴史的経験でもって武装して、役にたちうるすべてのものを組織し動員しているのをわたしたちはみている。このことは、これらの勢力のすべてがすでにいまからプロレタリアートの眼前に姿をあらわしているということ、権力を獲得するためには、プロレタリアートは、革命を遂行する過程で、これらの勢力のすべてを中和させ、麻痺させ、打倒し、消滅させていかなければならないということをしめしている。しかし、プロレタリアートが権力を奪取した瞬間からは、反革命には予備軍はほとんど残っていないであろう。だから、プロレタリアートは、西欧と世界の他の部分では、権力を獲得したあとでは、ロシアにおいてわたしたちがふるうことができたよりもはるかに自由に創造的な仕事のために腕をふるうことができることであろう》。

運動の永続にかんするブロンステイン〔=トロツキー〕の有名な理論(1)が機動戦の理論の政治的反映でないかどうか（コサックの将軍クラスノフの述言(2)を想起すること）、究極的には、国民生活の枠組みがいまだ胚芽状態で「塹壕または要塞」になることができないでいるような国の経済的-文化的-社会的な全般的条件の反映でないかどうか、をしらべてみるべきである。もしもそうであったとすれば、ブロンステインは、「西欧主義者」のようにみえて、じつはコスモポリタンであった、すなわち、表面的にだけ国民的であり、表面的にだけ西欧主義的またはヨーロッパ的であった、といってよいだろう。これにたいして、イリイッチ〔=レーニン〕は、深く国民的であり、深くヨーロッパ的であった。ブロンステインは、かれの回想記のなかで、自分の理論はあとになって……十五年後になって正しかったことが証明されたといわれたと記している。そして、この警句にべつの警句でもって答えている(3)。現実には、かれの理論は、そのようなものとしては、十五年前にも十五年後にも正しいものではなかったのである。グィッチャルディーニの語っている頑固者がそうであったように(4)、かれは大まかに予言しただけのことなのだ。すなわち、もっとも一般的な実践的予見として当たっていたにすぎないのである。四歳の少女が母になるだろうと予言し、二十歳で母になると、「自分はそうなると予言していた」というようなものであって、この一方で、幼女が四歳のとき、幼女が母親になるという確信にもとづいてこれに暴行しようとしたことは思い出さないのである。わたしには、イリイッチは、一九一七年に東方で勝利のうちに適用された機動戦から、西方では唯一可能な形態であった陣地戦へ、闘争の形態を変更することが必要であることを理解していたようにおもわれる。西方では、クラスノフがいうように、軍隊は短期間に無限の量の軍需品を蓄積することができたのであり、社会の枠組みはそれ自体でなおもきわめて堅固な塹壕になることができたのであった。これが「統一戦線」の定式[5]の意味していたことでなかったかとわたしにはおもわれるのである。この定式は、フォッシュの単一の指揮下におかれた協商国の単一の戦線という構想に対応するものであった。ただ、イリイッチにはかれの定式を深めるだけの時間がなかった。もっとも、そうはいっても、かれが深めることができたのはあくまでも理論的にだけであり、一方、基本的任務は国民的なものであったこと、すなわち、〔それぞれの国の〕地形を偵察し、倫理的社会の諸要素によって代表される塹壕と要塞の諸要素を確定することを要求していたことは考慮にいれておかなければならないが――。東方では国家がすべてであり、倫理的社会は原生的でゼラチン状であった。これにたいして、西方では、国家と倫理的社会とのあいだには適正な関係があり、国家がぐらつくとたちまち倫理的社会の頑丈な構造が姿をみせた。国家は第一線塹壕であるにすぎず、その背後には要塞と砲台の頑丈な連鎖がひかえていたのである。いうまでもなく、これには国家によって多少のちがいがあった。しかし、このことがまさしく、国民的性格をおびた正確な偵察を要求していたのである。

ブロンステインの理論は、総罷業《グレーヴ・ジェネラル》にかんする一部のフランスのサンディカリストたちの理論、ならびにアレッサンドリの訳した小冊子におけるローザの理論(7)と比較してみることができる。そのうえ、ローザの小冊子とローザの理論は、『ラ・ヴィ・ウーヴリエール〔労働者生活〕』誌(第一シリーズ)に載っているロスメルの何篇かのドイツにかんする論文(8)からもわかるように、フランスのサンディカリストたちに影響をおよぼしてきたのである。ブロンステインの理論は部分的には自然発生性の理論にも依存しているのだ。

[Q. 7, §16]

(1) トロツキーのいわゆる「永続革命」の理論を指す。ロシアのような後進資本主義国における革命は、プロレタリアートの主導によるブルジョア民主主義革命をもって始まり、そのまま中断することなく、社会主義革命へと連続していかざるをえないこと、また、その革命は先進資本主義国のプロレタリアートによる社会主義革命へと連続的に発展し、その援助をうけることを必要としていることなどを骨子とする。トロツキー『結果と展望』(一九一九年)ほかを参照のこと。

(2) さきのノートを参照のこと。

(3) 《ルナチャルスキーは、のちに、かれ独特の不正確にして散漫な書きかたで、わたしの革命思想をつぎのように性格づけた。「同志トロツキーは、一九〇五年に、二つの革命、ブルジョア革命と社会主義革命は、たしかに単一のものではないが、しかし、ひとつの永続革命をもたらすべく、たがいに緊密にむすびついている、という見解を主張した。ブルジョアジーの政治変革によって革命的時代に突入した以上、人類のうちロシア人によって構成されている部分と、世界の残りの部分とは、社会主義革命が完成されるまで、この革命的時代から脱出しえないだろう、というのであった。同志トロツキーは、この見解を形成するにあたって、十五年ほど見あやまったが、それにしても偉大なる先見の明をしめしたことは否定しえない」。十五年の見あやまりについての考察は、ラデックによってくりかえされたからといって、より深遠になったというわけではない。一九〇五年には、わたしたちのすべての予想は、革命の勝利の見通しのうえにたてられていたのであって、敗北の見通しのうえにたてられていたのではなかった。わたしたちは当時、共和国を樹立できなかったし、農地改革も八時間労働も実現するにはいたらなかった。だからといって、そのような要求をかかげたということがまちがっていたということになるのだろうか。革命の失敗は、わたしがたてたものばかりでなく、わたしたちのすべての予想をくつがえしてしまったのであった。当時問題であったのは、革命の各時期を決定することではなくて、それに内在する勢力を分析し、それの全体の進行を予想することであったのだ》(トロツキー『わが生涯』)。

(4)《いまとなってはもうだれにでもほとんど知れわたって明るみに出てしまったような事実でも、きみがそれをしでかしたか、またはやろうとたくらんだことを知られまいとおもうならば、それを知らぬ存ぜぬでおしとおすことが、いつにかぎらず効果のあるものである。うまくがんばりとおしさえすれば、うそであることを見ぬいていたり真相を知っている人を根本から思いなおさせることはできなくても、すくなくとも迷わせることはできるのだ》(グィッチャルディーニ『回想録=覚え書』)。

(5) ここでいわれている「統一戦線」の定式というのは、コミンテルンによって第三回大会(一九二一年)から第六回大会(一九二六年)にかけての時期に採用された労働者階級の行動統一路線のことを指している。この路線が明確化をみるにいたった第四回大会(一九二二年十一月)の決議には、《統一戦線戦術の基本的任務は、労働者大衆の煽動と組織の領域にあっての統一である。統一戦線戦術の真の応用には下からのみ到達しうる》というようにある。なお、グラムシは、かれが逮捕される直前の一九二六年八月二—三日に開かれたイタリア共産党幹部会における報告のなかで、この統一戦線戦術について、つぎのようにのべている。《すべての資本主義国にひとつの基本的な問題が提起されている。一般的な意味での統一戦線戦術から、国民生活の具体的諸問題を提起し、歴史的に規定された人民諸勢力の土台のうえで活動するという、限定された戦術へと移行していくという問題がそれである》。

(6) フォッシュ (Ferdinand Foch, 1851-1929) は、フランスの軍人。第一次世界戦争ではマルヌの会戦で功名をあげた。一九一八年に連合軍最高司令官に任命され、ドイツ軍の大攻勢をくいとめ、勝利への端緒をつくった。

(7) 「ローザ」は、ローザ・ルクセンブルクのこと。彼女が『大衆ストライキ、党、労働組合』(一九〇六年)において展開している理論を指す。本書二〇二—二〇三ページの訳注(1)を参照のこと。

(8) 「ロスメル」は、アンドレ・アルフレッド・グリオー (André Alfred Griot, 1877-1964) の偽名。フランス労働運動の指導者で、フランス共産党の創立に参加し、一九二〇—二一年にはコミンテルン執行委員もつとめたが、ロシア共産党のトロツキー派を支持したため、二四年に党およびコミンテルンから除名されている。一方、『ラ・ヴィ・ウーヴリエール〔労働者生活〕』誌はフランスの革命的サンディカリストの雑誌で(一九〇九年創刊)、ロスメルは創刊当初からの積極的な協力者であった。ただし、かれが同誌にドイツについての論文を書いた形跡はない。

政治の科学と技術のいくつかの本質的な点にかんするジュゼッペ・ベッサリオーネの一九二七年九月の(問答形式の)著作。[1] 展開すべきであるとわたしにおもわれる点は、つぎの点、すなわち、(その政治的な表現形態においての) 実践の哲学〔=マルクス主義〕にしたがえば、それはその創始者が定式化しているところでもよいし、しかしまたとくにその最近の偉大な理論家が精密化しているところからすれば、国際情勢はその国民的〔=一国的〕な側面においてはどのように考察されるべきか、という点である。現実には、「国民的〔=一国的〕」という関係は、あるひとつの「独自」かつ(ある意味では) 唯一の結合の結果生じているものなのであって、この結合は、もしもそれを支配し指導しようとおもうならば、そうした独自性と唯一性において受けとめられ、とらえられなければならないのである。たしかに、発展の方向は国際主義にむかっているものの、出発点は「国民的〔=一国的〕」である。そして、動きだす必要があるのは、この出発点からである。しかし、展望は国際的である。また、そうでしかありえない。したがって、必要なことは、国際的な性格の階級が国際的な展望と指令にもとづいて指導し発展させていかねばならない国民的〔=一国的〕諸勢力の結合のありかたを正確に研究することである。指導的階級は、この結合のありかたを正確に解釈するときにのみ、指導的であるのであって、この階級自体がその結合の構成要素をなしているのである。そして、まさにそのような構成要素をなしているかぎりで、運動に一定の展望にもとづいた一定の方針をあたえることができるのである。この点に多数派〔=ボリシェヴィキ〕運動の解釈者としてのレオーネ・ダヴィドヴィッチ〔=トロツキー〕とベッサリオーネのあいだの根本的不一致はあるようにおもわれる。国民主義〔＝一国主義〕という非難は、問題の核心にかんするかぎり、不適切である。一九〇二年[2]から一九一七年までの多数派〔＝ボリシェヴィキ〕の努力を研究してみれば、その独自性が、国際主義からあいまいで（悪い意味での）純粋にイデオロギー的な要素を洗いおとし、それに現実主義的な政治的内容をあたえようとしたことにあることがわかる。ヘゲモニーという概念はもろもろの国民的〔＝一国的〕性格の要求が結び目をなしている概念であり、なぜ一部の傾向がこの概念について語らないのか、あるいは軽く触れるにすぎないのかがわかろうというものである。国際的性格の階級であっても、狭く国民的〔＝一国的〕な性格をおびている社会階層（知識人）や、それどころかしばしば国民的ですらなく、個別主義的で地域主義的な階層（農民）をも指導していくものであるかぎりで、ある意味ではみずから「国民化〔＝一国化〕」しなければならないのである。しかも、そのある意味というのは、それほど狭いものではない。というのも、ひとつの世界的な計画にもとづく経済の条件が形成されるまでには、なおも多様な段階を経過する必要があり、その経過のなかではさまざまな地域的な（諸国民グループの）結合形態があらわれうるからである。他方、イニシアティヴが、あるひとつの平和的で連帯的な分業の計画にもとづいた建設をめざす勢力の側にはっきりと移行するまでは、歴史の発展は必然性の法則にしたがうということをけっしてわすれてはならない。

国民的でない（すなわち個々の国に言及しえない）諸概念があやまっていることは、帰謬法によって明らかになる。それらは、はっきりと区別される二つの局面で、ただ受け身のまま、なにもしないでやりすごしてしまうという結果をもたらした。㈠第一の局面では、だれも事を始めなければならないとは信じなかった。すなわち、事を始めたなら孤立するだろうとかんがえたのであった。そして、全員が一斉に動きだすのを待って、だれもそのあいだは動かず、運動を組織しなかったのであった。㈡第二の局面は、おそらくもっと悪い。なぜなら、時代錯誤的でことがらの自然本性に反した（というのは、歴史のすべての局面が同一の形態でくりかえされることはないからであるが）「ナポレオニズム」[3]の一形態が出現するのを待望したからである。この古い機械論の現代的な形態の理論的弱点は、永続革命の一般理論によって覆い隠されている。しかし、この理論は漠然とした予見が教義として提示されたものでしかなく、実際に現出することはないという事実によって自滅する運命にあるのである。

[Q. 14, §68]

(1)「ジュゼッペ・ベッサリオーネ」は、スターリン（Iosif Vissarionovich Stalin, 1879-1953）のこと。そのかれの一九二七年九月の問答形式の著作というのは、『第一回アメリカ労働者代表団との会談』を指す。これのなかで、スターリンは、アメリカ労働者代表団の質問に答えて、レーニンがマルクス＝エンゲルスの学説を帝国主義という資本主義の発展の新しい段階に応じて発展させたことをみとめるとともに、とりわけ、資本主義の発展が不均等であることによって社会主義の勝利もそれぞれの資本主義国ごとに個別的に可能にされていること、つまり一国社会主義建設の可能性をレーニンが明らかにした点を強調している。

(2)「一九〇三年」の思い違いか。ロシア社会民主労働党がボリシェヴィキとメンシェヴィキとに分裂するのは、一九〇三年の第二回大会においてである。

(3) フランスで第二帝政を開いたナポレオン三世の政治体制およびその政策のこと。べつの場所で「カエサル主義」または「ボナパルティズム」とよばれているものと同義。本書一八五ページの訳注 (2) を参照のこと。

「受動的革命」の概念

ヴィンチェンツォ・クオーコはナポレオン戦争の衝撃をうけてイタリアで生じた革命を受動的革命とよんだ。(1) 受動的革命という概念は、イタリアだけでなく、急進的‐ジャコバン的な型の政治革命を経過することなく、一連の改革または国民戦争をつうじて国家を近代化した他の諸国にも、正確にあてはまるようにおもわれる。クオーコの著作にあたって、かれがこの概念をイタリアについてどのように展開しているかをみてみること。

[Q. 4, §57]

(1) ヴィンチェンツォ・クオーコ (Vincenzo Cuoco, 1770-1823) は、ナポリの政治家。一七九九年のナポリ革命に参加し、その後亡命。この革命の失敗の原因を『一七九九年のナポリ革命にかんする史論』(一八〇一年) において探究した。「受動的革命」(rivoluzione passiva) というのは、同書のなかでナポリ革命についてあたえられている規定であって、そこでは、グラムシが想定しているのとは若干ニュアンスを異にして、それが人民の必要と欲求を発条としてナツィオーネ (nazione) 自体のなかから内発的に生じた革命ではなく、フランス革命とナポレオン戦争という外的要因の作用をうけて受動的に生じた革命であったという意味でもちいられている。グラムシは、クオーコの『史論』を直接読んだことはなかったものと推測される。

イタリア史における革命 - 復古の同等という定式がエドガール・キネーにおいて正確にはどういう意味をもっているのか、またどのような根拠にもとづいて立てられているのかをしらべてみるべきである。(1)〔中略〕さらには、キネーの定式がクオーコの「受動的革命」の定式に接近させうるものかどうかをしらべてみるべきである。たぶん、それらは、イタリア史の展開のなかでの統一した人民的イニシアティヴの欠如という歴史的事実と、いまひとつには、展開が人民大衆の特発的で、原初的で、非有機的な転覆的行動にたいする反動としてあらわれたという事実、そしてそこには下からの要求の一部をうけいれた「復古」がともなっていたという事実を表現したものであろう。ひいては「進歩的な復古」あるいは「革命 - 復古」あるいはまた「受動的革命」。そこで問題となったのはつねに(デ・サンクティスのいう意味においての)「グィッチャルディーニの人間」の革命だったのであり、そこでは指導者たちはつねに自分たちの「利益」を救ってきたのだといってよいのかもしれない。(2)カヴールはグィッチャルディーニの人間の革命をまさしく「外交化」したのだった。(3)かれ自身、タイプとしてはグィッチャルディーニに近かった。〔後略〕

[Q. 10, I, §41 ; cf. Q. 8, §25]

(1) エドガール・キネー (Edgar Quinet, 1803-1875) は、フランスの歴史家・政治家。一八四八年革命で積極的な役割を演じたのち、亡命。ミシュレとならぶ革命史の代表的存在である。グラムシが言及しているのは、このキネーの『イタリアの革命』(一八四五—五二年) のことである。しかし、グラムシ自身は、クオーコの『史論』同様、同書も直接には読んでいない。
(2) グィッチャルディーニの『回想録=覚え書』にはつぎのようなくだりがある。《わたしほど、坊主の野心、貪欲、堕落を苦々しくおもっている者はあるまい。〔中略〕にもかかわらず、わたしはいくたりかの教皇につかえるという境遇にあったために、自分自身の利益 (il mio particulare) につられて、やつらの力を伸ばすことに心ならずも同意しなければならなかった。このことさえなかったならば、わたしは自分自身よりもマルティン・ルターを愛していたことであろう》。ここにうかがわれるような「グィッチャルディーニの人間」(uomo di Guicciardini) の存在こそがイタリア衰退の張本人であったのだ、とデ・サンクティスは一八六九年の論考「グィッチャルディーニの人間」のなかできびしく論難している。デ・サンクティスについては、本書一一六ページの訳注 (3) (4) を参照のこと。
(3) 国際関係をたくみに利用しながらイタリアの統一を達成したカヴールの方式は「革命の外交化」というようにもいわれる。

〔クローチェの〕『十九世紀ヨーロッパ史』〔一九三二年〕は、ヨーロッパ文化に提供されたクローチェ史学のパラダイムとなるべき倫理‐政治史の論考であるようだ。[1] だが、『ナポリ王国史』〔一九二五年〕、『一八七一年から一九一五年までのイタリア史』〔一九二八年〕、そしてまた『一七九九年のナポリ革命』〔一八九九年〕と『イタリアにおけるバロック時代の歴史』〔一九二九年〕なども考慮する必要がある。もっとも傾向的で、立場がはっきりしているのは、しかしながら『ヨーロッパ史』と『イタリア史』である。この二つの論考については、ただちにつぎのような問いが提起される。フランス革命とナポレオン戦争を有機的にとりあげることなく、十九世紀におけるヨーロッパの歴史を書く(考える)ことはできるのか。リソルジメントの闘争をあつかうことなく、近代におけるイタリアの歴史は作成できるのか。いいかえるならば、クローチェがかれの叙述を一八一五年および一八七一年から開始しているのは、すなわち、闘争の契機、対立する諸勢力が錬成され、寄り集まって陣営を形成する契機、ひとつの倫理‐政治的体系が消滅し、べつの体系が鉄火のなかでつくりあげられる契機、ひとつの社会的諸関係の体系が分解して没落し、べつの体系が生起し確立される契機をきりはなし、平穏なことにも文化的ないしは倫理‐政治的な膨脹の契機だけを歴史として採用しているのは、偶然なのか、それとも、傾向的な理由があってのことなのか。(2) それゆえ、『ヨーロッパ史』は歴史の一断片でしかないということができる。フランスで一七八九年にはじまり、共和国とナポレオンの軍隊とともにヨーロッパの残りの地域にあふれ出ていって、旧体制に強力な肩押しをくわえ、フランスのように即時の崩壊ではなくて、一八七〇年まで持続した「改革主義的」腐蝕をうみだした偉大な革命の「受動的」側面をえがいたものでしかないのである。このクローチェの傾向的な歴史構成には、今日的かつ直接的な指示対象があるのではないか、クローチェのあつかっている時代の革命‐復古のそれに対応するイデオロギー的な運動をつくりだそうという目的があるのではないか、という問題が提起される。その革命－復古の運動のなかでは、フランスにおいてジャコバン的－ナポレオン的表現をみいだした諸要求は、ごく少量ずつ、合法的、改革主義的に満足させられていった。そして、このようにして旧封建諸階級の政治的および経済的立場を救い、農地改革を回避し、とりわけ、フランスでジャコバン主義の時代、一八三一年、一八四八年にみられたような政治的経験の時期を人民大衆が通過するのを回避することに成功した。しかし、今日の情勢のもとにあっては、穏健的で保守的な自由主義に対応する運動は、より正確にいえばファシスト運動ではないのか。ファシズムが、その発展の初期、自分たちは旧右派または歴史的右派の伝統にむすびついていると主張したのは、たぶん意味のないことではない。〔中略〕この点についてのイデオロギー的仮説は、[4]つぎのように立てることができるだろう。国の経済構造への、国家の、そして協同体組織をつうじての法律的干渉の結果、「生産計画」の要素を強化するための多少とも深刻な変化が導入されることになるという事実、すなわち、生産の社会化と協同化が、だからといって利潤の個人的ならびに集団的〔＝階級的〕な専有には触れることなく（あるいはたんに規制と統制に限定しながら）強化されることになるという事実のうちには、ひとつの受動的革命が生じているのがみとめられるのではないか、と。〔中略〕このような計画が実行に移されうるかどうか、その程度と形態とはどのようなものかというのは、さして重要ではない。政治的およびイデオロギー的に重要なのは、それがとくに都市と農村の小ブルジョア大衆のような一定の社会集団のなかに期待と希望の時期をつくりだし、ひいてはヘゲモニー体系と文武両面の強制力を伝統的な指導的諸階級の手中に維持したままにしておくのに寄与するだけの力をもちうるものであり、現実にもっているということである。このイデオロギーは、国際的な経済の分野においての「陣地戦」の要素として役だつことだろう（自由競争と自由貿易は運動戦に対応していたのであろう）。政治の分野においての「受動的革命」がそうであるようにである。一七八九年から一八七〇年までのヨーロッパにおいては、フランス革命で（政治的）運動戦が展開され、一八一五年から一八七〇年まで長期の陣地戦が展開された。現在は、運動戦は政治的には〔ロシアで革命の起こった〕一九一七年三月から〔ドイツ共産党が一揆をくわだてた〕一九二一年三月まで展開され、その後は陣地戦が展開されている。そして、その代表者、（イタリアでの）実践的な代表者である以外にも、ヨーロッパでのイデオロギー的な代表者が、〔一九二二年十月に政権の座についた〕ファシズムなのである。

[Q. 10, I, §9 ; cf. Q. 8, §236]

（1）原語は〈storia etico-politica〉である。意味内容については、本書三三ページの訳注（1）を参照のこと。

（2）『十九世紀ヨーロッパ史』はナポレオンが敗北してウィーン体制がしかれた一八一五年から、『イタリア史』はローマ併合によって国家統一事業が完了した直後の一八七一年から書き起こされている。

（3）原語は〈Destra storica〉。イタリア史学で、リソルジメント運動内部に一八四八年以降登場し、国家統一後も一八七六年まで政権を担当していた穏健的自由主義者の党派を指していう。これにたいして、民主派やマッツィーニ的共和派ならびにその流れをくむ勢力のほうは「歴史的左派」(Sinistra storica) とよばれる。

（4）イタリア・ファシズムが政権獲得後、その実現をくわだてた労資混合的職能別組合組織。本書三六五ページの訳注（2）を参照のこと。

イタリア・リソルジメントの第一期についてヴィンチェンツォ・クオーコがもちいた意味での「受動的革命」という概念は、機動戦との対比でもちいられる「陣地戦」の概念と関連させてかんがえることができるのではないか。すなわち、これらの概念はフランス革命後に生じたのであって、プルードン-ジョベルティという二項関係[1]は、一八七一年のパリでの虐殺につづくパニックによってソレル主義の根拠が説明されるのと同様に、一七九三年のテロルがうみだしたパニックによってその根拠理由を説明することができるのではないか。つまり、陣地戦と受動的革命とのあいだには絶対的な一致が存在するのではないか。あるいはすくなくとも、陣地戦がふたたび機動戦に転化する時点まではこれら二つの概念が一致しなくてはならないようなひとつの歴史的時期が存在しているのではないか。またはそういった時期があると想定されるのではないか。ヴィーコ的意味においての「摂理の狡智[2]」であるのかもしれない「復古」については、「ダイナミックな」判断をくださなくてはならない。まずはつぎのような問題がある。カヴールとマッツィーニの闘争にあっては、カヴールは受動的革命‐陣地戦の代表者であり、マッツィーニは人民的イニシアティヴ‐機動戦の代表者であるが、そこでは両者ともおなじ程度に必要不可欠な存在ではないのか、という問題である。しかし、考慮しなくてはならないのは、カヴールはマッツィーニの任務を理解していたかぎりで自分の任務を（すくなくともある程度まで）理解していたのにたいして、マッツィーニは自分の任務もカヴールの任務も自覚していなかったようにみえることである。もしもマッツィーニがそのような自覚をもっていたならば、すなわち、現実主義的な政治家であって啓蒙の使徒でなかったならば（つまりはマッツィーニでなかったならば）、両者の活動の合流からもたらされる均衡はちがったものになり、もっとマッツィーニ主義に有利なものになっていたであろう。すなわち、イタリア国家は、もっと後進的でなく、もっと近代的な基盤のうえに建設されていたであろう。しかも、どんな歴史的事件にもほとんどつねにこれと類似する情勢があらわれているのだから、このことから政治の科学と技術についてのなんらかの一般的原則をひきだすことができないかどうかを検討してみるべきなのだ。受動的革命の概念には、諸勢力の従来の構成を漸進的に変化させていき、ひいては新しい変化の母胎になるという、分子的変化なる解釈規準を適用することができる(3)（そしてイタリア・リソルジメントにおいて資料的裏づけをとることができる）。たとえば、イタリア・リソルジメントにおいては、（マッツィーニ派の党である〕行動党の新しい分子が〔一八四八年以降〕しだいにカヴール主義[4]に移行していって、穏健派勢力の構成を漸進的に変化させ、一方ではネオ・グェルフ主義を一掃するとともに、他方ではマッツィーニ派の運動の貧困化をもたらしたのであった（ガリバルディの動揺[5]なども この過程の一部である）[6]。したがって、この要素は、のちに「トラスフォルミズモ」とよばれることになった現象の初発的段階なのである。この「トラスフォルミズモ」という現象は、これまでのところ、歴史的発展のひとつの形態としてあたえられてしかるべき解明をあたえられてきていないようにおもわれる。

〔「受動的革命」という〕概念を発展させるにあたっては、カヴールはマッツィーニの任務を批判的に自覚していたかぎりで自分の任務を自覚していたのにたいして、マッツィーニは、カヴールの任務についてほとんど自覚していなかったため、現実には自分自身の任務についてもほとんど自覚していなかったということ、だからこそ、かれはもろもろの不決断におちいったり（「五日間」[7]につづく時期のミラーノにおいてやその他の機会にみられたように）、時機を失した行動にうって出たりすることになったのであり、それらはすべてピエモンテの政策にのみ有利な要素に転化してしまったということを力説しておくこと。これは、弁証法というものをどのように理解すべきであったかという、〔マルクスの〕『哲学の貧困』において提起されている理論的問題のひとつの例証である。弁証法的対立を構成する各部分は、それぞれ、自分自身がすべてであるよう努め、自分の所有しているすべての政治的および道徳的な「資力」を闘争に投入するよう努めなければならないのであり、このようにしてはじめて真の止揚は生じるのだということが、プルードンにも、マッツィーニにも、わかっていなかったのである。このことはジョベルティや受動的革命および「革命‐復古」の理論家たちにもわかっていなかったという人がいるかもしれない。しかし、かれらの場合には問題はちがってくる。かれらにあっては、理論的「無理解」は、アンチテーゼそのものの一部を合体することに成功するところまで自分自身を発展させ、自分が「止揚」されてしまうようなことのないようにしなければならないという、「テーゼ」の側の必要の実践的表現であった。すなわち、弁証法的対立のなかにあって、現実にはテーゼのほうだけがそれの所有している闘争の可能性のすべてを発展させ、ついにはアンチテーゼの自称代表者たちをかっさらってしまうのだ。受動的革命または革命‐復古の本質はまさしくこの点にあるのである。ここにいたって「機動戦」から「陣地戦」への政治闘争の移行という問題が考察対象として浮上してくる。この移行はヨーロッパでは一八四八年のあとに起こっていたのだが、このことを他の一部の者は理解していたのにたいして、マッツィーニもマッツィーニ派も理解していなかったのである。おなじ移行は一八七一年のあとにも起こっている。この問題は当時、マッツィーニのような人びとには理解するのが困難であった。軍事戦争がモデルを提供してくれておらず、それどころか軍事学説のほうは運動戦の方向で発展をとげていっていたからである。マッツィーニ主義の軍事理論家であったピサカーネにこの方向での示唆がみられるかどうか、しらべてみるべきだろう〔注記省略〕。しかしながら、ピサカーネをしらべてみるべきなのは、かれが行動党にもろもろの伝統的な立場を止揚するアンチテーゼとしてのたんに形式的だけでなく実質的な内容をあたえようとこころみた唯一の人物であったからである。このような歴史的成果を獲得するためには、マッツィーニが妄執的なまでに、すなわち、現実主義的ではなくて宗教的伝道者流にかんがえていたように、人民の武装蜂起が絶対に必要であったというべきではない。ただ、蜂起という集中した同時発生的な形態においては不可能であった人民の介入は、間接的な圧力という「拡散した」毛細管現象的な形態においてすら生じなかった。しかし、こちらのほうは可能であったし、たぶん前者の形態のための不可欠の前提であったはずである。しかも、集中した、あるいは同時発生的な形態は、なるほど、当時の軍事技術からして不可能にされていた。が、これも部分的にでしかなかったのである。それが不可能であったのは、集中した同時発生的な形態に先行して、人民の情熱をめざめさせ、これの集中と同時発生的な爆発を可能にするよう、有機的にととのえられた、長期にわたる政治的、イデオロギー的な準備がなされていなかったかぎりにおいてであったのだ。一八四八年以後、革命が失敗する以前の方法についての批判は穏健派によってだけおこなわれた。そして、じっさいにも、穏健派の運動はその態容をすっかり革新し、ネオ・グェルフ主義は一掃され、新しい人びとが指導の最高地位を占めた。これにたいして、マッツィーニ主義のほうでは、なんらの自己批判もおこなわれることはなかった。あるいは、多くの分子がマッツィーニを見限って、〔カヴールの代表する〕ピエモンテ党の左翼を形成するにいたったという意味において、清算的な自己批判がおこなわれたにすぎなかった。唯一の「正統的な」、すなわち、内部からの〔批判の〕試みは、ピサカーネの諸論文であった。しかし、このかれの諸論文が新しい有機的な政治の綱領となることはついになかった。ピサカーネがイタリア国民革命についてのひとつの「戦略的観念」(9)をもっていたということは、マッツィーニもみとめていたにもかかわらずである。

[Q. 15, §11]

(1) 本書一六八―一七〇ページの訳注(9)を参照のこと。
(2) 原語は〈astuzia della provvidenza〉である。「ヴィーコ的意味においての」とあるのは、ナポリの哲学者ジャンバッティスタ・ヴィーコ(Giambattista Vico, 1668-1744)が、その主著『諸国民の共通の自然本性についての新しい学の諸原理』(一七四四年)のなかで、人間たちがなんら気づくことなく、そしてしばしば人間たち自身の意図とは反する方向に作用しつつ、諸国民の世界に秩序をあたえてきた「神の摂理」について論じているのをうけている。ただし、ヴィーコは、「摂理」という言葉はもちいているが、「狡智」という言葉はもちいていない。グラムシは、ヴィーコの「摂理」とほぼおなじ意味でヘーゲルがもちいた「理性の狡智」と混同したのであろう。
(3) 原語は〈modificazione molecolare〉である。本書二三八ページの訳注(2)を参照のこと。
(4) ローマ教皇を中心にイタリア人の政治的・道徳的一体性をつくりあげようとする思想と運動。中世の教皇派＝グェルフとの類比でこうよばれる。この潮流の代表者がヴィンチェンツォ・ジョベルティであった。

（5）ガリバルディ（Giuseppe Garibaldi, 1807-1882）は、一八四八年と一八五九年の独立戦争で活躍したイタリア・リソルジメントの英雄的軍事指導者。とくに一八五九年には、赤シャツ千人隊をひきいてシチリア島に渡り、両シチリア王国の解体をくわだてたことで有名。のちには第一インターナショナルに接近して初期社会主義運動にも少なからぬ影響をあたえた。「動揺」というのは、四八―四九年、ローマ共和国防衛のために奮戦したのち、ニューヨークに亡命し、ろうそく製造業についたりして、一時戦線からしりぞいていたことを指すのであろう。

（6）「トラスフォルミズモ」（trasformismo）というのは、イタリアで一八七六年に政権の座についた左派のデプレーティス首相がさまざまな党派に属する者たちに与党的立場への「変移」（trasformarsi）をよびかけたことに由来する言葉で、原理・原則によって諸党派が対峙し競争するのではなく、政府の操作によって議員たちが無原則に離合集散して流動的な政府与党多数派を形成した十九世紀末のイタリア議会政治の状況を指していわれる。

（7）一八四八年三月十八日から二十二日の五日間にわたって展開されたミラーノ市民のオーストリア侵入軍にたいする英雄的な蜂起事件のこと。

（8）ピサカーネ（Carlo Pisacane, 1818-1857）は、ナポリの著述家、愛国者。貴族出身の工兵隊士官であったが、ナポリをのがれ、ロンドン、パリにおもむき、アルジェリアの外人部隊に入隊。ミラーノ蜂起を知り、ただちに帰国。マッツィーニ派として、第一次独立戦争とローマの防衛に参加した。一八五七年、ポンツァの政治囚が解放されたのに合わせて、ナポリ蜂起をくわだてるべく、三百人の仲間をひきいて上陸をこころみたが、ブルボン軍に打ち負かされ、捕らえられて銃殺された。『一八四八―四九年にイタリアでたたかわれた戦争』(一八五一年)などの著作がある。グラムシが言及しているのは、没後の一八五八―六〇年に刊行された『イタリアにかんする歴史・政治・軍事論文集』である。

(9) マッツィーニは、ジュゼッペ・ファネッリにあてた手紙のなかで、ピサカーネには「蜂起戦争についての戦略的観念」があった、と書いている。グラムシは、この情報を『ラ・ヌオーヴァ・イタリア』誌一九三一年十一月二十日号に出たアルド・ロマーノの論文「マッツィーニ主義にとっての危機の年――一八五七年」をつうじて得ている。

イタリア・リソルジメントにおける「受動的革命‐陣地戦」の関係は、他の諸側面にかんしても研究することができる。なかでも、きわめて重要なのは、「幹部」とよぶことのできる側面と、もうひとつは「革命的群衆」とよぶことのできる側面である。「幹部」の側面は、まさしく、世界戦争のさいに、一方では職業将校と補充将校との関係、他方では徴募兵と志願兵‐突撃隊員との関係にみられたものに比することができる。リソルジメントにおいては、職業将校に該当するのは、正規の、有機的な、伝統的な諸政党である。これらの政党は行動の瞬間(一八四八年)にほとんど不適格同然であることを露呈し、一八四八―四九年には人民的‐マッツィーニ的‐民主主義的な波によってのりこえられてしまったのであった。この波は、混沌としていて、無秩序で、いわば「即席」のものであったが、それでも、ほとんどにわか仕立ての(ともあれ、穏健派がそうであったようには既成の形成体から出てきたのではない)首領たちに付き従いながら、穏健派がかちとったよりもうたがいもなく大きな成功をかちとった。ローマ共和国とヴェネーツィアがしめした抵抗力にはきわめて注目すべきものがあったのだ。一八四八年以降の時期には、正規の勢力と「カリスマ」的勢力という、この二つの勢力のあいだの関係は、カヴールとガリバルディを中心に組織されて、最大の成果をもたらした。もっとも、この成果はのちにカヴールによって独り占めにされてしまったのではあるが——。

この側面は、もうひとつの側面、「群衆」の側面とむすびついている。マッツィーニ的イニシアティヴがつねにそれを前にしてうちくだかれることになった技術的困難はまさに「革命的群衆」のそれであったことに注意すべきである。この見地から、ラモリーノ[1]によるサヴォイアへの侵入の試み、そしてのちにはバンディエーラ兄弟[2]、ピサカーネなどのそれを研究してみると興味深いだろう。四八年にはミラーノで、また四九年にはローマで、マッツィーニに提供されていながら、かれには組織するだけの力量のなかった情勢と比較しながらである。これらの少数者の試みは芽のうちにおしつぶされるしかなかった。というのも、反動勢力のほうは集中されており、自由に行動することができた（すなわち、住民の広範な運動のうちになんらの反対もみいださなかった）のであってみれば、これがラモリーノ、ピサカーネ、バンディエーラ型のイニシアティヴをおしつぶさないほうが不思議であっただろうからである。たとえ後者のイニシアティヴが現実にそうであった以上によく準備されたものであったとしてもである。第二期（一八五九―六〇年）には、ガリバルディの千人隊のような革命的群衆が可能になったのは、まずはガリバルディがピエモンテ国軍に編入されていたという事実、そしてつぎにはイギリス艦隊が〔ガリバルディによる〕マルサーラ上陸やパレルモ占領を事実上援護し、ブルボン艦隊を麻痺させたという事実があったからであった。一方、「五日間」後のミラーノで、共和政下のローマで、マッツィーニには有機的群衆のための練兵場を建設する可能性があったにもかかわらず、かれはそうしようとはしなかった。[3] このため、マッツィーニはローマではガリバルディと衝突し、ミラーノではカッターネオやミラーノの民主主義グループを利用することができなかったのである。

ともあれ、リソルジメントの展開は、たまたま登場したにわか仕立ての首領たちにひきいられた「デマゴギー的」大衆運動のもつ巨大な重要性を明るみに出しはしたものの、現実には、有機的な伝統的諸勢力、すなわち、首領の合理的錬成などをともないつつ、長期にわたって形成されてきた諸政党によって掌握されていた。おなじ型のあらゆる政治的事件にはつねにおなじ結果が生じている(たとえば、一八三〇年のフランスではオルレアン派が急進民主主義的人民勢力にたいして優位に立っていたし、一七八九年のフランス革命においても根本的にはそうであって、そこではナポレオンは究極においてはジャコバン的小ブルジョア勢力にたいする有機的ブルジョア勢力の勝利を代表しているのである)。世界戦争のときには、補充将校にたいして旧来の職業将校が優越していた、等々〔注記省略〕。どの場合にも、急進的-人民的勢力に他の部分の任務についての自覚が欠如していたということが、〔まずもっては〕自分たち自身の任務についての十分な自覚をもつことをさまたげたのであり、つぎにはまた、自分たちが実際に有している比重に見合っただけの力をもって諸勢力の最終的な均衡に介入することをさまたげたのであり、さらにはまた、いっそうの進歩と近代性をめざした路線上にあって、より前進した成果をうみだすことをさまたげたのである。

[Q. 15, §15]

(1) ラモリーノ (Gerolamo Ramorino, 1792-1849) は、ジェーノヴァ生まれの将軍。一八二一年のピエモンテにおける一揆に参加。また、一八三四年には、サヴォイアへの蜂起的遠征をくわだてている。

(2) バンディエーラ兄弟 (Attilio Bandiera, 1810-1844, Emilio Bandiera, 1819-1844) は、ヴェネーツィア出身のマッツィーニ派の愛国者。一八四四年、二十名の仲間とともにカラーブリアに上陸して蜂起をくわだてようとしたが、裏切り者が出てブルボン軍に捕らえられ、銃殺されている。

(3) カッターネオ (Carlo Cattaneo, 1801-1869) は、ミラーノの歴史家・政治家。共和主義的連邦主義の支持者で、「ミラーノの五日間」のときには指導的役割を演じた。

受動的革命の概念は政治学のつぎの二つの基本原則から厳密なしかたで演繹されなければならない。㈠どのような社会構成体も、それのなかで発展してきた生産諸力がいっそうの前進運動のための余地をなおもみいだしているあいだは、消滅することがない、という原則と、(二)社会はその解決に必要な諸条件がまだ熟していないような任務を提起することはない、という原則がそれである。もちろん、これらの原則は、まえもって、その全範囲にわたって批判的に展開され、機械論と宿命論のあらゆる残滓から浄化されていなくてはならない。また、これらの原則は、「情勢」または力の均衡が区別される三つの基本的契機についての記述にもちこまれるのでなくてはならない。そのさい、第二の契機または政治的な力の均衡と、とくに第三の契機または政治的‐軍事的な力の均衡とを最大限に活用しながらである。注目しておいてよいのは、ピサカーネは、その『論文集』のなかで、まさしくこの第三の契機に意をもちいているということである。かれは、マッツィーニとちがって、イタリアには戦争に慣れたオーストリア軍が駐屯していて、半島のどの部分にでもいつでも干渉できる準備をととのえていること、さらには、その背後にはハプスブルク帝国の全軍事力、すなわち、いつでも新規の援軍を編成する用意のある本軍がひかえていることがどれほど重要な意味をもっているかを理解している。〔後略〕

[Q. 15, §17]

おなじくイタリア・リソルジメントにおける受動的革命または革命‐復古の概念について注意すべきことは、歴史学の一部の傾向のなかで歴史的事件の客観的条件と主観的条件の関係とよばれている問題を正確に立てる必要があるということである。この区別がたんにわかりやすく説明するための区別であるかぎりでは、客観的条件が存在するときにはいわゆる主観的条件もけっして欠如していることはないというのは、明白であろう。したがって、議論をさしむけてよいのは、主観的諸勢力の強度がどの程度のものかという点についてである。ひいては、対立する主観的勢力間の弁証法的関係についてである。問いを歴史的‐政治的なかたちにおいてでなく、「主知主義」的なかたちで立てることは、避けなくてはならない。闘争を構成している諸項目についての知的「明晰さ」が不可欠であるというのは、異論の余地のないことである。が、明晰さがひとつの政治的な価値であるのは、それが広く普及した情熱に転化し、ひとつの強力な意志の前提となるかぎりにおいてである。最近、リソルジメントにかんする多くの出版物のなかで、炯眼の士が存在していた、等々の「啓示」がなされている（ピエロ・ゴベッティのおこなったオルナートの評価を想起のこと）(1)。しかし、これらの「啓示」は、まさしく啓示であるがゆえに自壊する。それらは一部の個人がなるほど苦心のすえに獲得した知恵であったこと、しかしまた今日では「後知恵」の一形態でしかないことを証明しているのだ。じじつ、それらは一度として実際の現実とわたりあってその実力を試したことはなかったし、一度として広範なひろがりをもつ活動的な人民的‐国民的な意識に転化したこともなかった。行動党と穏健派とでは、どちらがリソルジメントの実際の「主観的勢力」を代表していたのか。たしかに穏健派のほうである。そして、その理由はまさしく、穏健派は行動党の任務をも自覚していたということにある。この自覚があったために、それの「主観性」は行動党のものよりも高く、いっそう決定的な性質のものであったのである。「行動党はわれわれのポケットのなかにある」というヴィットリオ・エマヌエーレ二世の言葉(2)にはいささか曹長口調なところがある。それでも、この言葉のなかには、全マッツィーニのなかにふくまれているよりも多くの歴史的‐政治的意味がふくまれている。

[Q. 15, §25]

(1) ピエロ・ゴベッティ(Piero Gobetti, 1901-1926)は、グラムシの『オルディネ・ヌオーヴォ』紙にも協力したことのあるトリーノの著述家・政治活動家。一九二二年に『自由主義革命』紙を創刊して、激烈な反ファシズムの論陣を張るが、一九二六年、亡命先のパリで夭折している。ルイージ・オルナート(Luigi Ornato, 1787-1842)は、このゴベッティが掘り起こしたリソルジメント期の人物。かれのオルナート研究は、没後に出版された『英雄なきリソルジメント』(一九二六年)に収録されている。

(2) ヴィットリオ・エマヌエーレ二世(Vittorio Emanuele II, 1820-1878)は、サルデーニャ王で、一八六一年から七八年まで最初のイタリア国王。しかし、この言葉の正確な出典は不明。ジェッラターナ編『獄中ノート』の編者は、一八六一年のある手紙のなかに「わたしはすべての党派を手中にしている」という述言が出てくることを指摘して、この述言との間接的な関連を示唆している。

IV

政党史研究のための予備的注意事項

「社会はその解決のための物質的諸前提がまだ存在していない問題は提起しない」という〔マルクスの『経済学批判』の序言における〕命題。この命題に直接依存している問題に集合的意志の形成の問題がある。この命題がなにを意味しているのかを批判的に分析することは、まさしく、永続的な集合的意志が形成されるのはどのようにしてか、また、それらの意志が具体的な直接、間接の諸目的、すなわち、ひとつの集合的行動の路線を提起するのはどのようにしてかを探究することを意味しているのである。そうした集合的意志の形成の過程は多かれ少なかれ長期にわたる発展の過程であって、突如として起こる「総合的な」爆発であることはめったにない。総合的な「爆発」も起こることはあるが、くわしく観察してみれば、それらの場合には、再建よりは破壊、自生的で自然成長的な発展の前途を妨害している外的かつ機械的な障害を除去することが問題となっているのがわかる。その例としては《シチリアの晩鐘》事件(1)をあげることができる。

集合的な歴史的運動の形成を具体的に研究するためには、それをその分子的な諸段階(2)のすべてにわたって分析する必要があるだろう。このことが通常なされないのは、論述のいっさいを重苦しくしてしまうからであろう。それで、そういった分析にはいらずに、すでに支配的な集団や個人を中心に構成されてしまっている世論の潮流がとりあげられるのである。それは、現代ふうにいえば、党とか、たがいに近隣的な関係にある党の連合というようにいいあらわされる問題である。党の建設はどのようにして開始されるのか、その組織力や社会的影響力はどのようにして発展していくのか、等々。そこにおいて問題となるのは、分子的な過程、きわめて微細で、微分的で、毛細管的な過程である。その過程を記録している資料はなにかといえば、膨大な量の書物、小冊子、雑誌や新聞の記事、無限にくりかえされる会話や口頭での議論がそれである。これらの巨大な資料の総体のうちに、一定程度の——ということは、歴史的事件の発生と時間と場所とをおなじくして、あるひとつの行動をひきおこすのに必要かつ十分な程度ということであるが——等質性をもった集合的意志がうみだされてくる過程は表現されているのである。

集合的意志の形成の歴史的過程の初期段階における混濁した合理主義的なユートピアやイデオロギーの重要性。ユートピアや抽象的合理主義は、つぎつぎに経験を累積しつつ歴史的に練りあげられてきた旧来の世界観とおなじだけの重要性をもっている。重要なのは、そのような〔旧来の〕イデオロギー的複合体に新しい歴史的段階の最初の代表者たちによってくわえられる批判である。この批判をつうじて、旧来のイデオロギーを構成する諸要素が所有していた比重関係に区別と変化の過程が発生する。副次的、従属的、あるいはまた偶然的でしかなかったものが、主要なものとみなされるようになり、イデオロギーと教義の新しい複合体の中核に転化する。古い集合的意志は、それの矛盾する諸要素に分解する。というのも、これらの要素のうちで従属的であったものが社会的に発展するなどのことが起こるからである。

人口の大部分の標準化（コミュニケーション、新聞、大都市、等々）とむすびついた歴史段階である政党体制の形成後は、分子的過程は過去におけるよりもはるかに急速に進展している、等々。

[Q. 8, §195]

(1)《シチリアの晩鐘》事件（Vespri siciliani）というのは、十三世紀末、シチリアで発生したアンジュー家の支配に反対する蜂起事件のこと。一二八二年の復活祭の翌日、パレルモのサンスピリト広場で晩課の鐘の音を合図に始まったことから、こうよばれる。

(2) 原語は〈molecolare〉である。すぐあとの叙述からもうかがえるように、「ごく微細な」という意味とともに、「構成要素のあいだの」という意味をあわせもっていることに注意。エンゲルスの『自然の弁証法』にも同様の用法がみられる。

ある政党の歴史を書こうとするときには、現実には、たとえばこの問題の専門家とみなされているロベルト・ミヘルス(1)が信じているよりもはるかに単純でない一連の問題にとりくむことが必要になる。党の歴史とはどのようなものであろうか。あるひとつの政治的組織の内部生活をたんに叙述しただけのものなのか。それの誕生の経緯、それを構成する最初の諸グループ、それの綱領とそれの世界観や生活観が形成されるさいにたどるイデオロギー上の論争、等々。この場合には、限られた知識人グループの歴史、そしてときにはあるひとりの個性ある人物の政治的伝記を書くことになってしまいかねない。したがって、叙述の範囲はもっと広く包括的なものであるべきだろう。創設者たちのあとにつづき、信頼と忠誠と規律をもってかれらを支持するか、あるいは、離散したり、いくつかの発議にたいして受け身のままでいたりすることによって、かれらを「現実的に」批判したりした、特定の人間大衆の歴史を書かなければならないのだ。しかし、この大衆は党員だけで構成されているのだろうか。会議、投票、等々、すなわち、党の大衆が自分たちの意志を表明する手段である活動や存在様式の全体をたどるだけで十分なのであろうか。あきらかに、その党がそれの表現となり、もっとも先進的な部分となっている社会集団を考慮にいれる必要があろう。すなわち、党の歴史というのは特定の社会集団の歴史であるほかはないのである。しかし、この集団は独りだけで存在しているのではない。それには友、同類、反対者、敵がいるのだ。党の歴史は、社会と国家の総体の(そしてしばしば国際的な干渉もともなった)複合的な場景からのみ、もたらされる。したがって、党の歴史を書くということは、ある国の一般的な歴史をモノグラフの見地から書いて、それの特徴的な一側面を浮き彫りにするということ以外のなにものでもないということができる。ある党のもつ意義と比重が大きいか小さいかは、まさしく、それの展開する特殊的な活動が一国の歴史を規定するうえでどれほどの比重をもったかにかかっているのだ。

だからこそ、党の歴史の書きかたから、党とはなんであるか、あるいはなんであるべきかについて、どのような概念がもたれているかがわかるのである。セクト的な人間は、内部の瑣末なことがらに夢中になるだろう。それらは、かれにとっては秘教的な意味をもち、かれを神秘的な熱狂でみたすのだ。〔これにたいして〕歴史家たるものは、ひとつひとつのことがらにそれが一般的な場景のなかでもっている重要性を付与しながらも、力点はとりわけ、ある事件をうみだすのに貢献したり、べつの事件が起こるのを阻止したりしたことによって、党が現実に発揮した効力、それの積極的ならびに否定的な規定力におくであろう。

〔Q. 13, §33; cf. Q. 9, §64〕

(1) ロベルト・ミヘルス (Robert Michels, 1876-1936) は、イタリアに帰化したドイツの社会学者。とくに、ドイツおよびイタリアの社会民主主義政党の実態を分析して、デモクラシーと平等を標榜する党の内部にも、戦闘団体としての必然的要請から寡頭制が擡頭してこざるをえない事情があることを確認し、これを「寡頭制の鉄則」として法則化した『現代デモクラシーにおける政党の社会学のために』

（一九一一年）で知られる。ほかに『イタリア社会主義運動におけるプロレタリアートとブルジョアジー』（一九〇八年）や『イタリア社会主義運動の批判的歴史』（一九二六年）などがある。

指導・党・国家的精神

まず第一にわすれられるのは、ほかならぬ第一の要素、もっとも基本的なことがらであるということをこそ、まさにのべておく必要がある。しかしまた、これらの要素は、無限にくりかえされることによって、政治や他のどのような集団的行動にとっても、その柱となるのである。その〔わすれられがちな〕第一の要素というのは、統治する者と統治される者、指導する者と指導される者とが存在しているという事実である。政治の科学と技術のいっさいは、この根源的で（一定の一般的な条件のもとでは）解消不可能な事実に依拠している。この事実がどのようにして生じてくるのかはそれ自体ひとつの問題であって、別個に研究されるべきであろう（すくなくとも、この方向に作用しているとみなすことのできる一定の条件を変えることによってこの事実を緩和し消滅させる方法を研究することはできるであろうし、また研究すべきであろう）。が、指導する者と指導される者、統治する者と統治される者とが存在しているという事実は、依然としてのこっている。この事実がある以上、（一定の目的があたえられたとして）どのようにすればもっとも効果的に指導することができるか、ひいては、もっともうまく指導者を準備することができるか（政治の科学と技術の第一課は、正確にはこの点にある）、また他方、どのようにすれば被指導者または被統治者を服従させるための最小抵抗線または合理的な線を識別することができるかをしらべてみるべきであろう。

指導者を形成するにあたっては、統治される者と統治する者とが永久に存在することがもとめられているのか、それとも、このような分割の存在の必要がなくなるような諸条件をつくりだすことがもとめられているのかということ、すなわち、人類が永遠に分割されているという前提から出発するのか、それとも、この分割が一定の条件に対応したひとつの歴史的事実にすぎないとかんがえるのかということが、基本的な前提となる。しかしながら、統治される者と統治する者とへの分割は、究極的には、もろもろの社会集団間の分割にまでさかのぼるものだとしても、しかもなお、現実には、それは社会的に等質な同一集団の内部にも存在しているということを明確に認識しておく必要がある。そして、ある意味では、この分割は労働分割〔＝分業〕のつくりだしたものであり、技術上の事実であるといってもよいのである。じっさいにも、基本的な問題を提起したくないために、いくつかの動機がこのように共存しているのにつけこんで、あらゆることがらのなかに「技術」とか「技術的」必要をしかみようとしない者たちがいる。

同一集団内部にも統治する者と統治される者とへの分割が存在している以上、やぶってはならない若干の原則を確定する必要がある。しかも、もっとも重大な「誤り」が生じるのは、すなわち、もっとも犯罪的でありながらもっとも矯正しがたい無能力状態があらわれるのは、この（同一集団の）領域においてである。原則は同一集団によって立てられたのだから、服従は自動的なものであるべきであり、「必要性」と合理性の証明を待たなくとも生じるべきであるばかりか、そうした服従には異論の余地がないといった思いこみがうまれるのだ（服従は、要求されなくても、進むべき道が指示されなくても、「生じるであろう」とかんがえる者たち、そしてさらに悪いことには、こういった考えにしたがって行動する者たちがいるのである）。このようなわけで、指導者たちから「カドルナ主義」――すなわち、あることがなされるのを指導者が正しく合理的なことであると判断しているのだから、それはなされるであろうという確信、もしそれがなされないとしたら、「罪」は「なすべきであった」者のほうにある、等々という確信を一掃するのは、容易ではない[1]。無益な犠牲を避けるのを怠るという犯罪的な習性を一掃するのは、容易ではないのである。しかしまた、常識が明らかにしているところによれば、集団的（政治的）災禍の大部分は、無益な犠牲を避けようと努めなかったために起こるか、または他人の犠牲を考慮せず、他人の生命をもてあそんだために起こっている。だれでも戦線の将校から聞いたことがあるように、兵士たちは、必要であったときには命がけで戦ったが、自分たちが軽視されていることを知ったときには反逆したのであった。たとえば、ある中隊は、不可抗力によって糧食がとどかないことがわかったときには、何日も絶食することができたが、ただ一回の食事でも軽視と官僚主義等々のために抜かされようものなら、たちまち反乱を起こしたのである。

この原則は、犠牲を要求するあらゆる行動に拡張される。したがって、いつも、失敗があったときには、そのたびになによりもまず指導者たちの責任を追及することが必要である。しかも、厳密な意味においてそうなのだ（たとえば、ひとつの戦線は多くの部分からなっており、おのおのの部分にそれぞれ指揮官がいる。だから、敗北を喫した場合、ある部分の指揮官が他の部分の指揮官よりも責任が重いこともありうる。しかし、これはあくまで程度の問題であって、どの指揮官も責任を免除されることは断じてあってはならないのである）。

指導する者と指導される者、統治する者と統治される者とが存在するという原則が立てられたならば、たしかに党こそがさしあたっては指導者ならびに指導能力を鍛えあげるためのもっとも適当な方法である（「党」は多種多様の名で出現しうる。反‐党とか「党の否定」という名でさえ出現することがある。しかし、現実には、いわゆる「個人主義者」でさえもが、運否天賦でか、またはかれらにしたがう者たちの愚鈍さのおかげでか、「一党の首領」になろうとおもっただけで、それはもうやはり党人なのだ）。「国家的精神」という表現のなかにふくまれている一般的概念の展開。この表現は、歴史的に規定された正確な意味をもっている。しかし、ここで立てられるのは、およそあらゆる真剣な運動、すなわち、もろもろの個人主義の——それぞれの正当化の度合いがどうであれ——恣意的な表現ではないような運動のなかには、なにか「国家的精神」とよばれているものに似たものが存在するのではないか、という問題である。いずれにせよ、「国家的精神」は、過去にむかってであれ、いいかえるならば、伝統にむかってであれ、また未来にむかってであれ、「連続性」を前提にしている。すなわち、どのような行為も、すでに始まっており、これからも連綿とつづいて、あるひとつの総体的な過程の契機をなしているということを前提にしている。この過程にたいする責任意識、この過程の行為者であるという責任意識、物質的には「知られざるもの」であるが、それでもそれらが能動的に作用していることは感じられるところから、あたかも「物質的」で肉体的に存在するものであるかのようにみなして考慮にいれている諸力と連帯しているという責任意識、これがまさしく、いくつかの場合に「国家的精神」とよばれているものなのだ。もちろん、この「持続」の意識は、抽象的なものでなくて、具体的なものでなければならない。すなわち、ある方向にそった一定の限界をこえてはならない。そして、最低の限界は、すぐ前の一世代と、これからやってくるすぐ次の一世代であると仮定される。これは些少なことではない。なぜなら、世代というものは、それぞれにとっての今日の三十年前および三十年後として計算されるのではなく、有機的に、歴史的な意味で計算されるものだからである。このことは、すくなくとも過去については理解しやすいだろう。じっさいにも、わたしたちは、今日では年老いてしまっている人びととのあいだに連帯を感じている。これら今日の老人たちは、わたしたちにとって、わたしたちのなかにまだ生きており、わたしたちが知る必要があり、清算する必要がある「過去」、現在の一要素であり、未来の一前提である「過去」を代表しているのだ。しかしまた、これとおなじように、わたしたちは子供たちとも連帯を感じている。現に生誕しつつあり、成長しつつある世代、そしてわたしたちが責任を負っている世代とも、連帯を感じているのである（意図的な意味をもち、特定の選択と目的を含意しているような、すなわち、あるひとつのイデオロギーの基礎をなしているたぐいの「伝統」の「崇拝」は、これとはべつの話である）。しかしながら、このように理解された「国家的精神」はすべての人のなかにあるということができるのであってみれば、それの歪曲またはそれからの逸脱とは、そのたびごとに闘う必要がある。「身振りのための身振り」、闘争のための闘争、等々。またとくに、時々の瞬間的な衝動を気まぐれに満足させているだけにすぎない、狭隘でとるにたりない個人主義、等々（現実に問題なのは、いつの場合にも、これらを絵にかいたような珍妙な形態をとるイタリア的「非政治主義」である）[2]。

個人主義というのは、たんに動物的な非政治主義であるにすぎない。また、セクト主義も、「非政治主義」である。じじつ、よくみてみるならば、セクト主義というのは私的な

「恩顧関係」の一形態であって、一方、それには「国家的精神」の基本的要素である党的精神が欠けているのである。党的精神が国家的精神の基本的要素であること、そして逆に、「個人主義」は、動物園の動物たちの所作とおなじように、「外部の人びとから感心される」動物的な要素であることを証明することは、はたすべきもっとも明白でもっとも重要な任務のひとつである。

[Q. 15, §4]

(1) 「カドルナ主義」(cadornismo) というのは、第一次世界戦争中の一九一七年十月、イタリアが軍事的要衝であるカポレットで大敗を喫したときのイタリア軍総司令官であったカドルナ (Luigi Cadorna, 1850-1928) が、その敗北の責任を隷下の部隊に転嫁しようとしたことから、こういわれている。

(2) たとえば第一インターナショナルの時代のそれについては、マルクスの「政治的無関心主義」、エンゲルスの「権威原理について」を参照のこと。

自然発生性と意識的指導

自然発生性と意識的指導。「自然発生性」という表現にはさまざまな定義をあたえることができる。というのは、それが指示している現象が多面的だからである。その一方で、歴史には「純粋の」自然発生性は存在しないことを強調しておく必要がある。そのような「純粋の」自然発生性がもしも存在するとしたら、それは「純粋の」機械性とおなじものになってしまうことだろう。「より自然発生的な」運動のなかでは「意識的指導」の諸要素はたんに確かめることができないだけであり、それと確認することのできる記録をのこしていないのである。したがって、自然発生性という要素は、「従属的諸階級の歴史」、いや、これらの階級のうちでももっとも周辺的で辺境的な諸要素の歴史に特徴的なものだということができる。これらの諸要素はなおも「対自的な」階級意識に到達していない。したがって、自分たちの歴史がなにほどかの重要性をもつことができ、記録の痕跡をのこしておくことにもなにほどかの価値があるとは思いもしていないのだ。

だから、現実にはこれらの運動にも「意識的指導」の諸要素が「多数」存在しているのである。ただ、それらの運動はひとつとして支配的な力をもっていない。あるいは特定の社会層の「通俗科学」の水準、この社会層の「常識」すなわち〔伝統的な〕世界観の水準をこえるにはいたっていないのである。

この〔特定の社会層が抱懐している「通俗科学」の〕要素をまさしくド・マン[1]は経験主義的なやりかたでマルクス主義に対置しているのであるが、そのさい、かれはこうして自分が、民間伝承や魔術などを記述し、これらのものの見かたが歴史的にはたくましい根をもっていて、特定の人民階層の心理のなかに根強く存続していることを証明したことによって、近代科学を「のりこえた」と信じている者たち、その実、そのかれらのとらえている「近代科学」の実態はなんであるのかとみてみれば、それは人民向けの科学雑誌に載っている論文や広い一般読者層をねらった刊行物のたぐいであるといったような者たちとおなじ立場におちいってしまっていることに(一見したところでは)気がついていないようである。これは知的畸型学の正真正銘の一事例である。そして、これと同様の事例はほかにもある。民間伝承を称賛してその保存を主張している者たち、暴力的にもぎとられてしまった錬金術と魔術の糸をふたたびたぐりよせて、科学をもっと発見にとんだ軌道にもどすべきだとかんがえている、メーテルリンク[2]にむすびついた「魔術主義者」たち、等々。それでも、このド・マンにも、たまたまの功績はある。民衆心理の諸要素をかれがやっているように社会学的にではなくて歴史的に、記述的にではなくて能動的に(すなわち、それらを教育して近代的な心性に変革するために）研究し練りあげる必要があることをかれは明らかにしているのである。しかし、この必要性はすでにイリイッチ〔＝レーニン〕の学説のなかでもすくなくとも暗黙のうちにはしめされていたのであった（そしておそらくは言葉でもはっきりと明言されていたのである）。ところが、このことをド・マンは完全に無視している。

あらゆる「自然発生的」運動に意識的指導や規律の原始的な要素があるということは、自然発生性を方法として主張する潮流やグループが存在しているという事実から間接的に証明される。この点については、純粋に「イデオロギー的な」要素と実践的行動の要素、自然発生性を歴史的生成に内在する［そして客観的な］「方法」であると主張する学者たちとそれを「政治的な」方法として主張する政治活動家たちとを区別する必要がある。前者の場合には、それはまちがった観念であり、後者の場合には、その明白な実践的起源がみてとれるひとつの［直接的で卑近な］矛盾、すなわち、ある特定の指導を他の特定の指導にとってかえようとする意志なのである。学者たちの場合にも、誤謬は実践的な起源をもっている。しかし、後者の場合のように直接的なものではないのだ。戦前のフランスのサンディカリストたちの非政治主義には、これらの要素が二つともふくまれていた。それは理論的な誤謬であり、同時にまた［実践的な］矛盾でもあった（そこには、「ソレル的」要素と、アナルコ・サンディカリズム的傾向と社会主義的傾向との競合という要素とが共存していたのである）。それは一八七一年のパリのおそるべき事件（＝パリ・コミューン）の結果もたらされたものであった。フランスの労働者の三十年（一八七〇―一九〇〇年）におよぶ受動性が新しい方法とひとつの輝かしい理論とによって継続されたものであったのである。純粋に「経済的な」闘争は支配階級を不快[3]がらせるためにおこなわれたわけではない。まったく逆であったのだ。カタルーニャの運動についても同様のことがいわれるが、この場合でも、その運動がスペインの支配階級にとって「不快」なものであったとしたら、それはただ、その運動が大土地所有者、小ブルジョアジー、王室の軍隊にたいする正真正銘の共和派的工業家のブロックをつくりだすことによってカタルーニャの共和主義的分離主義を客観的に強化することになったという事実のためでしかないのである。

トリーノの運動[4]は、「自然発生主義的」であると同時に「主意主義的」またはベルクソン的であるといって非難された（！）。この矛盾した非難は、よく分析してみれば、この運動に刻印された指導の豊かさと正しさを証明するものであることがわかる。この指導は「抽象的なもの」ではなかったのであり、科学的ないしは理論的定式を機械的に反復しただけのものではなかったのである。それは、政治を、現実の行動を、理論的論究と混同するようなことはしなかった。それは、特定の歴史的諸関係のなかにあって特定の感情、ものの見かた、世界観の断片、等々をたずさえて形成された現実の人間たちに適用されたのであった。そして、その歴史的諸関係は、あるひとつの物質的生産のあたえられた環境と、それのなかで雑多な社会的諸要素が「偶然に」凝集したものとの、「自然発生的な」結合からうまれたものなのであった。この「自然発生性」の要素はなおざりにされなかったし、いわんや軽蔑されるようなことはなかった。この要素は、現代的理論[5]によって、教育され、指針があたえられ、それに外部から侵入して汚すおそれのあるいっさいのものから浄化された。そして、このようにして、それを等質的なものにすること、しかしまた歴史的に有効な生きたかたちで等質的なものにすることがめざされたのであった。運動が「自然発生的なもの」であるということは指導者たち自身によっても口にされた。そして、このような言いかたがなされたのは、正しいことであった。このように確言することは、刺激剤であり、強壮剤であり、深部における統一のための一要素であった。とりわけ、運動がなにか恣意的で、冒険的で、作為的なものであるということ「そして歴史的に必然的なものではないということ」を否定することを意味していた。それは、大衆に、ひとつの「理論的な」意識、自分たちが歴史的かつ制度的な価値の創造者であり、国家の建設者であるという意識をあたえたのであった。

このようにして「自然発生性」と「意識的指導」ないしは「規律」とが統一されているということこそが、まさしく、それが大衆の政治であって、大衆にうったえかけるもろもろのグループのたんなる冒険でないかぎり、従属的諸階級が現実にとる政治行動の姿なのである。この点について、ひとつの根本的な理論的問いが提出されている。現代的理論は大衆の「自然発生的」感情と対立する関係にあるのではないか、という問いがそれである（ここで「自然発生的」というのは、すでに意識を獲得した指導者グループの側からの体系的な教育活動によったものではなくて、「常識」、すなわち、人民のあいだに根を張っている伝統的世界観によって照らしだされた日常の経験をつうじて形成されたものという意味である。この「常識」は、ごくありきたりには「本能」とよばれているが、これもまた、ひとつの原始的かつ初歩的な歴史的獲得物にほかならないのである）。しかし、両者は対立する関係にありうるはずがない、というのが答えである。両者のあいだに存在する相違は「量的」なもの、程度の相違であって、質にかかわる相違ではない。両者のあいだには、いわば相互的な「還元」の関係、一方から他方への相互移行があってしかるべきなのである（イマヌエル・カントが自分の哲学理論が常識と一致するよう配慮していたことを想起すべきである。同様の立場はクローチェにもみられる。また、大革命期のフランスの政治の諸定式はドイツ古典哲学の諸原理に還元されるという『聖家族』におけるマルクスの断言も想起すること）。(6)

いわゆる「自然発生的な」運動をなおざりにし、さらに悪いことには軽蔑すると、すなわち、それらに意識的指導をあたえて、もっと高い次元にまで向上させ、政治のなかに組みいれるのを放棄すると、しばしば、きわめて深刻かつ重大な結果をもたらすことがある。従属的諸階級の「自然発生的な」運動には、いくつかの動機が重なって、支配階級の右翼の反動的な運動が随伴するということが、ほとんど毎度のように起こるのだ。たとえば、経済恐慌は、一方では、従属的諸階級のあいだにおける不満と大衆的な自然発生的運動を惹起するとともに、他方では、政府の客観的な弱体化につけこんでクーデタをくわだてようとする反動的グループの陰謀を惹起する。これらのクーデタの作用原因のうちには、責任のあるグループが自然発生的な運動に意識的指導をあたえ、ひいてはそれらの運動を積極的な政治的要因に転化させるのを放棄してしまっているということが算入されなければならないのである。《シチリアの晩鐘》事件の例と、これが自然発生的な運動であったのか、それともあらかじめ示し合わせた運動であったのか、を確定しようとして歴史家たちのおこなってきた議論。わたしには、《シチリアの晩鐘》事件には二つの要素が結合していたようにおもわれる。ひとつは、プロヴァンス人にたいするシチリア人民の自然発生的な蜂起という要素である。これは、いまや耐えられないものと化した国土の全域にわたる抑圧のために急速に拡大していったため、同時的に、ひいてはあらかじめ示し合わせて起こったかのような印象をあたえたのであった。そして、もうひとつは意識的要素であって、こちらのほうは、アラゴン人と組んだジョヴァンニ・ダ・プロチダの陰謀が優勢になるにつれて、さまざまな重要性と効力をもつようになる。(7) ほかにも、従属的諸階級が複数存在していて、それぞれの経済的地位と等質性とによって位階化されていた過去のすべての革命のなかから、いくつでも例を引くことができるだろう。より広範な人民諸階層の「自然発生的な」運動は、国家を客観的に弱体化させることによって、より進歩的な従属的階級の政権獲得を可能にする。これはなおも「進歩的な」一例である。しかし、現代世界においては、退歩的な例のほうがより頻繁にある。

そして、スコラ的でアカデミックな歴史‐政治観念によれば、一〇〇パーセント意識的な運動、まえもって詳細に設計された計画によって規定されているか、（おなじことだが）抽象的な理論に対応している運動だけが現実性のあるものであり、考慮に値するものだということになる。しかし、現実はもろもろのきわめて奇怪な結合にとんでいる。そして、理論家のほうが、この奇怪な現実のなかに自分の理論を裏づけてくれそうな証拠をさがし出し、歴史生活の諸要素を理論的言語に「翻訳」すべきなのであって、現実のほうを抽象的図式にしたがって表象すべきではないのである。こんな表象は実際にはけっしておこなわれえないであろう。したがって、このような考えかたは受動性の表現以外のなにものでもない（レオナルド〔・ダ・ヴィンチ〕は、凡愚の目が気まぐれと無秩序しか見ないときでも、森羅万象のなかに数を見つけだす術を心得ていたのであった）。

［Q. 3, §48］

（1）　ド・マン（Henri de Man, 1885-1953）は、ベルギーの政治家、社会学者。ベルギー社会党創設者のひとりで、同党綱領の作成にあたる。公共事業相、蔵相を歴任。一九三四年には基幹産業の国有化を予想した労働計画（「ド・マン計画」）を作成している。第二次世界戦争期には、ドイツ軍のベルギー侵入後、社会主義運動は終わったと宣言し、国民経済党を組織して、ナチスに協力した。ここでグラムシが言及しているのは、このド・マンがマルクス主義理論の修正をくわだてて著わした『マルクス主義の超克』において展開されている主張のことであると推測される。同書のイタリア語版は一九二九年に出ている。

(2) メーテルリンク(Maurice Maeterlinck, 1862-1949)は、『青い鳥』(一九〇八年)などの象徴主義的作品で知られるベルギーの劇作家であるが、ほかに自然界の神秘を探求した『蜜蜂の生活』(一九〇一年)などの科学エッセイも書いている。

(3) カタルーニャで一九〇九年の「悲劇の週間」や一九一七年のゼネストと臨時政府樹立などの闘争を展開したアナルコ・サンディカリズムの運動を指している。

(4) 一九一九—二〇年にトリーノでグラムシ自身が組織した工場評議会の運動を指す。

(5) マルクス主義理論のことである。

(6) 《もしもエドガー君がフランス語の平等とドイツ語の自己意識とをすこしでも比較してみるならば、自己意識の原理とは、平等の原理がフランス語で、すなわち、政治と直観的思惟の言語で語っているものを、ドイツ語で、すなわち、抽象的思惟のかたちで表現しているにすぎないことに気づくであろう》(『聖家族——別名、批判的批判の批判』第四章の批判的傍注第三——「エドガー君」というのは、ドイツの哲学者で、ブルーノ・バウアーの弟のエドガー・バウアーのことである)。

(7) 《シチリアの晩鐘》事件については、本書二三八ページの訳注(1)を参照のこと。ジョヴァンニ・ダ・プロチダ(Giovanni da Procida, 1210-1298)は、南部イタリアにおけるアンジュー家の支配に敵対して、この事件に関与し、アラゴンのペドロ三世の援助を要請したことで知られるサレルノ出身の貴族。

党の構成要素

党が形あるものとなり、通常の手段によっては破壊されないといえるようになるのはいつか。いつ党は形あるものとなるのか、すなわち、はっきりとした永続的な任務をもつようになるのかを知ろうとした途端、多くの議論が生じ、しばしば、残念なことにも、ヴィーコが語っている「諸国民のうぬぼれ」(1)にもおとらず滑稽で危険なうぬぼれが生じる。ほんとうをいえば、党はけっして完成され形あるものになることはないといってもよいのである。あらゆる発展は新しい任務や責任をつくりだすという意味においてはそうなのである。また、いくつかの党にとっては、それらが完成され形あるものになるのは、それらがもはや存在しなくなるとき、すなわち、それらの存在が歴史的に無用になったときであるという逆説が真であるという意味においてもそうなのである。じっさいにも、あらゆる党は階級の名目にほかならない。したがって、階級分裂を廃絶する意図をもつ党にとっては、党が完成され成就されるということは、もろもろの階級がもはや存在せず、ひいてはそれらを表現するものも存在しないために、自身ももはや存在しなくなるということを意味しているのは明らかである。しかし、ここで指摘しておきたいとおもっているのは、この発展過程のあるひとつの特別の時点、すなわち、ある事実が存在するとも存在しないともいえるような時点に後続する時点である。そこでは、ある事実の存在の必然性がなおも「確定的なもの」になっておらず、「大部分」は並はずれた意志力と並はずれた意志とをもった人物たちの存在に依存しているのである。党が歴史的に「必然的なもの」となるのはいつか。それは、その党の「勝利」の条件、その党がまちがいなく国家に転化する条件が、すくなくとも形成の途上にあり、事態が正常に推移するかぎり、それらの条件がいっそうの発展をみるであろうと予想させるようなときである。それでは、こうした条件のもとにあって、党が通常の手段によっては破壊されないといえるようになるのはいつか。これに答えるためには、推論をさらにおしすすめる必要がある。それというのも、党が存在するためには、三つの基本的要素（三つの要素群）が合流するということがなければならないのである。㈠普通の、平均的な人びとからなる、広く拡散した要素。これらの人びとの参加が提供されるのは規律と忠誠によってであって、創造的で高度に組織的な精神によってではない。これらの人びとがいなくては党は存在しないだろうというのは真実であるが、党はこれらの人びと「のみ」によっても存在しないだろうというのも真実である。これらの人びとは、かれらを集中し組織し規律づける者がいるかぎりではひとつの力であるが、この凝集力が欠如しているときには、無力な微塵となって散乱し消滅してしまうであろう。

この要素を構成するひとりひとりが凝集力のひとつになりうることは否定できない。しかし、そもそも、これらの人びとのことが語られるのは、まさしく、これらの人びとがそのような凝集力でないか、凝集力になる状態にない時点、あるいはまた、凝集力であるとしても、政治的には効力がなくてなんの結果ももたらさない限られた範囲のなかでのみそうであるような時点においてなのである。㈡首位にあって、国民的規模での集中を遂行し、そのまま放置しておけばゼロかほとんどゼロに近いであろう力の集合を有効で強勢なものにする凝集的要素。この要素は、高度に凝集的で、集中的で、規律的な力をそなえており、また、いやおそらくはこのゆえにこそ、発明的な力もそなえている(「発明的」ということを一定の力線、一定の展望、一定の前提にしたがって一定の方向をとるものと解するとしてである)。この要素はそれだけでは党を形あるものにしないだろうが、それでもなお、いま考察した第一の要素よりは形あるものにするだろうというのも、これまた真実なのである。軍隊なき指揮官という言葉があるが、しかし現実には軍隊をつくるほうが指揮官を養成するよりも容易である。じっさいにも、軍隊は「すでに存在していても」指揮官をうしなえば壊滅してしまうが、団結し、意見をおなじくし、共通の目的をもった一群の指揮官が存在していれば、軍隊が存在していなくても、それをつくりあげるのにさほど手間はかからないのだ。㈢第一の要素と第二の要素を接合する中間的要素。この中間的要素は、第一の要素と第二の要素をたんに「物理的」にだけでなく、道徳的ならびに知的にも接触させる。現実には、どの党の場合にも、これら三つの要素のあいだには「定比」が存在しており、この「定比」が実現されるときに最大の効力が発揮されるのである。(2)

これらの考察からして、党が通常の手段によっては破壊されないといえるようになるのは、第二の要素の誕生は客観的な物質的条件の存在にむすびついており、ひいては、この要素は、たとえ分散したままあちこちを浮遊している状態においてであれ、かならず存在しているのであるから（もしもこの第二の要素が存在していなければ、いっさいの推論は空虚である）、他の二つの要素が形成されざるをえないときである。つまりは第一の要素が形成されざるをえないときである。それというのも、第一の要素は必然的に第三の要素をみずからの継承者ならびにみずからの表現手段として形成するからである。こういったことが生じるためには、死活にかかわる諸問題について、特定の解決がなされなければならなくなっているという鉄のごとき確信が形成されることが必要である。この確信がなければ第二の要素は形成されないであろう。もっとも、第二の要素は数が少ないため、きわめてたやすく破壊されてしまう。しかしまた、第二の要素は、たとえ破壊されても、かならず再形成のための酵母を遺産としてあとにのこしていく。そして、この酵母が存続し形成されるのに、第一および第三の要素の内部以上に好適な場所がどこにあろうか。この二つの要素こそは、あきらかに、第二の要素ともっとも等質的な要素なのだ。したがって、この〔第一および第三の〕要素を構成しようとする第二の要素の活動は基本的なものである。この第二の要素の力量を判断するための基準は、㈠この要素が実際におこなっていることと、㈡自分たちが破壊されるかもしれないのを想定して準備していることのうちにさがしもとめるべきであろう。この二つのもののうちでどちらのほうがより重要かをいうのはむずかしい。闘争においてはつねに敗北を予想していなければならないのだから、自分たちの後継者を準備しておくことは勝利するためになされる活動とおなじくらい重要な要素をなしているのである。

党の「うぬぼれ」についていうならば、これはヴィーコの語っている諸国民のうぬぼれよりも悪質だということができる。なぜか。なぜなら、国民のほうはそれが存在していないということはありえず、存在しているという事実のうちに、善意の力を借り、証人たちをせきたててであれ、その存在が運命と意義にみちたものであることの確証をみいだすことがつねに可能である。ところが、これにたいして、党のほうは自分の力では存在していないことがありうるからである。諸国民間の闘争においては、どの国民も、相手が国内の闘争によって弱体化することに関心をもっているということ、そして党はまさしく国内における闘争の要素であるということをけっしてわすれてはならない。したがって、党についていては、それらが自分の力で、固有の必然性をもったものとして存在しているのか、それとも、他の者の利益のためにのみ存在しているのか、という問いを発することがつねに可能なのだ（そして、じっさいにも、もろもろの論戦のなかではこの点はけっしてわすれられていないのであり、それどころか、答えが疑いのないものであるとき、すなわち、〔他の者の利益のためにのみ存在している〕疑いが感知されるときには、執拗な追及の的にもなっているのである〕。いうまでもなく、こんな疑念にいつまでもさいなまれたままになっているのは、馬鹿者である(3)。政治的には、こういった問題は一時的な意味しかもたない。いわゆる民族の原理の歴史のなかにあって、相手国の国内秩序を攪乱している党に外部から援助の手がさしのべられた例は無数にある。たとえば、カヴールの「東方」政策の場合でも、それはほんとうにひとつの「政策」、つまりは永続的な行動路線であったのか、それとも、一八五九年と一八六六年を見込んでオーストリアを弱体化させるための一時的な策謀でしかなかったのではないか、ということが問題になる(4)。また、一八七〇年の最初の数か月におけるマッツィーニ派の運動（たとえばバルザンティ事件）のさいには、ビスマルクの介入がみられる。ビスマルクは、フランスとの戦争とイタリア・フランス両国間の同盟の危険を見込んで、国内紛争を利用してイタリアを弱体化しようとかんがえたのであった(5)。おなじくまた、一九一四年六月の事件のうちにきたるべき戦争を見込んだオーストリア参謀本部の介入をみている者もいる(6)。こんなぐあいで、詮索しようとおもえば例は無数にあるのであって、この問題についてはよほど明晰な観念をもっている必要がある。なにをするにしても、つねにだれかが有利になるのであってみれば、重要なことは、あらゆる手をつくして自分が有利になるよう努めること、すなわち、文句なしに勝利するよう努めることである。いずれにせよ、党の「うぬぼれ」は唾棄すべきものである。うぬぼれにとってかえて、具体的事実をこそ正視すべきなのである。具体的事実にうぬぼれをとってかえる者、あるいはうぬぼれの政治をおこなう者は、ただちに誠意を疑われてしかるべきである。付言するまでもないだろうが、党の場合には、だれかの利益になっているのではないかという一見「根拠のありそうな」外観が生じることすら回避する必要がある。そのだれかが外国である場合はとくにそうである。あとになって反省してもおそいのだ。

[Q. 14, §70]

（1） ヴィーコは、ナポリの哲学者。本書二二五ページの訳注（2）を見られたい。「諸国民のうぬぼれ」(boria delle nazioni) については、その主著『諸国民の共通の自然本性についての新しい学の諸原理』（一七四四年）につぎのようにある。《諸国民のうぬぼれについては、わたしたちはさきにディオドルス・シクルスの黄金の言を聞いた。諸国民は、ギリシア人であれ、それ以外の国民《バルバロイ》であれ、つぎのようなうぬぼれ、すなわち、自分たちこそが他のどの国民よりもさきに人間の生活にとっての便益のかずかずを発見したのであり、自分たちの事蹟についての記憶は世界が始まった時点にまでさかのぼる、といううぬぼれをいだいていたというのだ》。

（2） 物質はある一定の量的比率においてのみ化合するという「ドールトンの法則」のことが念頭におかれている。つぎのノートも参照のこと。

（3） 一八五一年のクーデタのち、ルイ・ナポレオンが唱えた原理。そのねらいは、当時各国で起きていた民族の解放と統一の運動を利用して、他国の領土を併合することにあった。

（4）カヴールの「東方」政策というのは、一八五五年、イギリスおよびフランスと同盟関係をむすんでクリミア戦争に参加するなど、イタリアのリソルジメント（民族再興）運動の最終局面で、当時ピエモンテ＝サルデーニャ王国の首相をしていたカヴールがとった政策をいう。一八五九年はオーストリアからサルデーニャ王国がロンバルディーアを獲得した第一次独立戦争の年、一八六六年は第三次独立戦争によってヴェネト併合が実現した年である。

（5）バルザンティ事件というのは、一八七〇年五月二十四日、パヴィーアで、下士官ピエトロ・バルザンティが四十人あまりのマッツィーニ派の共和主義者をひきいて起こした反乱事件をいう。同年七月にビスマルクが首相をつとめるプロイセンとナポレオン三世のフランスとのあいだの戦争（普仏戦争）が勃発している。

（6）第一次世界戦争が勃発する直前の一九一四年六月、第一日曜日にアンコーナで起きた殺害事件をきっかけに、その後一週間にわたって、マルケ、ロマーニャ地方を中心に蜂起の性格をおびた広範な民衆運動がイタリアで展開された（「赤色週間」）。サルヴェーミニの『ウニタ』誌一九一七年十一月二十九日号には、《赤色週間の統率者であったエッリーコ・マラテスタは、元ナポリ王国の女王、バイエルンのマリーア・ソフィアの知り合いであった。したがって、赤色週間の起源がどこにあったか、わかろうというものだ》と示唆した記事が載っている。

定比の定理。この定理は、組織の科学（行政機構、人口構成などの研究）と、そしてまた一般的な政治（情勢、力関係の分析や、知識人の問題など）にかんする多くの推論をいっそう明確にし、図式化していっそう明白なものにするのに役だてることができる。もちろん、定比の定理にうったえることはあくまでも図式ならびに比喩としての意味しかないこと、すなわち、これを機械的に応用するわけにはいかないことは、つねに肝に銘じておかねばならない。人間の集合体の場合には、質的な要素（あるいは個々の構成員の技術的かつ知的な能力という要素）が優勢な機能をはたしており、これは数学的には測定できないからである。したがって、人間の集合体はそれぞれがそれぞれに特有の定比の最適原理をもっているということができる。なかでも組織の科学はこの定理にうったえると有益である。このことは軍隊において明瞭である。しかし、それぞれの社会形態には、それぞれの軍隊のタイプがある。また、それぞれの軍隊には、それぞれに特有の定比の原理がある。しかも、この原理はこの原理で、兵科または兵種がことなるのに応じて変化するのである。兵、下士官、準士官、下級将校、上級将校、参謀部、参謀本部などのあいだには、ある特定の関係が存在する。また、各種の兵科または兵種相互のあいだにもひとつの関係が存在する。あるひとつの部分におけるどんな変化も、全体との新しい均衡の必要をうみだす、等々。政治の分野では、この定理は党、組合、工場において適用されていること、そして、各社会集団にはそれぞれに独自の定比の法則があって、これはそのもっとも遅れた周辺的な成員の文化、精神的自立、進取の気象、責任と規律の意識の水準に応じて変化することが確認される。

定比の法則は、パンタレオーニによって、『純粋経済学原理』のなかで、つぎのように要約されている。《……物体は化学的には定比例によってのみ化合し、一定の量で存在している他の諸元素との化合に必要な量をこえる元素の量は、すべて遊離して残る。ある元素の量が他の諸元素の量にくらべて不足している場合には、化合は他の諸元素の量よりも少ない量で存在するその元素の量を満たす度合いにおいてしか起こらない[1]》。この法則は、世論の「動き」または傾向がどのようにして党になるのか、すなわち、統治権力の行使という見地からみて有効な政治的力になるのかを理解するために、比喩として使うことができる。その世論の動向が各種の段階の指導者を所有している（その内部で錬成してきた）程度、また、その指導者たちが特定の能力を獲得している程度を測定するのに使うことができるのである。一定の前提の歴史的「オートマティズム」（一定の客観的条件の存在）が政治的に力のあるものになるのは、党および有能な人物たちによってである。党および有能な人物たちの欠如ないし不足（量的かつ質的な）は、「オートマティズム」自体を不毛のものにしてしまう（それゆえ、それはもはやオートマティズムではない）。前提は抽象的には存在しているものの、人的要因が欠けているため、結果が実現されることはないのだ。したがって、党には有能な人物たちを養成する任務があるということができる。特定の社会集団（どんな社会集団でもその構成員数を確定することができるかぎりにおいて、これは「固定した」量である）が接合され、騒々しい混沌状態から脱して有機的にあらかじめ配備された政治的軍隊に転化するためには、指導者が必要とされる。この必要とされる指導者たちを選択し、発展させ、増加させる大衆的機能こそは党というものなのである。同一段階の、またはことなった段階のあいつぐ選挙（たとえばヒトラーが登場する以前のドイツの場合。そこでは、共和国大統領、国会、州議会、市町村議会、さらにくだっては経営評議会にいたるまでの選挙があいついでおこなわれた）において、ある党の得票数が奇妙で恣意的ではないかとおもわれるほど最大限から最小限のあいだを揺れ動くときには、その党の幹部層《カードル》が量の面でも質の面でも不足しているか、質の面では（相対的に）そうでないが量の面で不足しているか、量の面ではそうでないが質の面で不足しているものと推論することができる。地方選挙では得票が多いが、もっと政治的重要性の高い選挙ではそうでないという党は、その中央指導部においてたしかに質的に欠けるものがあるのである。多くの、あるいはすくなくとも数においては十分な下級党員をもっているが、国とその世界における地位とにふさわしい参謀部をもっていないのだ。この種の分析は他のパラグラフでもおこなってある。

[Q. 13, §31; cf. Q. 9, §62]

（1）パンタレオーニ（Maffeo Pantaleoni, 1857–1924）は、イタリアの経済学者。『純粋経済学原理』は一八八九年刊。

党建設の条件としての「一枚岩」的性格

世界観についての、またとりわけ実践的態度についての、第一の判断基準はつぎの点、すなわち、その世界観や実践的態度が集団生活の全責任をみずから一手にひきうけた「単独で存在する、独立したもの」とみなすことができるか、それとも、そんなことはありえず、べつの世界観や実践的態度を「補足するもの」、完成させるもの、あるいはまたそれに対抗するもの、等々としてしかみなすことができないか、という点にある。よく反省してみるならば、この基準はもろもろの観念的な運動や実践的な運動にかんして観念〔=理論〕の場で判断をくだすうえで決定的なものであることがわかる。また、それは実践的にも小さくない重要性をもっていることがわかる。もっとも広く普及している誤った考えかたのひとつに、存在するものはすべて存在しているのが「自然」なのであり、存在してくれなくてはこまるというように思いこんでいる考えかた、そして、自分たちのもろもろの改革の試みは、たとえ失敗することがあっても、伝統的な諸力が作用しつづけており、生活をまさしく持続させてくれているのだから、生活を中断させてしまうことはないだろうと思いこんでいる考えかたがある。このような考えかたにはたしかに正しいところがある。また、そうでなかったなら、たいへんなことである。しかし、この考えかたは、一定の限度をこえると危険なものに転化する（最悪の政治のいくつかの場合がそうである）。また、いずれにせよ、いまのべた哲学的、政治的、歴史的な判断基準が存在しつづけていることに変わりはない。じっさいにも、よく観察してみるならば、いくつかの運動は自分自身を周辺的な存在であるとかんがえている。すなわち、自分たち以外にひとつの主要な運動が前提として存在していて、（存在すると称されているだけなのか、ほんとうに存在するのかはさておき）悪を改革するためには、その運動につながらなくてはならないとかんがえている。要するに、いくつかの運動は純粋に改良主義的な性格をもっているのである。この原則は政治的な重要性をもっている。というのも、決定的な転換点がおとずれると、それまではそれぞれ「独立の」党を名乗っていたさまざまな集合体が合同し、ブロックをつくって統一するという事実がみられるが、この事実によって、どの階級もただひとつだけの党をもつ、という理論的真理が証明されるからである。それまでに存在していた多様性は「改良主義的な」性格のものでしかなかった。すなわち、それは部分的な諸問題にかかわって生じていたのであって、ある意味では政治的な分業（その限界内では有用な）だったのである。しかし、部分はそれぞれが他の部分を前提していた。こうして、決定的な瞬間が到来するやいなや、すなわち、まさしく主要な諸問題が日程にのぼるようになるやいなや、統一が形成され、ブロックが出現することになったのである。ここからは、党を建設するにあたっては、副次的な諸問題ではなくて、「一枚岩的な」性格にこそ基礎をおくべきであり、ひいては、指導する者と指導される者、首領と大衆のあいだに等質性が存在するかどうかを注意深く見まもる必要があるという結論が出てくる。決定的な瞬間に首領たちがかれらの「ほんとうの党」に移行してしまえば、大衆は先端を切断されたまま、無気力、無活動の状態に棄ておかれてしまうのだ。

現実の運動が自分の全体性[1]についての意識を獲得するのは一挙にではなく、ただあいつぐ経験をつうじてのみであるといってよい。すなわち、存在するもののどれひとつとして自然の（この言葉の奇妙でへんてこな意味において）ものはなく、それらが存在するのは一定の条件が存在しているからであり、その条件が消滅してしまえば必然的に影響をうけざるをえないということに、もろもろの事実によって気づかされるようになるときなのである。このようにして運動は完全なものとなっていくのであり、恣意的性格、「共生」的性格をうしなって、ほんとうに独立したものとなるのである。いいかえれば、一定の結果をえるために必要な諸前提をみずから創造するようになる、いや、この前提の創造のためにみずからの全勢力を投入するようになるのである。

[Q. 15, §6]

（1） 原語は〈totalitarietà〉である。

ディレッタンティズム・規律・伝統

ディレッタンティズムと規律。もろもろの慣例や中途半端な措置を排して、厳正かつ厳格な内部批判を展開することの必要性。〔イタリアにおける〕史的唯物論〔を奉じる勢力〕の一部に、イタリアの中間文化のあらゆる悪しき伝統を助長して、イタリア的性格のいくつかの特徴に癒着しているかにみえる傾向が存在する。にわか仕立て、「タレント主義」、宿命論にとらわれてしまったことによる怠惰、軽率なディレッタンティズム、知的規律の欠如、道徳的ならびに知的な無責任と不忠誠、等々。史的唯物論は、一連の先入見と因習、偽りの義務、偽善的な責務のいっさいをうちこわすが、だからといって、お高くとまった懐疑主義やシニシズムにおちいることを良しとするわけではない。おなじ結果は、マキャヴェリズムも、「政治的な」道徳と「私的な」道徳、すなわち、政治と倫理を恣意的に混同することによってまねいた。しかし、このような混同は、たしかにマキャヴェッリ自身には存在しなかった。まったく正反対であったのだ。マキャヴェッリの偉大さは、それどころか政治を倫理から区別したことにあったからである。特定の倫理原則を支えとしていないような永続的で発展能力をそなえた結社はありえない。そして、それらの特定の原則を結社が個々の構成員に課すのは、目的を達成するために必要な内的緊密性と等質性を獲得するためである。が、そうであるからといって、その特定の原則に普遍的な性格がそなわっていないということにはならない。結社が自己目的になってしまっている場合、すなわち、セクトや犯罪結社の場合には、そうであるかもしれない（おもうに、この場合にのみ、政治と倫理は混同されているということができるのではないだろうか。この場合には、まさしく「個別的なもの」がそのまま「普遍的なもの」に仕立てあげられてしまっているからである）。しかし、正常な結社は自分自身をアリストクラシーであるととらえる。選良《エリート》であり、前衛であるととらえる。すなわち、無数の糸によって、特定の社会集団、そして、この社会集団をつうじて、全人類にむすびついているものととらえる。したがって、このような結社は、みずからをなにか最終的で固定してしまったものとしてではなくて、あるひとつの社会集団全体にまで拡大していくことをめざしたものとして定立する。そして、この社会集団のほうは、これはこれで全人類を統一することをめざしているものととらえられるのである。こういった関係のいっさいはグループの倫理に［傾向としては］普遍的な性格を付与するのであって、グループの倫理は人類全体の行動規範に転化する能力のあるものとしてとらえられなければならない。政治は最後には道徳へと流れこんでいくひとつの過程としてとらえられる。すなわち、政治と倫理の双方がともに止揚されてしまっているようなひとつの共同生活の形態へと流れこんでいくことをめざしたものとしてとらえられるのである（このような歴史主義的な見地からのみ、私的道徳と公的道徳の対立にかんする多くの人びとの苦悩は説明できる。それは、現在の社会の矛盾、すなわち、道徳的主体間における平等の欠如という事態が心情のなかに無意識的かつ無批判的に反映したものなのだ）。

しかし、選良とかアリストクラシーとか前衛というとき、これをなにか得体のしれない存在とみてはならない。なにか不可思議な聖霊か、べつのおなじく不可思議な知られざる神によって、知性、能力、教育、技術的準備などの恩寵をさずかった存在とみてはならないのである。ところが、このようなとらえかたも、これまた広く普及するところとなっている。かつて、国家が市民たちの集合体から遊離したなにものか、万事をおもんぱかり、万端の用意をととのえている永遠の父とかんがえられたことがあったが、そのときに国民的規模で起こったことが、いま、小さな集団のなかで反復されているのだ。かくては、真の民主主義、真の国民的な集合的意志の欠如。また、このようにして個々人が受動的状態におかれているなかにあっての、官僚機構の多かれ少なかれ隠れた専制の必然性。集合体は、なにか個々人に無縁な宿命的過程をつうじてではなくて、個々人の具体的な努力によって達成される、集合的な意志と思考の錬成活動の所産であると理解されなければならない。ひいては、たんに外的かつ機械的な規律だけでなく、内的な規律の必要性。たとえ論争や分裂が生じるようなことがあろうとも、それらにたちむかい、それらをのりこえることをおそれてはならない。それらは、このような発展の過程においては不可避のものである。それらを回避することは、ただ、それらがそれこそ危険で破局的なものになるときまでそれらを先送りすることを意味しているにすぎない。

[Q. 6, §79]

さきに指摘しておいた「ディレッタンティズムと規律」という問題は、ある集団の組織中枢の見地からは、ひとつの「伝統」をつくりだすことをめざした「連続性」の問題という性格をおびることになる。その「伝統」というのは、いうまでもなく、受動的意味ではなくて能動的意味においての「伝統」であって、たえざる発展、しかも「有機的な発展」のうちにある連続性という意味に理解された「伝統」である。この問題には、「法の問題」、すなわち、集団全体をその集団のもっとも前進した部分に同化させるという問題がそっくりそのまま萌芽的にふくまれている。いいかえるならば、大衆の教育の問題、大衆を達成すべき目的の要請するものに「同調させる」という問題である。これこそは、まさしく、国家と社会における法の機能にほかならない。「法」をつうじてこそ、国家は支配集団を「等質的なもの」にするのであり、指導集団が発展していくうえで有用な社会的コンフォーミズムをつくりだそうとするのである。法の一般的活動(これは純粋に国家および政府の展開する活動よりも広く、倫理的社会にあっての指導活動、法の専門家たちが「法律の関与しない」とよんでいる地帯、すなわち、道徳と慣習一般の分野にあっての指導活動もふくんでいる）は、倫理の問題をよりよく、具体的に理解するのに役だつ。倫理の問題というのは、現実には、各個人の行為と不作為とのあいだの、各個人の行為と社会が必要なものとして提起する諸目的とのあいだの、「自発的かつ自由にうけいれられる」一致をどう達成するかという問題である。そして、この一致は、専門技術的な意味での実定法の領域においては強制的なものであり、「強制」が国家によるものではなくて、世論、道徳的環境、等々によるものであるような地帯においては自発的で自由なもの（より厳密にいえば倫理的なもの）なのである。組織中枢の「法的」連続性は、ビザンチン的‐ナポレオン的な型のもの、すなわち、永続的なものとかんがえられた法典に準拠したものであってはならず、ローマ的‐アングロサクソン的な型のもの、すなわち、不断に発展しつづける具体的生活につねに密着した現実主義的な方法を基本的特徴とするものでなくてはならない。この有機的連続性は、過去の活動のいっさいを容易に照合し「批判」することができるようによく整備され、簡単に検索ができるようになっている、立派な文書館を必要とする。この活動を回顧するうえでもっとも重要なのは、もろもろの「組織決定」よりも、決定の理由を説明した（教育的な）連絡文書類のほうである。

「官僚主義化」の危険があることはたしかであるが、この危険はどんな有機的な連続性にも付きものである。必要なことは、そのきざしがみえないかどうか、監視を怠らないことである。そのうえ、連続性がうしなわれてしまう危険、にわか仕立ての危険のほうが、はるかに大きい。機関紙、「通報」は、主として三つの部分〔からなるのでなければならない〕。㈠指導論文、㈡決定事項と連絡事項、㈢過去の批判、すなわち、もろもろの相違点と訂正点を明らかにし、それらを批判的に正当化するための、現在から過去へのたえざる参照。

[Q. 6, §84]

党がどの程度のヘゲモニー機能または政治的指導の機能を発揮しえているかは、その党の内部生活がどのような展開をしめしているかということから評価できる。国家がある国の法律的な規制作用の強制的かつ処罰的な力を表現しているとすれば、党のほうは、そのような規制作用にたいして一部のエリートがそれを全大衆がそれへと教育されるべき集合的共同生活の型とみなしたうえであたえる自発的な同意を表現している。したがって、かれらエリートたちは、国家においては法的な義務となっているそれらの規則を道徳的な行動原則として同化していることをかれら自身の個別的な生活のなかにあって証明しなければならない。党においては、必然はすでに自由に転化しているのである。このことから、党の内部規律のもっているきわめて大きな政治的（すなわち政治指導上の）価値、ひいてはまた、さまざまな党の膨脹能力を評価するための基準としての価値が生じてくる。この見地からは、党は国家生活の学校であるとかんがえることができる。党生活の諸要素——意地（のりこえられてしまったもろもろの文化への回帰衝動にたいする抵抗）、名誉（新しい文化と生活の型を維持しぬこうとする大胆な意志）、尊厳（高い目的のために活動しているのだという意識）、等々。

[Q. 7, §90]

「非政治的な」党形態について

すでにのべたとおり、『新君主論』の主役は、現代においては、個人的な英雄ではなくて、政党であることになろう。すなわち、そのときどきの条件に応じて、さまざまな国民のさまざまな国内関係のもとにあって、新しい型の国家を創建しようと意図している（そしてこの目的のために合理的かつ歴史的に創設された）特定の党であることになろう。全体主義的[1]であると自己規定している体制のもとでは、王室が伝統的にはたしてきた機能が、実際上、この特定の党によってひきうけられていることに注意すべきである。それどころか、この党が全体主義的であるのは、まさしく、それがそのような機能を遂行するからにほかならない。およそ党というものはすべて、ある社会集団、それもただひとつの社会集団の表現である。しかしながら、それらの特定の党が、一定の具体的な条件のもとにあって、あるひとつの社会集団を代表するのは、ほかでもない、それらが自己の集団と他の諸集団とのあいだの均衡と調停の機能を遂行し、みずからの代表する集団の発展が同盟諸集団の同意と援助、さらには断固として敵対的な諸集団の同意と援助さえをもとりつけつつ推進されるよう努めるかぎりにおいてである。「君臨するが統治しない」国王または共和国大統領という立憲主義の定式は、この調停者の機能を表現した定式である。それは王冠または大統領を「あらわに」しないでおこうという立憲主義的諸党の配慮なのであって、統治行為については国家元首には責任がなく、内閣に責任があるということにかんするもろもろの定式は、直接に統治している人物やその党がなんであれ、国家は一体であり、被統治者の同意のうえに成立しているという一般的保護原理を具体化したものなのだ。

全体主義的な党とともに、これらの定式は意味をうしなう。ひいては、これらの定式にそって機能していた諸制度の力も減退する。しかし、機能自体はその党によって体現されているのであって、その党は「国家」という抽象的な観念を称揚しようとし、さまざまな方策を講じて「不偏不党の力」という機能が依然として有効に作動しているかのごとき印象をあたえようとこころみるであろう。

[Q. 13, §21; cf. Q. 4, §10]

(1) 原語は〈totalitario〉である。最初のノート Q. 4, §10 では、「独裁的」(dittatoriale) となっている。

組織および党ということを形式的な意味ではなくて広い意味に理解するかぎり、どんな社会においても、だれひとりとして組織されていない者はなく、また党をもたない者もいないということは、他の機会に記しておいた。この多数の特殊的な社会（＝組織または党）は、自然的という性格と契約的または意志的という性格の、二重の性格をもっている。そして、これらのうちの一つないしは複数のものが相対的または絶対的に優位を占め、あるひとつの社会集団の残りの全住民にたいするヘゲモニー装置（または倫理的社会）を構成するのであり、これが狭く強制的な統治装置という意味に理解された国家の基礎をなすのである。

それぞれの個人が一つ以上の特殊的な社会に、それもしばしば本質的には［または客観的には］相互に対立する関係にある社会に所属するというのは、つねにありうることである。そして、全体主義政治というものは、まさしくつぎのことをめざすのである。㈠ある特定の党の成員が以前には多数の組織のうちにみいだしていた満足のすべてをこの党だけにみいだすようにすること、すなわち、これらの成員を外部の文化的諸組織にむすびつけているあらゆる糸を断ち切ること。㈡他の諸組織をすべて破壊すること、またはその党がそれの唯一の規制者であるひとつの体系のなかにそれらを組みいれること。このことは、つぎの場合に起こる。㈠その党が新しい文化の担い手であり、進歩的な局面が生じているとき。㈡新しい文化を担ったべつの勢力が「全体的なもの」になるのをその党が阻止しようとするとき。そして、退歩的で、客観的にみて反動的な局面が生じるとき。たとえ、当の反動が（いつもそうであるように）みずから反動であるとはみとめず、新しい文化の担い手であるかのようにみせかけようと努めていようともである。

[Q. 6, §136]

(1) 原語は〈politica totalitaria〉である。

「政党」について語りうるためには、政治的行動(狭い意味においての)は必要であろうか。現代世界においては、多くの国で、闘争の必要から、またはべつの理由から、有機的で基本的な諸政党が分派に細分され、それらの分派のそれぞれが党を名乗っているという事実、それも独立の党を名乗ってすらいるという事実が観察される。そのために多くの場合、有機的な党の知的参謀部は、それらの分派のいずれにも属さず、あたかも諸党を超越した独立の指導勢力であるかのように活動している。そして、しばしば公衆からもそのようなものと信じられている。この機能をいっそう厳密に研究しようとおもうならば、新聞(あるいは一群の新聞)や雑誌(あるいは一群の雑誌)もまた「党」ないしは「党の分派」ないしは「特定の党の機能」であるという見地から出発してみるのがよい。イギリスにおける『タイムズ』紙の機能、イタリアにおいて『コッリエーレ・デッラ・セーラ』紙がもった機能、また「非政治的」と自称するいわゆる「報道紙」の機能、さらにはスポーツ紙や専門紙のことまでかんがえてみるとよい。さらに、単一の全体主義的な政府党の存在している諸国においては、この現象はもろもろの興味深い様相を呈している。その党はもはやあからさまには政治的な機能はもたず、宣伝、警察、道徳的かつ文化的な影響という技術的な機能だけをもつのだ。もっとも、間接的には、政治的な機能のほうも作用しているのではあるが。それというのも、ほかに合法的な党は存在しないにしても、事実上の党や、法律によっては抑制できない諸傾向はつねに存在しているからであり、まるで目隠し遊びをしているかのようにして、これらの党や傾向との論戦や闘争は展開されているからである。いずれにせよ、これらの党にあっては文化的な機能が優越することは疑いない。そして、ここからは隠語めいた政治言語がうみだされる。すなわち、政治的な諸問題が文化の形態をとり、かくては解決不能なものに転化してしまうのである。

しかし、あるひとつの伝統的な党は、本質的に「間接的な」性格をもっている。すなわち、純粋に「教育的」、道徳的、文化的なものとして出現しているのである。無政府主義運動[1]がそれである。いわゆる直接行動(「テロリズム的」な)も、実際に手本をしめしての「宣伝」とかんがえられているのだ。このことから、無政府主義運動というのは自立した存在ではなくて、他の諸政党の周辺にあって、それらを「教育」する目的で活動している運動であるという判断をさらに強化することができる。また、どの有機的な党にもそれぞれに「無政府主義」が内在しているということができる(「知的または頭脳的な無政府主義者」[2]というのは、もろもろの支配的社会集団の大政党にとってのこのような「周辺主義」の一様相でなくて、なんであろうか)。「経済主義者たちのセクト」[3]も、この現象のひとつの歴史的な様相であったのである。

したがって、直接の政治行動からは身を引いているようにみえる二つの「党」形態が姿をあらわすことになる。隣接する諸党（これらは現実には同一の有機的な党の分派なのであるが）の大運動を文化ないし一般的イデオロギーの見地から指導する機能をもった文化人たちのエリートからなる党と、こちらのほうは最近登場したのだが、エリートではなくて大衆からなる党である。この大衆は、大衆であるかぎりにおいては、目にみえるか、または目にみえない政治的中枢（多くの場合、目にみえる中枢は、完全に姿をあらわすことをのぞまず、中間に介在する人物または「中間に介在するイデオロギー」をつうじて間接的にのみ活動することをのぞむ勢力の司令部として存在している）への軍事的な型の盲目的忠誠という機能以外の政治的機能はもっていない。大衆はたんに「操縦」の対象であり、道徳的説教をほどこしたり、感情を刺激したり、現在のありとあらゆる矛盾や悲惨が自動的に解消され癒されるような時代を待望するメシア的神話をふりまいたりして、「占領」すべき存在なのである。

[Q. 17, §37]

（1） 原語は〈il movimento libertario〉である。アナキズム（無政府主義）運動のことを指している。

（2） 原語は〈marginalismo〉である。

（3） 原語は〈la setta degli economisti〉である。理論的サンディカリズムの党派のことを指しているものとみられる。本書一五二ページ以下に訳出してある「経済主義」にかんするノートを参照のこと。

大工業家は自分固有の永続的な政党をもっているかという問題が提起される。答えは否でなければならないとわたしにはおもわれる。大工業家はすべての既存の政党をそのつど利用するが、自分固有の党はもたない。だからといって、かれらが「無関心」[1]であるとか「非政治的」であるというのではけっしてない。かれらの利益は特定の均衡にこそあるのであって、その均衡をかれらはまさしく変化にとむ政治的なチェス・ボード上のどれかの党をそのときどきにかれらの資力で強化していくことによって獲得するのである（いうまでもなく、唯一の敵対党だけは例外である。これが強大になることは、たとえ戦術上の手としてであっても、援助するわけにはいかないのだ）。しかしながら、「通常の」生活のなかではそうであっても、極端な場合には、そして、こういった場合こそが結局は重要な場合なのであるが（たとえば内戦の場合がそうである）、地主たちの党が大工業家たちの党であるということはたしかである。地主たちのほうは自分たちの永続的な党をもっているのである。

この注記の例証はイギリスにみることができる。イギリスでは、伝統的には工業家の党として出現していた自由党を保守党が食ってしまったのである。イギリスには大きなトレード・ユニオンがあるという状況が、この事実を説明してくれる。イギリスには、なるほど、工業家に敵対する大がかりな党は形式上存在しない。が、大衆的な労働者組織が存在している。そして、これらの組織が、いくつかの瞬間、決定的な瞬間には、底辺から頂点まですっかり体質的な変容をとげて、官僚的外殻を粉砕してしまうということが観察されたのであった（たとえば一九一九年と一九二六年がそうであった）[2]。この一方で、地主と工業家のあいだには、もろもろの緊密な永続的利害関係が存在している（とくに保護貿易主義が一般的なものになり、農業と工業の双方を包括するようになった現在はそうである）。また、地主のほうが工業家よりも「政治的には」はるかにすぐれた組織家であり、知識人たちをより多くひきつけており、その指導方針においてより「永続的」であるというのも、否定できない。イギリスの「自由-急進党」やフランスの急進党（しかしながら、後者は前者とはつねに大きく相違している）のような伝統的な「工業家の」党のたどった運命は興味深い（いまは懐かしい思い出になってしまった「イタリア急進党」も同様である）。これらの党はなにを代表していたのか。単一の大階級ではなく、大小の階級のひとつの連関を代表していたのである。それゆえにこれらの党は生成と消滅をくりかえすことになったのである。「機動」部隊が供給されたのは小階級からであった。この階級が連関のなかでおかれていた条件は、つねにことなっていた。そして、最後には完全に変容してしまった。今日ではこの階級は「デマゴギー的諸党」に部隊を供給しているが、これもうなずけようというものである。

一般的にいいうることは、このような諸政党の歴史を研究するにあたっては、諸国間の比較をおこなってみることがなによりも教訓的であり、変容の原因がどこにあるのかを発見するうえで決定的であるということである。これは、「伝統主義的な」諸国、すなわち、歴史上の全「カタログ」の「売れ残り見本」が展示されている諸国におけるさまざまな党のあいだの論戦についてもいえることである。

[Q. 15, §2]

(1) 原語は〈agnostici〉。政治や宗教の問題について無関心な態度、または特定の立場をとろうとしない態度を指している。

(2) 一九一九年には炭鉱労働者と鉄道労働者の大規模なストライキがあった。また、一九二六年にも炭鉱労働者の大ストライキがあった。

V

集合人と新しいコンフォーミズムの形成

「元老院の議員たちは善い人間たちだが、元老院は悪い野獣だ」というローマの諺は、常套句になっている。この諺はなにを意味しているのか。どのような意義をもつようになっているのか。直接的な利害関心に支配された者たち、または無批判に口から口へと伝えられるその場その場の印象にかきたてられた情熱のえじきとなっている者たちの群れは、もっとも卑しい動物的本能に見合った、もっとも悪い集合的決定で一致するということである。この観察は、偶然に集まってできた群衆にかんするかぎり、正当であり、実態をよくとらえている。これらの群衆は、「土砂降りのあいだ一つひさしのもとにいる群れ」として集まったものである。そして、ほかの人間や人間集団にたいする責任のきずな、またはそれが崩壊すると個々人の不幸となってはねかえってくる具体的な経済的現実にたいする責任のきずなではむすばれていない。だから、このような群衆のなかでは、個人主義は克服されないだけでなく、なにをしても罰せられたり責任を問われたりするおそれのないことが確実なため、むしろ激化するといってよいのである。

しかしまた、手に負えない、無軌道な分子からなっていても、「よく秩序づけられた」集会は、個人の平均よりもすぐれた集合的決定で一致する、すなわち、量が質に転化するというのも、ごくふつうに観察されるところである。もしもそうでなかったとしたら、たとえば軍隊などは可能にならないであろう。よく訓練された人間集団が、時と場合によって、すなわち、共通の危険が目前にせまっているということでかれらの社会的責任感が強くかきたてられ、未来のほうが現在よりも重要におもわれるときなどにはらう未曾有の犠牲は、可能にならないのではないだろうか。ほかにも、広場での集会を例にとることができるだろう。広場での集会は、閉ざされた室内での集会や、同一職種の労働組合の集会などとは、おもむきを異にしているのだ。また、参謀部の将校の会合も、小隊の兵士の集会とはまったくちがったものであろう、(1)等々。

現代世界におけるコンフォーミズムへの傾向には、過去におけるよりもはるかに広くて深いものがある。思考や行動の様式の標準化は、全国的な、さらには全大陸的なひろがりをしめすにいたっている。(2)集合人の経済的土台は、大工場、テイラー・システム化、(3)合理化などである。しかし、過去には、集合人は存在していたのか、いなかったのか。ミヘルスとともにいうならば、それはカリスマ的指導の形態のもとで存在していた。(4)すなわち、ひとりの「英雄」、ひとりの代表的人物の刺激と直接の示唆のもとに、集合的意志が獲得されていたのである。ただ、この集合的意志は、外的要因に由来するものであり、たえず組成されては分解していた。これにたいして、今日の集合人は、本質的には下から上へとむかって、生産の世界において集合体が占めている地位を基礎に形成されている。代表的人間は、今日でもなお、集合人の形成過程において役割をはたしているが、その役割は過去のそれよりもはるかにおとっている。そのような代表的人間は、集団を接合しているセメントが分解し、構造物が崩壊することがなくても、早晩、姿を消すことであろう。

《西欧の科学者たちは、大衆の心理というものは原始的な遊牧民の群れ(ホルド)の古い本能が再生したものにほかならず、したがってはるか昔にのりこえられた文化段階への逆行にほかならないとみている》との指摘がある。(5) この指摘は、いわゆる「群衆心理」、すなわち、偶然に集まってできた群れの心理に関連させて受けとるべきである。(6) ここでいわれていることがら自体は似而非科学的なものであって、実証主義的社会学とむすびついている。

社会的「コンフォーミズム」については、問題自体は新しいものではないこと、一部の知識人の発している警告がまったく滑稽でしかないことに注意する必要がある。コンフォーミズムはつねに存在していたのであって、今日問題となるのは、「二つのコンフォーミズム」のあいだの闘争である。すなわち、ヘゲモニーの闘争、倫理的社会の危機ということなのである。社会の旧い知的道徳的指導者たちは、足もとの地盤が崩れていくのを感じており、自分たちの「説教」がまさしく「説教」になってしまったこと、すなわち、現実とは無縁なもの、内容のない純粋の形式、精神のない仮面になってしまったことに気づいている。ひいては、ここからうまれてくるかれらの絶望と反動的で保守的な傾向。自分たちが代表してきた文明、文化、道徳の特殊な形態が解体したので、あらゆる文明、あらゆる文化、あらゆる道徳が死んだと叫び、国家に抑圧措置を講じるよう要請し、あるいはまた現実の歴史過程から隔離された抵抗集団を構成し、こうして危機の持続期間を長引かせているのだ。なお、ここで危機というのは、生活と思考のある様式の没落は危機なしには起こらないからである。他方、うまれようとしている新しい秩序の代表者たちは、古い秩序にたいする「合理主義」的な憎悪のために、空想と気まぐれな計画とをひろめている。うまれようとしている新しい世界の参照点はなにか。生産の世界、労働である。創造すべき知的道徳的制度と普及させるべき原理のあらゆる分析の基礎には、最大限の功利主義がなければならない。集団のであれ個人のであれ、生活は、生産装置を最大限能率よく作動させることによって組織されなければならない。新しい土台に立脚した経済力の発展と、新しい構造の進歩的な創建とこそは、どうしてもうまれてこざるをえない諸矛盾をいやすであろう。そして、新しい「コンフォーミズム」を下からつくりだしたことによって、自己規律の新しい可能性、すなわち、個人的でもあるような自由の新しい可能性を開くであろう。

[Q. 7, §12]

（1） 本書六五ページの訳注（1）を参照のこと。
（2） 原語は〈uomo-collettivo〉である。本書六五ページの訳注（1）を参照のこと。
（3）「テイラー・システム」というのは、アメリカ合衆国の機械技師フレデリック・W・テイラー（Frederick Winslow Taylor, 1856-1915）が開発した労働の科学的管理法をいう。一人の労働者がなしうる標準作業量を科学的に測定し、その作業量の確実な達成のための制度的改善を図ろうとするものであった。
（4） 実際には、支配の一形態としての「カリスマ的支配」を最初に定式化したのはマックス・ヴェーバーであって、ミヘルス自身、その理解をヴェーバーに負っている。本書八一ページの訳注（6）を参照のこと。
（5） この一節は、レネ・フュロップ＝ミラー（Rene Fülop-Miller, 1891-1963）という人物の書いた『ボリシェヴィズムの顔貌』という本（一九二七年―イタリア語訳が一九三〇年に出ている）についてのある書評文から引用されている。
（6） フランスの社会心理学者ル・ボン（Gustave Le Bon, 1841-1931）は、その著作『群衆心理』（一八九五年）において、現代社会を「群衆」（foule）の密集として性格づけるとともに、その「群衆」の心理は「衝動的、激昂的、軽信的、妄動的、被暗示的」であって、そうした群衆の心理のヒステリカルな産物が革命であるとしている。このル・ボンの規定が念頭におかれているのであろう。

法と国家の教育者的機能

国家の教育的および形成的任務。国家は、新しい、より高度の型の文明を創造し、「文明」ともっとも広範な人民大衆の道徳のありかたを経済的生産装置の不断の発展に適応させること、したがって、新しい型の人間性を肉体的にもつくりあげることをつねに目的としている。だが、どのようにすれば、それぞれの個人は集合人に組みいれられるのか。また、どのようにすれば、個々人にくわえられる教育的圧力が同意と協力を獲得して、必然と強制を「自由」に転化させることができるようになるのか。これは「法」の問題である。「法」の概念は拡大して、今日「法律の関与しない」という定式におさまっていて倫理的社会の領域に属している諸活動も、そこにふくめなければならない。倫理的社会は、〔法律による〕「制裁」も拘束的な「義務」もなしに作動するが、それにもかかわらず、集合的圧力を行使して、慣習、思考と行動の様式、道徳のありかた、等々を客観的につくりあげていくのである。

〔フランス革命の始まった〕一七八九年から〔ロベスピエールが打倒された一七九四年

の」テルミドールまでのジャコバンの経験を科学的に練りあげた表現として、一八四八年以前に生じた「永続革命」という政治的概念。[1] この定式は、大きな大衆政党と大きな経済組合がまだ存在しておらず、社会がまだ多くの面でいわば流動状態にあった歴史の時期に固有のものである。すなわち、農村がひどくおくれていること、政治的-国家的な力のおよぶ範囲が、少数の都市、あるいはただひとつの都市（フランスではパリ）にほとんど完全に独占されていること、国家装置が相対的にわずかしか発達しておらず、倫理的社会が国家活動からより多く自立していること、軍事力と軍備の制度が限定されていること、国民経済が世界市場の経済的諸関係からより多く自立していること、等々。〔普仏戦争があった〕一八七〇年以後の時期には、ヨーロッパの植民地主義的膨脹にともない、これらすべての要素が変化し、国家の国内的および国際的な組織関係は、より複雑でどっしりしたものになり、「永続革命」という四八年型の定式は、政治科学においては、「倫理的ヘゲモニー」[2]の定式に練りあげられて、克服される。また、政治技術においても、軍事技術においても生じるのとおなじことが生じる。運動戦はしだいに陣地戦に転化し、国家が戦争に勝利するのは平時に細心かつ技術的に戦争を準備しているかぎりにおいてであるということができるようになるのである。現代のデモクラシーのどっしりとした構造は、国家組織としてであれ、市民の倫理的な生活の場における諸結社の総体としてであれ、政治技術にとっては、陣地戦における前線の「塹壕」と永久堡塁にあたるものをなしている。そして、それは、以前には戦争の「すべて」であった運動の要素をたんに「部分的なもの」にしてしまっている。

問題が提起されているのは、近代的な国家にたいしてであって、ほかのところでは克服され時代錯誤になってしまった形態がまだ生き残っている後進国や植民地にたいしてではない。イデオロギーの価値の問題もまた（これはマラゴーディとクローチェの論争から[3]ひきだすことができる）、ソレルの「神話」についてのクローチェの考察――これは〔クローチェ自身の〕「情熱」論になげかえすことができるものである[4]――とともに、政治科学がその論述のなかで研究すべき問題である。

[Q. 13, §7; cf. Q. 8, §48]

（1）一八四八年革命当時にマルクスとエンゲルスが提起した概念である。くわしくは、本書一四八―一四九ページの訳注（5）を参照のこと。
（2）原語は〈egemonia civile〉である。
（3）本書三七ページの訳注（2）を参照のこと。
（4）本書九〇ページを参照のこと。

[1]法は本質的に革新的なものでなければならないという観念。この観念は、完全なかたちでは、既存のどの学説のなかにも（いわゆる実証学派の学説、とくにフェッリの学説のな

かにすら）みいだすことができない。[2] およそ国家なるものはすべて一定の型の文明と市民を（ひいては一定の型の共同生活と個々人のあいだの諸関係を）創造し維持しようとめざすのであり、一定の慣習や生活態度を消滅させて、べつの慣習や生活態度を普及させることをめざすのであってみれば、法は（学校その他の制度や活動とならんで）この目的のための手段であろう。そして、この目的に適合できるよう、また、最大限に効率よく積極的な成果をうみだせるよう、練りあげられなくてはならない。法の観念は、超越的なものや絶対的なもの、実際上は道徳主義的狂信の、いっさいの残滓から解放されなくてはならないであろう。とはいっても、（「処罰する」という言葉をその人間的な意味にひきもどしてとらえるならば）国家は「処罰する」のではなくて、たんに社会的「危険」と闘うにすぎない、という見地から出発するわけにはいかないのではないかとおもわれる。国家は、まさしく新しい型ないしは水準の文明を創造しようとめざしているかぎりで、現実には「教育者」であるとかんがえられなければならない。経済的諸力にたいして本質的な働きかけがなされるからといって、経済的生産機構が再組織され、発展させられるからといって、構造が革新されるからといって、上部構造の諸事実をそのままに放っておいてよい、それらが自然成長的な発展をとげ、偶然かつ散発的に発芽するままにまかせておいてよい、というような結論をひきだしてはならない。国家は、この分野においても、「合理化」、加速化、テイラー・システム化の道具なのであって、ひとつの計画にしたがって働きかけ、圧力をおよぼし、刺激し、促進し、そして「処罰する」のである。なぜなら、特定の生活様式が「可能となる」条件がつくりだされると、「作為または不作為の犯罪行為」には、ただ漠然と危険であるという判断をくだすだけでなく、道徳的重みをもつ処罰がくわえられなければならないからである。法は、国家が展開する積極的な教化活動全体のうちにあっての抑圧的で否定的な側面なのだ。なお、法の観念のうちには、個人や集団などを「表彰する」活動も組みいれられるべきかもしれない。称賛に値する功績ある行為は表彰され、犯罪行為は処罰されるのである（それは独自のしかたで、「世論」を制裁者として介入させることによって、処罰されるのである）。

[Q. 13, §11; cf. Q. 8, §62]

（1）ここで「法」といわれているのは、厳密には、刑法のことである。

（2）フェッリ（Enrico Ferri, 1856–1929）は、イタリアの実証主義系の刑法学者。犯罪を人間の生理学的要因と社会的要因との結合によって生じるとみる立場から犯罪社会学をくわだてた。社会主義者であったが、晩年はファシズムを支持している。

法律には慣習が先行していなければならず、法律は慣習を承認したものであるかぎりにおいてのみ有効であるというのは、きわめて普及した見解であり、現実主義的で理解力が行きとどいているとみなされている見解である。しかし、この見解は、法の現実の発展史とは対立している。法の現実の発展史は、つねに自己確立のための闘争を要求してきた。そして、それは実際には新しい慣習を創造するための闘争であったのだ。右に引いた見解のなかには、政治に侵入した道徳主義の残滓が明瞭に見てとれる。

法は全社会の統合的な表現であると想定されているが、これはまちがっている。社会をそれにいっそう密着したかたちで表現しているのは、法律学者たちが「法律の関与しない」とよんでいる行為の諸準則のほうなのであって、その地帯は、時とともに、また市民生活への国家的干渉の拡大とともに変化する。法が表現しているのは、社会全体ではなくて（もしそうだとすれば、法の侵犯者たちは、生まれながらの反社会的な存在、あるいは精神的不具者であるということになってしまうだろう）、指導的階級である。自己の存在理由および自己の発展にいっそう密接にむすびついている行為の諸規範を社会全体に「おしつける」指導的階級をこそ、法は表現しているのである。法の最高の機能はつぎのこと、すなわち、市民はすべて、指導的階級の成員になることができる以上、法の提示するコンフォーミズムを自由に受けいれなければならない、という前提をあたえていることにある。

現代の法のなかには、十八世紀の民主主義的ユートピアがふくまれているのである。

それでも、慣習が法に先行すべきであるという見解のなかには、なにがしかの真理が存在している。じっさいにも、絶対主義国家にたいする諸革命の場合には、やがて義務的な法になったものの大部分がすでに慣習として「また人びとの志望として」存在していた。

そして、法の義務的性格が増大していき、国家的干渉と法律の遵守を第一とかんがえる地帯が増大していったのは、不平等が生じ、それが大きくなっていくにつれてのことであった。しかし、この第二の段階では、コンフォーミズムは自由で自発的なものでなければならないと主張されながらも、これとは正反対のことが問題になる。新しくうまれつつある法を既存の法に同調させることではなくて、抑圧し、窒息させてしまうことが問題になるのである。

ここで論点は、従属的諸階級が支配的な階級となる以前の立場の相違という、より一般的な論点にたちもどることになる。従属的諸階級のうちのあるものは、他の諸階級とはちがって、厳格な法律的干渉の時期を経過しなければならないのだ。その干渉は、やがては緩和されることになるにしても、長期にわたってつづけられるものである。そして、その支配的階級への成長・転化の様式にも相違がある。ある階級にあっては膨脹は社会を完全に吸収してしまうまでけっして停止しないのにたいして、他の階級にあっては最初の膨脹期のあとに抑圧期がつづくのである。このような法の教育的、創造的、形成的性格を、ある知的潮流〔=マルクス主義〕はいまだにわずかしか明らかにしてきていない。自然発生論、地に足のついていない楽観的で皮相な「人間の本性」の概念に依拠した抽象的合理主義がなおも残っているのである。この潮流には、さらにもうひとつの問題が提起される。「広い意味での」立法機関とはどのようなものであるべきかという問題がそれである。すなわち、すべての大衆組織のなかに立法上の議論をもちこむ必要があるのだ。最終的な立法機能は政府の手にとどめておきながらも、「国民投票《レファレンダム》」の概念を有機的に変革する必要があるのである。

[Q. 6, §98]

国家崇拝

自分の国家にたいするさまざまな社会集団それぞれの態度。特定の時代の言語と文化のなかに国家が出現するさい、それは二つの形態をとること、すなわち、倫理的社会および政治的社会として、「自己統治」および「官吏による統治」として出現することを考慮にいれないならば、分析は正確なものにはならないであろう。「官吏による統治」または政治的社会にたいする特定の態度には、国家崇拝という名称があたえられる。この「官吏による統治」または政治的社会が世間一般の言葉では国家という名称をあたえられている国家生活の形態なのであって、これが通俗には国家そのものであると理解されているのである。

国家は個々人と（ある社会集団に所属する個々人と）一体のものであり、能動的な文化の要素である（すなわち、新しい文明、新しい型の人間および市民をつくりだす運動体である）という主張は、政治的社会という外皮のもとにあって、あるひとつの複合的で十分に分節化された倫理的社会を建設しようとする意志をうみだすのに役だつものでなければならない。そうした倫理的社会のなかでは、各個人は自己統治をおこなう。しかも、この自己統治が政治的社会との抗争におちいることはなく、むしろ、政治的社会を正常なかたちで継承し、有機的に補完したものとなるのである。自立した国家生活にまで上昇するのにさきだって、(中世社会や絶対主義統治のもとにあっては特権的身分が法的に存在したことによって可能にされていたような)長期にわたる独自の独立した文化的および道徳的な発展の時期をもたなかった一部の社会集団にとっては、国家崇拝の時期は必要であり、適宜なものですらある。この「国家崇拝」は「国家生活」の正常な形態にほかならない。すくなくとも、自立した国家生活にはいり、まずもって独立の国家生活にまで上昇することなくしては歴史的に可能でなかった「倫理的社会」の創造にとりかかるための正常な形態にほかならないのである。しかしまた、このような「国家崇拝」は、そのまま放置しておいてはならない。とりわけ、理論的狂信に転化して、「永久的なもの」とかんがえられるようなことがあってはならない。それは、まさしく、それがさらに発展して国家生活の新しい諸形態をうみだし、個々人や諸集団の創意が「官吏による統治」によらなくても「国家的なもの」であるようにするために(国家生活を「自然成長的なもの」に転化させるために)、批判されなければならないのである。

[Q. 8, §130]

個人的創意《イニシアティヴ》（これは「国家崇拝」と関連する論点である）。問いを立てるための諸要素——倫理的社会と政治的社会の同一性と区別。ひいては、〔特定の集団の〕個々人と国家との有機的一体化。この一体化によって「個人はすべて官吏である」ということになるが、それは個人が国家から俸給を受ける被雇用者であり、国家官僚制の「位階的」統制のもとにおかれるからではない。そうではなくて、個人としては「自発的に活動していながら」、そのかれの活動が国家の（すなわち特定の社会集団または倫理的社会の）諸目的と一体化する場合にいわれることなのである。だから、個人的創意というのは、「善き意志」というような〔理念的〕仮説ではないのであって、必然的な〔現実的〕前提である。ところが、〔一般には〕「個人的創意」というのは経済の分野のものと理解されている。それも、厳密に、直接かつ密接に私的な「功利的」性格の創意であり、当の創意自体が法律的諸関係の特定の体系のなかにあってうみだす利益の取得をともなうものであるというように理解されている。だが、これが歴史上にあらわれた「経済的」創意の唯一の形態であるわけではない（最近二、三十年のあいだに悲運におわった大きな個人的創意の目録——クリューゲル、シュティンネス、イタリアではペッローネ兄弟。この点についてはたぶんレヴィンゾーンの著作が有益であろう(1)）。「直接の利害関心に動機づけられた」ものではない創意、すなわち、国家的利害関心や倫理的社会を構成している集団の利害関心といったような、もっと高い意味での「利害関心に動機づけられた」創意の例もあるのだ。驚異的な例は、イタリアの「高級官僚層」である。その構成員たちは、もしも私的取得のための経済活動の諸目的にかれらのさずかっている組織者および専門家としての資質を発揮する気になったなら、企業家たる国家がかれらにあたえているよりもはるかに高い金銭上の地位をみずからつくりだすこともできていたに相違ない。それに、下級官僚層の場合とはちがって、年金という観念がかれらを国務に忠実にさせておくともいえないのである。

[Q. 8, §142]

(1) クリューゲル (Ivar Kreuger, 1880-1932) は、スウェーデンの事業家。ビルディングの建築技師から身を起こし、マッチ工業に成功して、鉱山、電話、セルローズ工業などにも手をひろげたが、一九二九年の世界恐慌で没落し、パリで自殺している。シュティンネス (Hugo Stinnes, 1870-1924) は、ドイツの事業家。石炭、海運、鉱山業を経営するとともに、多くの子会社をつうじて、産業部門のみならず、ホテル業、印刷業、新聞業をも結合し、一大コンツェルンを組織したが、第一次世界戦争後の不況で甚大な損害をこうむった。ペッローネ兄弟 (Pio Perrone, 1876-1952, Mario Perrone, 1878-1968) は、イタリアの事業家。父親からアンサルド会社を引き継いで一大工業複合体に発展させたが、おなじく第一次世界戦争後に重大な経営危機に見舞われている。「レヴィンゾーンの著作」というのは、リヒャルト・レヴィンゾーン著『インフレーションの歴史——ヨーロッパにおける富の移動(一九一四—一九二五)』のことである。

世代間の闘争。老年の世代が若い世代の案内役になるのに成功していないという事実は、部分的には、家族制度の危機および社会において女性が占めつつある新しい地位の表現である。子供たちの教育は、しだいに国家または民間の学校にゆだねられるようになっている。そして、このことが過去にたいする尊敬の念をやしなうにたるだけの「情緒」の貧困化と生活の機械化とをうみだしているのである。なかでも重大なのは、老年の世代が、あやまって理解された理論、または当の理論が表現していたのとはべつの状況に適用された理論にもとづいて、特定の状況のもとにあってのみずからの教育任務を放棄してしまっていることである。また、その世代は国家崇拝の諸形態にもおちいっている。実際には社会を構成しているどの等質的な要素も「国家」であり、国家の綱領に同意している以上、国家を代表しているというのだ。さもなければ、国家を国家官僚と混同している。どの市民も国家-政府が指示する方向にそって社会生活のなかで活動するならば、それは「官吏」として活動していることであり、国家の綱領に同意し、それを知的に練りあげれば練りあげるほど、それだけいっそう「官吏」であるというわけなのだ。

［Q. 3, §61］

立法・議会・三権分立

立法者とはだれのことか。マウロ・ファシアーニ[1]の（租税の）財政理論にかんする研究（『リフォルマ・ソチャーレ』誌一九三二年九―十月号に載っている「財政理論の綱要ならびに説明」）のなかに、「立法者とよばれるいささか神話的な存在がもっていると想定されている意思」という表現が出てくる。この慎重な表現は、二つの意味をもっている。すなわち、はっきりと区別される二系列の批判的観察への言及がなされているのだ。一方では、法律の結果は、立法者個人によって「予見」されていたもの、すなわち、意識的に意図されていたものとは相違することがありうるという事実への言及がなされている。こうして、「客観的」には、「立法者の意思」、すなわち、立法者個人によって予見されていた諸効果に、「法律の意思」、すなわち、立法者個人は予見していなかったが当の法律から事実上出てくる現実の諸結果の総体がとってかわるのである（当然ながら、立法者個人が口で予見しているといっている諸効果がかれによって誠意をもって予見されているのか、それとも、ただ法律の承認をえるのに有利な環境をつくりだすためにそういっているだけなのかどうか、立法者個人が成就したいとのぞんでいると主張している「諸目的」なるものがたんなるイデオロギー的またはデマゴギー的宣伝の手段ではないのかどうか、をみてみるべきであろう)。しかし、この慎重な表現には、第一の意味を精密化し、それに明確な定義をあたえる、もうひとつの意味がこめられている。じっさいにも、〔ファシアーニによれば〕「立法者」という言葉は、きわめて広い意味に解釈することができる。「その言葉によってある特定の歴史的時期にある集合体〔=社会〕のなかに普及している信仰、感情、利害関心、推論の総体を指すところまで」範囲を拡大することができるのである。このことは、現実には、つぎのことを意味している。㈠立法者個人(ここで立法者個人というのは、議会的-国家活動という狭い場合だけでなく、社会生活の多かれ少なかれ広大な領域において一定の指導方針にしたがって現実を変えようと努める、それ以外のあらゆる「個人的」活動もふくめて理解されるのでなくてはならない)は、けっして「恣意的な」行動、反歴史的な行動はとれないということ。なぜなら、かれの発議行為は、ひとたびなされたならば、特定の社会的圏域内で独立した力として作用し、かれの発議行為自体にとって以外にも、この社会的圏域にとって本質的なもろもろの作用と反作用を惹起するからである。㈡あらゆる立法行為、または指導的ないし規範的意志の行為は、とくに、それがもたらしうるであろう現実の諸結果によって客観的に評価されるのでもなければならないということ。㈢あらゆる立法者は、抽象的にしか、また用語の便宜上からしか、個人とはみなされえないということ。なぜなら、かれは、現実には、みずからの「意思」(=意志)を現実的なものにしようとするある特定の集合的意志を表明しているからであり、それが「意思」(=意志)であるのは当の集団がそれに現実性をあたえようとしているからにすぎないからである。(四)したがって、集合的意志を無視する個人、集合的意志を創造し、刺激し、拡張し、強化し、組織しようと努めない個人はすべて、たんに一介のハエ追いであり、「武器なき預言者」であり、狐火であるにすぎないということ。

この論点にかんしては、パレートがかれの『社会学』(=『一般社会学概論』)のなかで、論理的行為と非論理的行為についてのべていることを参照すべきである。ファシアーニによれば、パレートの場合、《行為主体の判断(主観的目的)によってばかりでなく、観察者の判断(客観的目的)によってみても、手段を目的に論理的にむすびつけている行為が、論理的行為である。非論理的行為はそうした性格をもたない。それらの客観的目的は主観的目的とは相違している》。ファシアーニは、このパレートの用語法に満足していないが、かれの批判も、パレートとおなじ純粋に形式的で図式的な域にとどまっている。

[Q. 14, §9]

(1) マウロ・ファシアーニ(Mauro Fasiani, 1900-1950)は、イタリアの財政学者。代表的な著作に『財政学原理』(一九四一年)がある。

「立法者」の概念は「政治家」の概念と同一化せざるをえない。人はすべて「政治的人間」であるのだから、人はすべて「立法者」でもある。しかし、いくつかの区別を立てることは必要であろう。「立法者」には、厳密な法律的‐国家的意味がある。すなわち、それは法律によって立法権限を授与されている者たちを指している。しかしまた、それはほかの意味をもつこともありうる。人間はだれでも活動的な存在であるかぎり、つまりは生きているかぎり、自分がそのなかで発展をとげていく社会的環境を変更することに(その環境のもっている性格のうちの特定のものを変更したり、それ以外のものを保持したりすることに)寄与している。すなわち、もろもろの「規範」、生活と行動の準則を確立することをめざしているのだ。活動の範囲は大きいことも小さいこともあり、[自分の行動とその諸目的についての]自覚も大きいことも小さいこともあろう。さらに、代表権にも大小の差があり、それの体系的な規範的表現のうちにあって実現されている「代表されているもの」の度合いにも多少の差があるであろう。父親は息子たちにとっては立法者であるが、その父権が意識されている度合いや、それへの従属の度合いには多少の差があるであろう、等々。総じて、一般人と特殊に立法者とみなされている者たちとのあいだに区別を設けるとするならば、それは、後者の集団が一般人にとっての行動規範に転化すべきもろもろの指令をつくりあげるのみならず、それらの指令を「課し」、実行させるための道具をも同時につくりあげるという事実によってあたえられる。この後者の集団のもっている立法権のうち最大のものは、国家の法的強制力を意のままにできる国家官吏（選出官吏と職業官吏）の手中にある。しかし、だからといって、「私的な」組織や機構の指導者たちも、死刑にいたるまでの、意のままにできる強制的制裁力をもっていないわけではない。立法者の能力の最大値は、もろもろの指令の完全な作成に、実行と検証の組織の完全な配置と、大衆の「自発的な」同意の――自分たちの習性、意志、確信をそれらの指令とそれらの指令が達成しようとしている諸目的とに合致するよう変更しながら、それらの指令を「生きなければならない」大衆の「自発的な」同意の完全な準備が対応しているという事実から測定することができる。

もしも人はだれでもその概念のもっとも広い意味においての立法者であるのであってみれば、人はだれでも、他の者たちの指令を受ける場合ですら、立法者でありつづけているのである。それらの指令を実行しながら、他の者たちにもそれらを実行するよう統制しているのであり、それらの指令をそれらの精神においてとらえたうえで、そこから狭い個別化された生活の地帯への特殊的な適用のための諸規程をつくりだしつつ、それらを普及させているのである。

[Q. 14, §13]

代議制における数と質。選挙による国家機関の形成体系に反対してくりかえし口にされているもっとも陳腐な常套句のひとつは、「そこでは数が最高の掟をなしている」とか、「字が書けさえすればどんな愚か者の意見であろうと（いくつかの国々では字を読めない者の意見でも）、国家の政治路線を決定する効力の点で、国家と国民とに自己の最善の努力をささげている者たちの意見と、正確に等しい価値をもっている」といったものである（言い回し自体にはじつに多くのものがあり、そのうちのあるものはここに引いた『クリティカ・ファシスタ』誌一九三二年八月十五日号のマリオ・ダ・シルヴァのものよりも気が利いているが、内容はいつもおなじである）。しかし、事実はどうかといえば、数が「最高の掟」であるというのも、あらゆる有権者の意見の重さが「正確に」等しいというのも、けっしてほんとうではないというのが、事実なのである。数は、この場合にも、たんに道具的な価値しかもっていない。ひとつの尺度と比率を提供しているだけで、それ以上のものではないのだ。それに、いったい、なにが測定されるのか。まさしく、わずかの者たち、活動的な少数者、エリート、前衛、等々の意見がどの程度まで拡大し説得力を獲得しているかということ、すなわち、かれらの意見の合理性とか歴史性とか具体的な機能性とかいったものの度合いが測定されるのである。このことが意味しているのは、個々人の意見の重さが「正確に」等しいというのはほんとうではないということである。もろもろの観念や意見は、各人の頭脳のなかに自然発生的に「うまれる」のではない。それらには、形成、放射、普及、説得の中心が存在している。それらを現実性のある政治的形態につくりあげて提出してきたひとつの人間集団、またはひとりの人物が存在したのだ。「得票」を計算する段階というのは、まさに「国家と国民とに自己の最善の努力をささげている」（実際にそうであるとして）者たちが最大の影響力を発揮してきたひとつの長い過程の最終段階である。この最優秀の者たちからなるとうぬぼれている集団が、無限の物質的な力を所有しているにもかかわらず、多数者の同意を獲得しない場合には、不適格であると判断するか、国民的意志をある方向に誘導していくうえで支配的なものたらざるをえない「国民的」利益を代表していないと判断すべきであろう。「不幸なことにも」、人はだれでも、自分だけの「特殊なもの」を国民的利益であるかのように思い違いをしがちであり、ひいては「数の掟」が決定権をにぎっているのを「おそろしいことだ」と感じがちである。そして、法令で任命されてエリートになるほうがましだと確信している。したがって、問題は、知的に「多くを所有している」者がまったく字が読めない者の水準にまでおとしめられてしまったと感じていることではなくて、多くを所有しているとうぬぼれている者が「だれでもよいような」人間から国家生活の進路を決定するにあたってのごくちっぽけな権力の一片までをも奪いとろうとしていることなのである。

これらの陳腐な主張は、議会制にたいする（エリートからではなくて寡頭政治の支持者からの）批判（そのさい、それが数的な同意のもつ歴史主義的な合理性が富の力によって一貫して歪曲されているという理由で批判されていないのは、奇妙である）をこえて、あらゆる形態の代表制度にまで拡大されてきている。議会主義的なものでもなければ、形式的民主主義の諸規準にのっとってつくりあげられているのでもない代表制度にまでである。[1]それだけになおさら、これらの主張は正確ではない。この最後のものの場合には、同意は投票の時点で最終段階をむかえるわけではない。まったくちがうのだ。そこでは、同意は永続的に作動しているものと想定されており、同意をあたえる者たちも国家の「官吏」であり、選挙も、ある意味では自治（self-government）と（さまざまな平面で）むすびつきうるような一定の型の国家官吏の自発的な募集様式であるとみなしてさしつかえないほどである。選挙は概括的で漠然とした綱領にもとづいてではなく、当面する具体的な仕事の綱領にもとづいておこなわれるので、同意する者は、その綱領を実現するために、通常の法律的な市民がおこなう以上のなにかをおこなう義務、すなわち、能動的で責任ある仕事の前衛となる義務を負う。イニシアティヴを発揮するにさいしての「自発的志願者」の要素を刺激する方法としては、主体がきわめて広範な多数者である場合、これほど効果的な方法はあるまい。そして、この多数者が無定形な市民からなるのではなくて、技能資格をもった生産者からなる場合には、投票行動がどれほど重要な意義をもちうるものであるかはいうまでもないことであろう（以上の考察は、一般的な社会的ならびに政治的な諸関係、たとえば、選挙による官吏と職業的官吏との関係、等々の変化に応じて各種の選挙制度のあいだに生じる他の相違をも明らかにすることによって、さらに広範かつ有機的に展開することができるだろう）。　[Q. 13, §30 ; cf. Q. 9, §69]

（1）具体的には、ソヴィエト制度、または生産者評議会を細胞とする代表制度のことを指している。

国家。ハンガリーのローマ学院の院長、ジュリオ・ミスコルツィ教授は、『マジャール評論』誌（『海外出版物週報』誌一九三三年一月三一十日号に報告されている論説）のなかで、イタリアでは「かつてはいわば国家の外にあった議会はなおも貴重な協力者として残っているが、それはいまでは国家に組みこまれてしまっており、その構成には本質的な変化が生じている」と書いている。議会が国家に「組みこまれ」うるというのは、いかにも現代の反動主義のクリストファー・コロンブスどもにふさわしい政治科学ならびに政治技術上の発見である。しかしながら、この言説は、多くの政治家が現実に国家をどのようにとらえているかをみるうえで、興味深い。じっさいにも、つぎのような問いが立てられるべきである。議会が最大限の効果を発揮しているか、あるいは現実的な機能をはたしているようにみえる諸国においても、議会は国家の構造の一部分となっているのであろうか。もしもそのとおりであるならば、どのようにして議会は国家の一部となっているのであろうか。また、どのようにしてその特殊な機能をはたしているのであろうか。しかしまた、議会の存在は、たとえそれらが有機的には国家の一部をなしていない場合でも、国家的な意義をもたないのであろうか。議会政治および議会政治と不可分のものである政党制度にたいしてなされるもろもろの非難には、どのような根拠があるのだろうか（ここで根拠というのは、いうまでもなく、客観的な根拠、すなわち、議会の存在が、それ自体として、政府の専門技術的な行動を妨害したり遅らせたりするという事実にむすびついた根拠のことである）。代議制度が政治的にみて職業的官僚層を「いらいらさせる」ことがありうるというのはわかる。が、重要なのはこの点ではない。重要なのは、代議制度および政党制度が、任命による官僚たちを補充したり、これとの均衡をはかって、〔かれらが〕石化するのをふせぐことのできるような選出官吏を選抜するのに適した機構ではなくなって、ひとつの障害物、すなわち、逆の機能をはたす機構になってしまっているのかどうか、また、それはどのような理由によってであるのか、ということである。そのうえ、これらの問いに肯定的な答えがあたえられたところで、問題はつきるわけではない。なぜなら、議会政治が非能率的なものとなり、それどころか有害なものになってしまっていることを承認するとしても（これは承認すべきであるのだが）、だからといって官僚制度が復権させられ称揚されるべきだと結論するわけにはいかないからである。議会政治と代表制度とは同一視されるべきものなのかどうか、新しい型の代表制度を構想することによって、議会政治とも官僚制度ともことなった解決策がありえないかどうかを検討してみなければならない。

[Q. 14, §49]

ヘゲモニー（倫理的社会）と三権分立。三権分立とそれの実現のために生じた全議論、ならびにそれが成立したことによって誕生した法律教義学は、知識人のうちのある部類（直接国家に奉仕している知識人、とくに文武両官僚）がなおあまりにも旧支配階級にむすびつきすぎているために、諸階級間に一種の不安定な均衡状態ができあがっているような、特定の歴史的時期の倫理的社会と政治的社会のあいだの闘争の所産である。すなわち、社会の内部に、クローチェが「教会と国家の永続的な闘争」とよんでいるものが出現するのである。(1) そこでは、教会は倫理的社会の総体を代表するものととらえられ（それはしだいに重要性をうしなっていきつつある一要素でしかないのだが）、国家は特定の発展段階、特定の情勢を恒常的に結晶化してしまおうとする試みのいっさいを代表するものととらえられている。この意味では、教会自体が国家に転化することもありうる。そして、闘争は、世俗的な、または世俗化しつつある倫理的社会と、国家－教会とのあいだにも、あらわれうる（教会が国家を補完する一部分に転化する場合、すなわち、政治的社会を独占している特定の特権的な集団が、倫理的社会のうち教会によって代表されている地帯の支持をえて自己の独占している権利をよりよく保持しぬくために、教会に結集する場合がそうである）。政治的ならびに経済的な自由主義にとっての三権分立の本質的重要性。自由主義的イデオロギーの全体は、その長所も短所もふくめて、三権分立の原理のうちに包括することができるのであり、こうしてまた自由主義の弱点がどこに起因するのかが明らかになる。官僚制、すなわち、指導幹部層が結晶化して、強制的権力を行使し、ある点にいたるとカースト〔＝閉鎖的身分〕に転化してしまうというのが、それである。ここから、全官職を選挙制にせよという人民的要求が出てくるのであって、これは極端な自由主義であると同時に当の自由主義を解消させてしまうものでもあるのだ（常時開かれている制憲議会の原理、等々。共和国では、国家元首を定期的に選挙することが、この基本的な人民的要求に幻想的な満足をあたえている）。

三権の区別のもとにあっての国家の統一性。議会は倫理的社会にもっとも緊密にむすびついており、政府と議会の中間に位置する司法権力が（政府に反対してでも）書かれた法律の継続性を代表している。いうまでもなく、三権はいずれもが政治的ヘゲモニーの機関である。が、その程度には、㈠議会、㈡裁判所、㈢政府で差がある。注意すべきことは、裁判の不正が公衆にとくに壊滅的な印象をあたえるということである。ヘゲモニー装置は、この部門においてもっとも敏感なのだ。警察や政府のもろもろの専断的行為も、ここにふくめることができる。

[Q. 6, §81]

（1）クローチェの『倫理学と政治学』に収められている論文「理念的意味における国家と教会と歴史における両者の永続的な闘争」（一九二八年）を参照のこと。

官僚制について

㈠　政治的および経済的な諸形態が歴史的に発展するなかで、（文武双方の）官僚の仕事に技術的に熟達した「職業的」官吏の型が形成されてきたという事実は、政治学および国家形態史において根源的な意味をもつ。これは必然であったのであろうか。それとも、「純粋の」経済的自由主義者たちが主張しているように、自治（self-government）と比較して堕落であったのであろうか。あらゆる社会的および国家的形態が、それぞれ、官吏の問題、この問題の提起と解決の方法、官吏を選抜する体系、養成すべき官吏の型をもっていたことは、たしかである。これらすべての要素の発展の軌跡を再構成することは第一義的な重要性をもつ。そして、官吏の問題は、部分的には、知識人の問題とも一致する。しかし、あらゆる新しい社会的および国家的形態が新しい型の官吏を必要としたということが真実であるとすれば、新しい指導的諸集団は、伝統や既成の利害、すなわち、かれらの出現にさきだって構成されていた既存の官吏組織から、すくなくとも一定の期間は、けっしてみずからを断ち切るわけにはいかなかったということもまた、真実である（とくに聖職者と軍人の分野においてはそうであった)。肉体労働と知識労働の統一と、立法権と行政権の結びつきの緊密化(選挙された官吏が国事の統制だけでなく執行にも関心をもつようになるといったような)とが、知識人の問題にとっても、官吏の問題にとっても、解決の新しい指針をえるための主導的なモティーフになりうるのである。

(二) 官僚制およびその「最適の」組織化の問題と関連しているものに、いわゆる「有機的集中制」と「民主的集中制」をめぐる議論がある(他方、これは抽象的な民主主義とはなんの関係もない。フランス革命と第三共和政とは絶対王政もナポレオン一世も知らなかったような有機的集中制の形態を発展させてきた)。研究し検討してみるべきことは、国家(統一制国家、連邦制国家、連邦制をとる諸国家からなる統一体、諸国家の連合体または連合国家、等々)、国際関係(同盟、さまざまな形態の国際政治上の「星座(=布置関係)」)、一国内および複数の国にまたがる政治的および文化的な結社(フリーメイスン、ロータリー・クラブ、カトリック教会)や経済組合的な結社(カルテル、トラスト)など、あらゆる分野において、さまざまな有機的および民主的な集中制の形態をとりつつ、みずからを組織し、分節化し、機能させている経済的および政治的な諸関係の実態がどのようなものであるかということであろう。

高級文化および一定の国際的政治力という点でのドイツの優位をめぐって過去(一九一四年以前)に生じた論争。優位は現実のものであったのであろうか。あるいは、優位は現実にはどのような点にあったのであろうか。いいうることは、㈠その優位はけっして規律ある有機的な関係によってうちたてられたものではなく、したがって、抽象的な文化的影響ときわめてもろい威信のあらわれでしかなかったということであり、㈡その文化的影響は実際の活動にはなんら関係するところがなく、実際の活動のほうは、ばらばらで、地方主義的で、全体的な方向性を欠いていたということである。それゆえ、ここでは、どんな種類の集中制についても語ることはできない。有機的集中制についても、民主的集中制についても、あるいはこれらとは別種の混合的な集中制についてもである。その〔文化的〕影響を感じとっていたのは、ごく少数の知識人集団であり、人民大衆とはなんの結びつきもなかった。そして、まさにこの結びつきの欠如が情勢の特徴をなしていたのであった。しかし、それでもなお、事態がこのようであったという事実は検討に値する。というのも、その事実は有機的集中制の諸理論が定式化されるにいたった経緯を明らかにするのに役だつからであって、それらの理論は、まさしく、そのような無秩序や力の分散についての一面的で知識人的な批判にほかならなかったのである。

他方、有機的集中制の理論のなかでも、全体にたいする部分（その部分が、知識人層のようなひとつの階層からなるものであれ、「特権的な」領域的集団からなるものであれ）の現実的優位についての明確な計画を隠しもっている理論と、たんに党派的で狂信的な者たちの一面的な立場でしかない理論、また、優位の計画（それは通常、カトリシズムがそのために一種の教皇崇拝に変質してしまった《無謬の教皇》の計画のように、一個人の優位の計画である）を隠しもっていることもありうるにしても、直接には、意識的な政治的事実としては、そのような計画を隠しもっているようにはみえない理論とを区別する必要がある。この最後のものの場合には、それに付与すべきもっとも正確な名称は、官僚的集中制ということになろう。そもそも「有機性」というのは民主的集中制のものでしかないのであって、民主的集中制というのは、「集中制」とはいっても、いわば運動しつつある集中制なのである。すなわち、組織をたえず現実の運動に適合させていくこと、下からの推進力を上からの指揮でもって調節すること、大衆の深部から花開いてくる諸分子を経験の連続性とその規則正しい蓄積を保障している指導の装置の堅固な枠組みのなかにたえず組みいれていくことが、民主的集中制というものなのである。それが「有機的」であるのは、歴史的現実の有機的な発現様式である運動を考慮にいれていて、官僚制に機械的に硬化してしまうことがないからであり、しかも、それと同時に、相対的に安定していて永続するもの、あるいはすくなくとも予見することの容易なひとつの方向をとって動いているものをも考慮にいれるからである。この国家における安定の要素は、政党の活動のうちにより狭い規模でみいだされるように、指導的集団の中核の有機的発展となって具現する。国家において官僚的集中制が優位を占めているというのは、指導的集団の発展が飽和状態に達し、偏狭な派閥と化して、対立勢力が発生するのを統制ないし抑圧することによって、自分たちのけちくさい特権を長続きさせようとしていることをしめしている。たとえ、その対立勢力が自分たちと基本的な支配的利害ならびに質を等しくしている勢力である場合でもである（たとえば、極度の保護主義的体制のもとにあっての経済的自由主義との闘争にみられるのがそれである）。社会的に従属的な地位にある集団を代表している政党の場合には、安定の要素が必要とされるのは、ヘゲモニーを確保するため、ただし、特権的な諸集団にたいするヘゲモニーではなくて、進歩的な諸分子、他の隣接的で同盟的ではあるが混成的で動揺的な諸勢力にくらべて有機的に進歩的な諸分子にたいするヘゲモニーを確保するためである。

いずれにしても指摘しておくべきことは、官僚的集中制のもろもろの病的症状は下部におけるイニシアティヴと責任の欠如から生じるということ、すなわち、周辺的な諸勢力の政治的未熟から生じるということである。たとえ、それらの勢力がヘゲモニー的な領域集団と質を等しくしている勢力である場合でもである（イタリア統一の最初の二、三十年間におけるピエモンテ第一主義の現象）。このような情勢が形成されることは、国際的諸組織（国際連盟）にあっては、極度に有害かつ危険なものになりかねない。

民主的集中制が提供するのはひとつの弾力的な定式であって、これには多様な具体化がなされなければならない。その定式が生命あるものとなるのは、それがたえずもろもろの必要に合わせて解釈され適用されるかぎりにおいてのことである。その定式の本領は、見かけはことなっていても実はおなじもの、あるいは逆に見かけは同一でも実は相違し対立しているものを批判的にさぐりだし、同類のものを緊密に組織し結合すること、ただし、その組織と結合をおこなうにあたって、それが合理主義的、演繹的、抽象的な過程、すなわち、純粋知識人(または純粋の馬鹿者)に固有の過程の所産ではなくて、ひとつの実践的で、「帰納的」、実験的な必然としてあらわれるようなしかたでおこなうことにある。民族的で地方主義的な現実のなかから「国際的」かつ「統一的」な要素をとりだすためのこの不断の作業こそが、現実には政治的行動というものであり、歴史的進歩をうみだす唯一の活動なのである。それは、理論と実践、知識人層と人民大衆、統治者と被統治者の有機的な統一を要求する。統一と連合にかんするもろもろの定式は、この観点からはその意義の大半をうしなう一方、官僚的な考えかたのなかにその毒素をとどめることになる。そこに存在するのは、結局のところ、統一ではなくて、表面はおだやかな、「おししずまった」、よどんだ沼であり、連合ではなくて、「じゃがいも袋」、すなわち、相互に関係のない個々の「単位」の機械的な並存でしかない。

[Q. 13, §36; cf. Q. 9, §§21, 68]

経済的 - 社会的見地からすれば、官僚制と官吏の問題は、もっと広い枠のなか、社会的「受動性」という枠のなかで考察すべきであるようにおもわれる。ここで受動性というのは、相対的な受動性、物質的な財の生産活動の見地から理解された受動性のことである。すなわち、自由主義経済学者たちが「サーヴィス」とよんでいるところの特殊な財または価値という見地からである。ある特定の社会にあって「商品」と「サーヴィス」への人口の配分はどうなっているか（ここで「商品」というのは、狭い意味においての「商品」、物質的な「商品」、「広がりと大きさ」をもったものとして物理的に消費されうる財としての「商品」のことである）。たしかなことは、「サーヴィス」の部分が拡大すればするほど、社会の組織度は低くなるということである。「合理化」の目的のひとつは、たしかに、サーヴィスの領域を必要最小限に制限するということなのである。もろもろの寄生的な形態はとりわけこの領域で発展する。商業ならびに分配一般はこの領域に属している。「生産」部門における失業はサーヴィスの「インフレーション」（小規模商業の増大）をひきおこすのだ。

［Q. 8, §108］

国家の「私的」横糸——政党・結社・世論

通常一般の国家観念が一面的であって、もろもろの大きな誤りにみちびくものであることは、ダニエル・アレヴィの近著『自由の頽廃』をとりあげて証明することができる。わたしはこの本の書評を『ヌーヴェル・リテレール』誌で読んだ。アレヴィによると、「国家」は代表装置である。そしてかれは、一八七〇年から今日までのフランス史のもっとも重要な諸事実は普通選挙からうまれた政治的諸機関のイニシアティヴによるものではなくて、私的な機関（資本家の協会、参謀本部、等々）か、一般国民には知られていない大官吏のイニシアティヴによるものであることを発見する。だが、このことが意味するのは、国家ということで統治装置以外に「私的な」ヘゲモニー装置あるいは倫理的社会をもふくめて理解しなくてはならないということでなくて、なんであろう。干渉せず、事件の後尾についていく、等々の「国家」にたいする、この種の批判から、どのようにして執行権の強化などを要求する右翼の独裁的なイデオロギー的潮流がうまれてくるかに注意すべきである。だから、アレヴィの著書を読んで、かれもまたこの道にはいったのかどうかをみてみなければなるまい。これには先例（モーラスへのソレルの共感、等々）があるので、〔そうした道にはいるのも〕原則的にはそうむずかしいことではないのだ。[1]

[Q. 6, §137]

（1）ダニエル・アレヴィ（Daniel Halévy, 1872-1962）は、フランスの評論家。ドレフュス事件にさいしてはドレフュス派に属し、この事件を契機に社会主義的傾向の詩人シャルル・ペギー（Charles Péguy, 1873-1914）の創刊した雑誌『半月手帖』の協力者であったが、のちには、おなじくドレフュス事件を契機に詩人で思想家のシャルル・モーラス（Charles Maurras, 1868-1952）の結成した右翼的政治団体アクシオン・フランセーズに接近している。一方、ソレルがモーラスの運動に共感をしめしたのは、一九一〇年以降、フランスの労働運動が議会主義に走ったのに失望したころのことである。

国家の「私的」横糸としての政党と結社にかんするヘーゲルの学説。それは、歴史的には、フランス革命の政治的経験に由来しており、立憲主義にいっそう大きな具体性をあたえるのに役だつべきはずのものであった。被統治者の同意、ただし、選挙の瞬間に表明されるような概括的で漠然とした同意ではなくて、組織された同意をえてなされる統治。国家は同意を獲得しており、また要求するのであるが、この同意を政治的ならびに組合的な結社によって「教育」もするのである。しかも、それらの結社は、私的な組織であり、指導的階級の私的なイニシアティヴにゆだねられている。ヘーゲルは、ある意味では、すでにこうして純粋の立憲主義をのりこえており、政党制度をそなえた議会制国家の理論を立てている。しかしまた、かれの結社観は、当時の歴史的経験のせいで、なおも漠然とした原始的なものでしかありえず、政治的なものと経済的なものとの中間を揺れ動いている。当時の歴史的経験はいまだきわめて限られたものであって、組織については、「同業組合」〔＝職業団体〕という組織（経済に接ぎ木された政治的な組織）しか、完成された手本を提供してはくれなかったのである[1]。

　マルクスも、ヘーゲルがもちえたものよりもすぐれた（すくなくとも大幅にすぐれた）歴史的経験をもちえたわけではなかった。ただ、ジャーナリストおよび煽動家として活動していたため、大衆感覚をもっていた。それでも、組織についてのマルクスの観念には、なおも、職能別組織、ジャコバン・クラブ、小グループの秘密陰謀組織、ジャーナリスト組織などといった要素がからみあっている。フランス革命は、〔組織の〕二つの主要な型を提供している。(一) クラブ。これは、「民会」型の、厳格でない組織であって、個々の政治的人物を中心に結成されていて、それぞれが自分の新聞をもち、これをつうじて周縁のはっきりしない特定の同調者たちの注意と関心を喚起する。そして、この同調者たちがつぎにはクラブの集会で新聞の主張を支持するのである。クラブに足しげく通っていた者たちのなかには、たがいによく見知っている連中からなる、狭い、選抜された、いくつかのグループが存在していて、個別に会合をもち、時機に応じて、また競合するもろもろの具体的な利害に応じて、あれやこれやの潮流を支持するよう、集会の空気を準備していたものとおもわれる。㈡秘密陰謀結社。こちらのほうは、やがて四八年以前のイタリアにかくも広範に普及することとなったが、もともとはフランスでテルミドールの反動以後、ジャコバン主義の第二線の支持者たちのあいだで、発達したものであったにちがいない。ナポレオン時代には、警察の抜け目ない取り締まりがあったため、多くの困難に遭遇しながら、一五年から三〇年にかけての王政復古期には、底辺部分ではかなり自由でさしたる懸念もなかったことから、比較的容易に――。一五年から三〇年にかけての時期には、人民側の政治陣営内部に分化が生じていた模様である。このことは一八三〇年の「栄光の日々」(2)に早くも明白になる。それらの日々に、それまでの十五年間に構成されてきたもろもろの形成体が一挙に開花する。そして、三〇年以後、四八年までのあいだに、この分化の過程は完了し、ブランキとフィリッポ・ブオナローティとともに十分に完成した型を提供することになるのである。(3)

ヘーゲルがこれらの歴史的経験を身近に知っていたということはありそうにもない。しかし、マルクスの場合には、逆にそれらはきわめて生き生きとした経験であったのだ。

[Q. 1, §47]

〔注記省略〕

(1) ヘーゲル『法の哲学』第三部「倫理」の第二章「市民社会」中の「職業団体」についてのべられて

いるくだりおよび第三章「国家」中の「国会」についてのべられているくだりを参照のこと。ただし、グラムシが参照したのは、ヴィクトール・バッシュ『ドイツ古典哲学の政治学説（ライプニッツ―フィヒテ―カント―ヘーゲル）』（一九二七年）ではないかと推定されている。

（2）一八三〇年の「栄光の日々」というのは、同年七月二十七、二十八、二十九日の三日間、フランスのパリで、中小商工業者、知識人、学生が土地貴族の反動政治に反対して蜂起し、バリケード戦をたたかったことをいう（「栄光の三日間」）。

（3）ブランキ（Louis-Auguste Blanqui, 1805-1881）は、フランスの革命家。少数者の秘密結社による武装蜂起によって革命は遂行できるとの信念にもとづいて、一八三〇年と一八四八年の革命、および一八七〇年の共和派による国防政府打倒の運動に参加。フィリッポ・ブオナローティ（Filippo Buonarroti, 1761-1837）は、イタリア生まれの革命家。フランス革命で活躍し、フランス市民となる。一七九六年、パリで共産主義的革命家バブーフ（François-Noël Babeuf, 1760-1797）のくわだてた陰謀に加わって逮捕され、流刑に処せられる。ジュネーヴ、ブリュッセルなどを転々としながら、バブーフ主義を宣伝。一八三〇年の七月革命後にパリに戻り、そこで没した。主著に『平等のための陰謀、またはバブーフの陰謀』（一八二八年）がある。

「世論」（＝公論）とよばれているものは政治的ヘゲモニーと密接にむすびついている。すなわち、それは「倫理的社会」と「政治的社会」、同意と強制の接点をなしているのである。国家は、あまり人気のない行動を開始しようとするときには、あらかじめ、それに適した世論をつくりだす。すなわち、倫理的社会の一定の要素を組織し集中する。「世論」

の歴史——もちろん、世論を構成する要素は、つねにどこでも、アジアの太守管区《サトラペート》のようなところにさえ、存在していた。しかし、今日理解されているような世論は、絶対主義国家の没落の前夜、すなわち、新しいブルジョア階級が政治的ヘゲモニーと権力獲得のための闘争を開始した時期にうまれたのであった。

世論は、政治的には、いつ相容れないものにならないともかぎらないような公共的な政治的意志を内容としている。したがって、あるひとつの勢力だけが国民的政治的な意見、ひいては意志の原型をつくりあげ、自分とは意見を異にする者たちを個々ばらばらな微粒子にしてしまうことによって、新聞、政党、議会など、世論の諸機関を独占しようとする闘争が存在することになる。

[Q. 7, §83]

最近、明確な綱領を中心に明確な立場のもとに組織された諸政党による世論の正常な操縦を攪乱しようとする要素が出現しているが、それらのなかでも、第一に挙げられるべきものに、〔スキャンダルを売り物にした〕黄色新聞と（それが普及しているところでは）ラジオがある。これらは、不意にパニックや作為的な熱狂をひきおこす手段となりうる。そして、たとえば選挙のときに一定の目的を達成するのを可能にするのである。これらのことはすべて、三年か四年か五年ごとに一度行使される人民主権の性格と関連している。

ある決められた日にイデオロギー的に（あるいはむしろ情動的に）優位を占めさえすれば、たとえ、その一時の情動が過ぎ去って、選挙人大衆がかれらの法律上の表現から分離することがあっても（法律上の国民と現実の国民とは等しくはないのだ）、三年か四年か五年のあいだ支配することになる多数派を獲得するには十分なのである。この世論のブーム〔＝突然の沸騰〕を政党以上に阻止ないし制限することのできる機関は、自由な職業組合である。ここから、自由な職業組合に反対する闘争と、これらを国家的な統制のもとに置こうとする傾向がうまれてくることになる。それでも、世論を構成している部分には、なおも組織不可能な部分（とくに女性に投票権があるところでは女性）が大きく残っていて、黄色新聞が大いに普及し、ラジオが（政府の独占的統制下にあって）大いに普及しているところでは、選挙のさいにブームと不意打ちが生じる可能性はつねにある。今日出現していながら、民主主義諸国が解決手段をみいだすことに成功していない政治技術上の問題のひとつは、まさにつぎのこと、すなわち、職業別に組織することの不可能な（あるいは組織することの困難な）大衆と職業組合と政党と立法会議とのあいだに中間的な諸組織をどう創設するかという問題である。かつては市町村や県の議会がこれにほぼ近い機能をはたしていたが、現在では重要性をうしなってしまっている。現代の諸国家は最大限の中央集権をめざしており、この一方で、反動として、もろもろの連合主義的かつ地方主義的な傾向も発達している。こうして、国家は、中央集権的な専制と完全な解体（三人の被抑圧者からなる連合[1]にいたるまで）とのあいだで揺れ動いているのである。

[Q. 7, §103]

（1）「三人の被抑圧者からなる連合」（Confederazione dei tre oppressi）というのは、アナキストたちの想定している社会組織のタイプを指しているものとおもわれる。ブハーリンの「共産主義者（ボリシェヴィキ）の綱領」（一九一八年）のアナキズム理論に批判的に言及したくだりに、《ペトログラードにはそのようなグループ〔＝アナキストたちのコミュニティ〕のひとつが存在した。「五人の被抑圧者からなる連盟」というのであったが、これはアナキズム理論からすれば「二人の被抑圧者からなる連盟」であってもよかったであろう》とある。これをもじったものであろうか。ブハーリンの小冊子は、グラムシの主宰していた『オルディネ・ヌオーヴォ』誌一九一九年十二月二十日号にも翻訳紹介されている。

国家の終焉または倫理的社会への再吸収

法の思想、したがってまた国家の機能のうちにブルジョア階級のもたらした革命は、とりわけ、コンフォーミズムの意志（ひいては法と国家の倫理性）を明らかにした点にある。従前の支配階級は、いずれも、「専門技術的」かつイデオロギー的に他の階級から自階級への有機的移行をなしとげること、すなわち、みずからの階級としての領域の拡大をめざさなかったという意味では、本質的に保守的であった。閉鎖的な身分の思想にとらわれていたのだ。これにたいして、ブルジョア階級は、全社会を吸収し、自己の文化的および経済的な水準に同化するだけの力量をそなえた、不断に運動しつつある有機体として、自己を確立する。国家の機能全体が根本から変化するのである。国家は「教育者」に転化する、等々。そうであったものが、どうしてまた停止が生じ、国家は純粋に力であるなどといった思想にもどってしまったのか。ブルジョア階級は「飽和」してしまったのである。普及していかないばかりか、分解が生じているのである。新しい要素を同化していないばかりか、自己の一部を異化しているのである（あるいは異化作用のほうが同化作用よりもはるかに数多く起きているのである)。全社会を同化することができる存在として自己を確立し、しかも同時に、この同化の過程を現実に表現する力量のある階級こそが、この国家と法の思想を完成にまでもたらす。そして、国家と法はその任務をはたしおえ、倫理的社会に再吸収されてしまったので、いまや無用になってしまったとして、国家と法の終焉をかんがえることができるのである。

[Q. 8, §2]

政治的社会からの倫理的社会の分離。そこでは、新しくヘゲモニーの問題が提起される。すなわち、国家の歴史的土台が変化するのである。そして、そのさい、政治的社会のひとつの極端な形態が生じる。新しいものに抵抗して闘い、動揺するものを強制的に固めなおすか、それとも、新しいものの表現となって、発展の途上で出あうもろもろの抵抗を粉砕するか、等々。

[Q. 7, §28]

どのような型の国家も、経済的-同業組合的な原始状態の段階を経過しないわけにはいかないということが真実であるならば、ここからは、新しい型の国家を創建した新しい社会集団の政治的ヘゲモニーの内容は主として経済的なものでなければならないということがみちびきだされる。構造を再組織し、人間と経済的な世界または生産の世界との現実的な諸関係を再組織することが問題となるのだ。上部構造の諸要素はなおも乏しいものでしかありえず、それらの性格は予見と闘争とにあるのだろうが、「計画」の要素はなおも乏しい。わけても文化的な計画は過去の批判という否定的なものであって、過去を忘却させ破壊することが目標となろう。建設の輪郭はなおも「おおまかな輪郭」、素描にとどまっていて、形成過程にある新しい構造と整合するよう、いつなんどきでも変更されうるであろうし、また変更されなければならないであろう。〔後略〕

[Q. 8, §185]

国家(いうまでもなく狭義の政治的‐法律的組織としての国家であるが)の機能についての(そのうえ皮相な)論争のなかでは、「夜警国家」という表現は、イタリア語の「スタート・カラビニエーレ」(Stato carabiniere)〔＝憲兵国家〕にあたり、その機能が公共の秩序と法律の遵守の後見に限定されているような国家のことを指そうとしているらしい。この論争のなかでは、そのような〔「夜警国家」という〕統治形態にあっては(それは限界仮説として紙上にしか存在したことはないのだが)、歴史的発展を指導する任務は、私的な諸勢力、つまりは倫理的社会に属しているという事実が強調されていない。しかし、この倫理的社会も「国家」なのであり、それどころか、国家そのものなのである。「夜警」

(veilleur de nuit) という表現のもつ風刺的価値には「憲兵国家」や「警官国家」などよりもはるかに高いものがあるというべきであろうが、これはラサールのもののようである。[1] これの反対物は「倫理的国家」または一般に「干渉国家」であるということになるのだろうが、この二つの表現には違いがある。倫理的国家という観念は哲学的および知的な起源のもの(知識人に固有のもの——ヘーゲル)であって、[2] じつは「夜警国家」の観念と結合させられてもおかしくないのである。なぜなら、それはむしろ、コスモポリティズムや、中世の残存物たる宗教的教会的組織の干渉に対立する、世俗的国家の自立的な教育的かつ道徳的活動にかかわる観念であるからである。これにたいして、干渉国家という観念のほうは経済的起源のものであって、一方では、保護貿易主義または経済的ナショナリズムの諸潮流とむすびついており、他方では、地主および封建領主出身の特定の政治家たちに資本主義の行き過ぎから勤労階級を「保護」する役割をひきうけさせようとする企て(ビスマルクとディズレーリの政策)とむすびついている。これらのあいことなる諸傾向はさまざまな組み合わせが可能であり、実際にも組み合わさっている。当然ながら、自由主義者たち(「経済主義者たち」)は「夜警国家」に賛成であって、歴史のイニシアティヴが倫理的社会にまかされること、「ゲームの公正」とその規則の守護者たる「国家」とともに倫理的社会のなかからたちあらわれてくるさまざまな勢力にまかされることをのぞむだろう。が、知識人は、自由主義者であるときにも、また干渉主義者であるときにも、多くの重要な区別を立てるのだ（経済の分野では自由主義者でありながら文化の分野では干渉主義者であることもありうる、等々）。カトリック教徒は、完全にかれらに有利にふるまってくれる干渉国家をのぞむだろうが、それがのぞめないとき、またはかれらが少数派であるときには、国家がかれらの敵を支持することがないよう、「無関心」国家を要求する。

［Q. 26, §6 ; cf. Q. 5, §69］

（1）グラムシのいうように、「夜警国家」というのは、マルクスと同時代のドイツの社会主義者で全ドイツ労働者協会創立者のひとりでもあったラサール（Ferdinand Lassalle, 1825-1864）の言葉である。個人の人格的自由とその所有を保護するにとどまる自由主義ブルジョアジーの国家を指してこうよんでいるのであるが、ラサール自身は、国家はすべての個人を道徳的全体として統一することを目的とすべきであるとする観念を抱懐しており（国家社会主義の立場）、「夜警国家」という言葉をひとつの蔑称としてもちいている。『労働者綱領』（一八六三年）を参照のこと。

（2）「倫理的国家」の原語は〈Stato etico〉である。ヘーゲルが『法の哲学』（一八二一年）のなかであたえている「倫理的（＝人倫的）理念の現実態としての国家」という規定をふまえて、イタリアのヘーゲル学派がつくりだした用語である。ファシズム時代のイタリアでは、とりわけジェンティーレ派に所属する一部の法哲学者・政治哲学者によって、この意味での「倫理的国家」の実現ということが熱っぽく主張されていた。

倫理的国家および文化的国家についていいうるもっともわかりよくて具体的なことは、つぎのことではないかとおもわれる。すなわち、あらゆる国家は、国民大衆を特定の文化的および道徳的な水準、生産諸力が発展をとげていくさいのもろもろの必要とひいては支配階級の利益とに対応する水準にまで向上させるというのが、それのもっとも重要な機能のひとつである以上、それは倫理的な存在であるということである。積極的な教育的機能をはたす学校と抑止的な教育的機能をはたす裁判所の活動は、この意味においてのもっとも重要な活動である。しかしまた、実際には、支配階級の政治的および文化的なヘゲモニーの装置を形成している他の雑多ないわゆる私的なイニシアティヴや活動も、同一の目的をめざしている。ヘーゲルの思想は、ブルジョアジーの拡大的な発展が無際限であるようにみえ、それの倫理性または普遍性を主張することができた時期、つまりは人類全体がブルジョアジーになるだろうとおもわれた時期に固有の思想である。しかし、実際には、倫理的国家なるものを創造することができるのは、国家および自己自身の終焉を達成すべき目的として立てることのできる社会集団のみである。この社会集団によって創造される倫理的国家は、被支配者の内部分裂などに終止符を打ち、ひとつの専門技術的-道徳的な統一性をそなえた社会的有機体(1)をつくりだすことをめざすのである。

[Q. 8, §179]

(1) 原語は〈un organismo sociale unitario tecnico-morale〉である。グラムシがトリーノで工場評

議会運動を組織していた時期の新社会構想を集約した表現であることに注意されたい。

つぎの点、すなわち、憲兵国家とか夜警国家といった国家観は（憲兵とか夜警といった論争的性格をおびた規定のしかたはさておくとして）、極限的な「経済的‐同業組合的」段階を克服する唯一の国家観ではないのか、という点をよくかんがえてみなければならない。わたしたちはつねに国家と政府を同一視しているが、この同一視は、まさしく、経済的‐同業組合的な形態、すなわち、倫理的社会と政治的社会の混同の表現にほかならない。なぜなら、国家の一般的概念のうちには、倫理的社会の概念に帰属させられるべき諸要素もふくまれていることに注意すべきだからである（国家＝政治的社会＋倫理的社会、すなわち強制の鎧をつけたヘゲモニー、といえるとすればである）。国家をしだいに消滅していって規制された社会に解消していく可能性のある存在とかんがえるような国家学説においては、この点は基本的な点である。強制としての国家の要素は、規制された社会（または倫理的国家ないし倫理的社会）の諸要素が顕在化するにつれて、徐々に消滅していくものと想像することができる。倫理的国家とか倫理的社会といった表現は、この国家なき国家という「想像」が政治と法の偉大な科学者たちの頭のなかに出現していたことを示唆しているのかもしれない。ただし、純粋科学（＝純粋空想。というのも、この思想は、すべての人間が現実に平等であり、ひいては平等に理性的で道徳的な存在であって、法律を他の階級からおしつけられたもの、良心の外にあるものとして、強制によってうけいれるのではなく、自発的に、自由にうけいれることができる存在であるという前提にもとづいているからである）の領域にとどまったままの状態においてである。自由主義的な国家にあたえられている夜警国家という表現はラサールのものであることを想起する必要がある。すなわち、独断的で非弁証法的な国家至上主義者のつくりあげたものなのだ（この点ならびに国家一般にかんするラサールの学説をマルクス主義と対比させてよく検討してみること）。国家↓規制された社会の学説にあっては、国家が政府に等しく、国家が倫理《ママ》的社会と同一視されているような段階から、国家が夜警とみなされるような段階、すなわち、不断に成長しつつある規制された社会の諸要素の発展を後見することを主要任務とする強制組織、したがって、その権威的かつ強制的な干渉を漸次減少させていく強制組織とみなされるような段階に移行していくことになろう。もっとも、これは有機的な自由の時代のはじまりを告げるものではあっても、新しい「自由主義」を連想させる性質のことがらではありえない。

［Q. 6, §88］

（1） 原語は〈società regolata〉である。資本主義的生産の無政府状態が止揚され、あらかじめ策定された計画による社会的生産が実行されるような共産主義的無階級社会のことを指している。

クルツィオ・マラパルテは、その小冊子『クーデタの技術』の序文で、「すべては国家のうちにあり、国家の外には無しかなく、国家に反しては無しかない」という定式は「自由があるところには国家はない」という命題に等しいと主張しているようである[1]。しかしながら、この命題においては、「自由」という用語は「政治的自由、すなわち、出版の自由その他」という通常の意味においてではなく、「必然」に対置されたものとして理解されているのであって、必然の王国から自由の王国への移行にかんするエンゲルスの命題[2]と関連している。マラパルテは、その命題の意味するところを嗅ぎつけさえしていないのだ。

[Q. 8, §190]

(1) クルツィオ・マラパルテ (Curzio Malaparte, 1898-1957) は、小説、戯曲、映画など多方面で活躍したイタリアの著述家で、『クーデタの技術』は一九三一年刊。「すべては国家のうちにあり、国家の外には無しかなく、国家に反しては無しかない」という定式はムッソリーニのものであり、一方、「自由があるところには国家はない」という命題はレーニンのものである。

(2) 「必然の王国から自由の王国への移行」にかんするエンゲルスの命題は、『デューリング氏の科学の変革』、通称『反デューリング論』の第三部第二章、ならびに同書から抜粋した三章からなる『空想から科学への社会主義の発展』のなかに出てくる。

国家と規制された社会。とくにヴォルピチェッリとスピリトの『〔法・経済・政治の〕新研究』[1]誌によって代表される新しい「法学的」傾向のなかで、まず最初に批判すべき点として、階級国家の観念と規制された社会の観念との混同が生じていることに注意しなければならない。この混同は、一九三〇年九月ボルツァーノで開かれた科学の進歩のための協会の第十九回会議においてスピリトによっておこなわれ、『新研究』誌一九三〇年九―十月号に掲載されている報告「経済的自由」では、とくにいちじるしい(2)。階級国家が存在するかぎり、規制された社会は、隠喩として以外には、すなわち、階級国家もまたひとつの規制された社会であるという意味においてしか、存在しえない。空想的社会主義者たちも、かれらの時代に現存した社会についての批判を表明していたかぎりでは、階級国家が規制された社会ではありえないことをきわめてよく理解していたのであった。さまざまな空想理論によって描きだされている社会の型のなかには、計画的な改革にとって必要不可欠な土台として経済的平等が導入されているほどなのだから。しかし、この点では、空想的社会主義者たちは空想家ではなくて、政治の具体的な科学者であり、首尾一貫した批判者であったのである。かれらの何人かにみられる空想的な性格は、経済的平等を任意の法律や意志の行為によって導入することができるとかんがえていたことから生じている。それでもなお、経済的平等なしには完全無欠な政治的平等は存在しえないという、他の政治著述家たちにも(右派の著述家たち、すなわち、民主主義〔の信奉者たち〕がスイスまたはデンマークをモデルにしつつ、それがすべての国に通用する合理的な制度であるとかんがえているかぎりで、民主主義の批判者たちにも)みいだされる観念は、依然として正確である。この観念は、十七世紀の著述家たちにも、たとえばルドヴィーコ・ツッコロとかれの著書『イル・ベッルッツィ』(3)にみいだされるし、マキャヴェッリにもみいだされるのではないかとおもう。モーラスは、スイスにおいて一種の民主主義の形態が可能になっているのは、まさしく、そこでは経済的富がある程度まで平均化しているからであるとかんがえている。(4)

階級国家と規制された社会との混同は中間諸階級と小知識人に固有のものである。かれらは、尖鋭な闘争や破局を阻止してくれるものであれば、どんな規制でも大歓迎なのだ。つまり、それは典型的に反動的で逆行的な考えかたなのである。

[Q. 6, §12]

(1) ヴォルピチェッリ (Arnaldo Volpicelli, 1892-1968) は法学者で、スピリト (Ugo Spirito, 1896-1979) は経済学者かつ哲学者。一九二七年から一九三五年にかけて、二人で協同して『法・経済・政治の新研究』誌を発刊。ジェンティーレ左派の立場から、ファシズムの提唱する協同体国家論の理論的基礎固めに努力する。前者には、『自然と精神』(一九二五年)、『イタリアの政治教育とファシズム』(一九二九年)、『協同体主義と法学』(一九三四年)、『協同体国家における代表権の問題』(一九三五年) などの著作があり、後者には、『探究としての生』(一九三七年)、『自由主義経済学から協同体主義へ』(一九三八年) などの著作がある。ただし、スピリトは、やがてジェンティーレを離れて、一種の課題主義的な立場に転じ、『愛としての生』(一九五三年) や『アットゥアリズモから課題主義へ』(一九七六年) などの著作を著わしている。

（2） このスピリトの論文のなかには、「個人に禁じられている唯一の自由は他人の自由の領域を侵害することである」という社会契約論的＝自由主義的な法思想を批判して、つぎのようにある。《この理論においては、国家は社会と区別された実体であるととらえられており、法律は制限という形式的で否定的な意義のものにひきさげられてしまっている。ところが、問題を経済的行為の具体的なありかたのなかにもどして検討してみるならば、法律というものは形式的な制限ではなくて、生産と分配の規範であり、逸脱を禁止することにとどまらず、きわめて明確に限定された仕事を課すものであることが、容易に納得される。もしもわたしが社会の一員になりたいと欲するならば、わたしはわたしにあてがわれている持ち場を無条件にひきうけ、そのわたしの持ち場が要請するもののいっさいを履行しなければならない。わたしがわたしの仲間との社会的な関係にはいったのは、わたしの領域をかれの領域から分けへだてて、わたしの所有するものの境界を画するためではなく（制限としての法律、憲兵国家、等々）、かれといっしょによりよい生活を送り、より多くのもの、より善いものを生産し、わたし独りだけの力では不可能な諸成果を達成するためである（活動としての法律、倫理的国家）。このようなわけで、わたしの所有しているものと他の者たちの所有しているものとのあいだに設定される境界も、純粋に防衛を目的としたものではなく、わたしが協同作業をなすべき分野を規定しようとするものにほかならない。すなわち、わたしの自由の領域ではなくて、わたしの仕事の持ち場を指示するものなのである》。グラムシの指摘はこのくだりを念頭においたものとおもわれる。なお、スピリトは一九三二年、ファシズム革命十周年の年にフェッラーラで開かれた第二回組合・協同体研究会議の席上、このような論理に立って、「所有協同体」（Corporazione proprietaria）の構想をぶちあげている。そして、かれは後年、これを実質的に共産主義の立場に依拠したものであったとのべている。

（3） ルドヴィーコ・ツッコロ（Ludovico Zuccolo, 1568-1630）は、『国家理由について』（一六二一年）

において道徳にたいする政治の自律性を主張したことで知られる対抗宗教改革期イタリアの代表的な政治著述家。『イル・ベッルッツィ』は、サンマリーノ共和国を素材にとりつつ、「幸福な都市」の条件を論じたもの。『イル・マルゾッコ』誌一九三〇年二月二日号にジュゼッペ・S・ガルガーノの「実践感覚をもった空想家」というツッコロ論が載っており、グラムシはこれを読んでいる。

(4) モーラス(Charles Maurras, 1868-1952)は、フランスの詩人、評論家。本書三二九ページの訳注(1)でも言及したように、ドレフュス事件を契機に、一八九九年六月、政治団体アクシオン・フランセーズを結成し、熱烈なカトリシズムと王党主義を標榜した。ただし、一九二〇年代になって、国際的にファシズムが勢力をえてくると、従来の共和主義反対から、共和政下の議会主義否定へと、その主張を修正していく。

〔付録〕アメリカニズムとフォーディズム

「アメリカニズムとフォーディズム」(1)という、この一般的でいささか月並みな表題のもとで検討されるべき一連の問題。これらの問題にとりくむにあたっては、それにさきだって、それらのために講じられ試みられている解決策は必然的に現代社会の矛盾にみちた諸条件のなかで講じられ試みられているという基本的事実を念頭においておかなくてはならない。さまざまな厄介ごと、もろもろの不条理な立場、ときとして破局的なものになりかねない傾向をひめた経済的および道徳的な危機、等々。概括的には、アメリカニズムとフォーディズムなるものは計画経済の組織化に到達せざるをえない内在的必然性から生じているのであり、ここで検討されるさまざまな問題はそれぞれがまさに旧来の個人主義的経済から計画経済への移行を画する鎖の環をなしているということができる。右の諸問題は、いずれも、発展の過程がその展開の途上で出あうさまざまな形態の抵抗から生じている。そして、それらの抵抗は、事物の社会《ソキエタス・レルム》ならびに人間の社会《ソキエタス・ホミヌム》に固有のもろもろの困難からやってきている。前進の試みがどの勢力によって開始されるかということは、結果をも大きく左右することにならざるをえない。従属的諸勢力は、新しい諸目的に合わせて「操作」され、合理化されなければならないとなると、必然的に抵抗する。しかしまた、支配的諸勢力、またはすくなくとも支配的諸勢力に同盟している諸勢力のいくつかの部門も、おなじく抵抗する。アメリカ合衆国で、フォード化された産業に適合する新しい型の勤労者を育成するのに必要な条件であった禁酒法が失敗したのは、なおも遅れた状態にあった周辺的諸勢力が反対したためであって、産業家や労働者が反対したためでは断じてなかった、等々。[2]

一見したところでは前面に出ていないようであっても本質からすればもっとも重要でかつまた関心があるとおもわれる問題のいくつかを列挙しておく。㈠直接に工業生産に基礎をおいた金融資本の新しい蓄積と分配のメカニズムが現在の金権的支配層にとってかわる〔必要がある〕という問題。㈡性の問題。㈢アメリカニズムはあるひとつの歴史的な「時代《エポック》」を画しうるのかどうか、という問題。すなわち、他の場所で検討した前世紀に固有の「受動的革命」型の漸進的な展開を惹起しうるのか、それとも、「爆発」すなわちフランス型の変革をうみだすことにならざるをえないような諸要素の分子的累積でしかないのか、という問題。㈣ヨーロッパの人口構成の「合理化」の問題。㈤展開は産業と生産の世界の内部に出発点をもつことになるのか、それとも、もろもろの必要とされる生産装置の展開を外部から指導する形式的な法律的枠組みを慎重かつ堅固にきずきあげることをつうじて外部からもたらされうるのか、という問題。㈥フォード化され合理化された産業によって支払われる、いわゆる「高賃金」の問題。(七) 利潤率の傾向的低落の法則を克服するために産業がおこなってきたあいつぐ試みの過程の極点としてのフォーディズム。(八) 国家的および社会的装置によってなされる個々人への道徳的強制の増大と、この強制が惹起する病的危機の表現としての精神分析学(これの戦後における大流行)。(九) ロータリー・クラブとフリーメイスン。(十) 〔ノートはここで中断している〕

[Q. 22, §1]

(1) 「フォーディズム」というのは、アメリカ合衆国の産業家ヘンリー・フォード(Henry Ford, 1863-1947)が一九〇三年に創設したフォード自動車会社でおこなった生産と経営の徹底的な合理化の試みをいう。そして、このアメリカ合衆国におけるフォード自動車会社のシステムに代表されるような産業の合理化の精神とその運動一般、あるいはまた、そこから派生する新しい生活と文化の様式を総称したものが「アメリカニズム」である。

(2) アメリカ合衆国では一九一七年十二月に禁酒法が合衆国憲法修正第一八条として成立した(公布は一九一九年一月)。すでにそれまでに十九世紀後半から婦人キリスト教禁酒連盟、禁酒党、酒場反対連盟などの運動があり、工場主や農場主の支持をえて、多くの州で州法によって禁酒措置がとられていたのと、戦時に酒類制限措置がとられたのが、大きな動因であった。しかし、実行は困難をきわめ、一九三三年にはF・ローズヴェルト政権発足と同時に禁酒条項は廃止されている。

ヨーロッパでは、アメリカニズムとフォーディズムのいくつかの面を導入しようという種々の試みが、旧来の金権的支配層によってなされている。ヨーロッパは、目下のところはどうみても融和できそうにない二つのもの、ヨーロッパの古い時代錯誤的な社会的‐人口的構造と、もっとも近代的な生産と労働の様式——それのもっとも完成されたアメリカ型であるヘンリー・フォードの産業によって提供されているような様式——とを融和させたいと願っているかのようなのだ。だからこそ、フォーディズムの導入は、かくも多くの「知的」ならびに「道徳的」抵抗に出あっているのであり、格別に残酷かつ陰険な形態をとって、極端な強制をつうじてなされる結果となっているのである。貧しい言いかたになるが、ヨーロッパはいっぱいに詰まった酒樽と酒好きの女房を同時に持ちたいと願っているかのようである。莫大な量の剰余価値をむさぼり食うことによって創業コストを悪化させ、国際市場での競争力をおしさげている寄生者の群れをやしないつづけながら、その一方で、フォーディズムが競争力の点でもたらす利益のすべてをえたいとのぞんでいるのだ。アメリカニズムにたいするヨーロッパの反応が注意深く検討されるべきなのは、このためにほかならない。これの分析からは、旧大陸の諸国家の現在の状況と戦後の政治的諸事件を理解するために必要ないくつもの要素がみちびきだされてくるであろう。

アメリカニズムは、それがもっとも完成された形態をとるには、ひとつの予備的な条件を要求する。もっとも、右の〔アメリカニズムにかかわる〕諸問題を論じてきた当のアメリカ人自身は、この条件のことには関心をしめしていない。しかし、それは、アメリカでは、その条件がもともと「自然に」存在しているからにほかならない。この条件は「合理的人口構成」とよぶことができる。具体的には、生産の世界において必要不可欠な役割をもたない多数の者たちからなる階級、すなわち、純粋に寄生的な階級が存在しないということである。ところが、ヨーロッパの「伝統」とか「文明」は、まさにそのような階級の存在によって特徴づけられている。それらの階級は〔ヨーロッパの〕過去の歴史の「豊かさ」と「複雑さ」とからうみだされてきたものであった。その過去の歴史は、国家官吏と知識人、聖職者と地主、略奪商人と軍隊――最初は職業軍人によって構成されていたが、のちには徴募兵、ただし将校団は職業軍人によって構成された――が飽和化し、化石的存在と化すなかで、おびただしい量の受動的堆積物をのこしてきたのである。それどころか、一国の歴史が古ければ古いほど、「先祖」の「遺産」で暮らす無為徒食の連中、これら経済史の年金生活者どもの堆積も、莫大かつ重圧的なものになっていくということができる。

〔中略〕

アメリカは偉大な「歴史的かつ文化的伝統」をもたない。が、この鉛のマントの重圧に苦しめられてもいない。そして、このことこそは、アメリカでは人民諸階級の生活水準がヨーロッパのそれよりも高いにもかかわらず、おそるべき資本蓄積を達成しえていることの、主要な理由なのである。しかも、これは、いわゆる自然の富に恵まれているということよりも、たしかにはるかに重要な理由である。過去の歴史の諸段階が残留させてきた二カワのような寄生的堆積物が存在しないことは、工業、そしてとくに商業に、健全な土台の形成を可能にしてきた。そして、それはまた、運輸と商業に代表される経済的機能を生産にとっての従属的な活動にひきもどすこと、というよりはむしろ、これらの活動を生産活動そのもののうちに吸収してしまおうとする試みを可能にする（フォードのおこなった諸実験ならびに生産された商品の輸送と販売を直接管理することによってかれの経営体が達成した節約のことを参照されたい。この節約は生産コストに影響をおよぼしてきた。すなわち、賃金の引き上げと販売価格の引き下げを可能にしてきたのであった）[1]。これらの予備的条件が存在し、〔人口構成が〕歴史的展開をつうじてすでに合理化されているからこそ、暴力（地域に土台をもつ労働組合運動の破壊）と説得（高賃金、さまざまな社会福祉、じつに巧妙なイデオロギー的ならびに政治的なプロパガンダ）とをたくみに組み合わせつつ、生産と労働の合理化を推進することも、比較的容易であったのである。ヘゲモニーは工場のなかからうまれており、それの行使のためには、政治とイデオロギーとの職業的な中間的媒介者は最小限の数しか必要とされていない。

ロミエをかくも驚愕させている「マス」現象なるものも、この型の合理化された社会のとる形態にほかならない。この社会のなかでは、「構造」がいっそう直接的に上部構造を支配し、上部構造は「合理化」（単純化、少数化）されるのである。[2]〔後略〕

［Q. 22, §2 ; cf. Q. 1, §61］

（1） グラムシはフォードの自伝『わが生涯、わが仕事』のフランス語訳（一九二六年）を読んでいる。
（2） リュシアン・ロミエ『主人はどちらか、ヨーロッパかアメリカか』（一九二七年）への言及である。

いうまでもなく、いわゆる高賃金は一時的な報酬の形態であるとかんがえられる。生産と労働の新しい方法への適応は、たんに社会的強制をつうじてのみおこなわれるわけではない。このように〔強制によってのみおこなわれると〕かんがえるのは、勤労者の身体的および精神的健康におよぼす重大な影響などかまっていられないヨーロッパにおいて〔そしてとくに日本において〕きわめて広くひろまっている「先入見」である。そして、この「先入見」は、他方では、戦後発生した慢性的失業にのみ基礎をもっている。状況が「正常」であったならば、所期の成果を獲得するために必要な強制装置は高賃金よりも高くつくであろう。それゆえ、強制は説得および同意とたくみに組み合わされなければならない。そして、同意は、新しい型の労苦によって消耗した力を維持し回復するのに十分なだけの一定の生活水準を可能にするような報酬の引き上げを当該社会に特有の形態で実施することによって獲得される。しかし、労働と生産の新しい方法が一般化し普及するようになるやいなや、新しい型の労働者が普遍的に創造され、物質的生産の機構がさらに完成度を高めるようになるやいなや、〔労働力の〕過度の回転率は失業の拡大によって自動的に制限されるようになり、高賃金は姿を消すものと予想されるのである。現実には、高賃金を支払っているアメリカの産業は、新しい方法のイニシアティヴをにぎっていることによって確保されている独占をなおも利用している。独占利潤に独占賃金が対応しているのだ。しかし、その独占も、新しい方法が合衆国の内部にも外国にも拡大していくにつれて、まずは制限され、つぎには破壊されることは必至である（商品の低価格という日本的現象を参照のこと[1]）。そして、巨大利潤とともに高賃金も消滅するにちがいない。他方、高賃金は必然的に労働貴族層とむすびついており、アメリカの勤労者全員にあたえられているわけでないことは、周知のとおりである。

高賃金についてのフォード的イデオロギーのすべては、一定の発展段階に到達した近代産業の客観的必要から派生した現象であって、本源的な現象ではない（しかしながら、このことは、そのイデオロギーがそれなりにもちうる重要性やひきおこしうる反響の研究を排除するものではない）。いずれにせよ、「高賃金」とはなにを意味するのか。フォードの支払う賃金がアメリカの賃金の平均にくらべて高いというだけのことなのか、それとも、フォードの従業員たちがフォードの生産と労働の方法のなかで消費する労働力の価格として高いということなのか。この種の研究はこれまで系統的におこなわれてきたようにはおもわれない。しかし、こういった研究のみが結論的な答えをあたえてくれるはずである。研究は困難であるが、そのような困難の原因自体が間接的な答えである。答えるのが困難なわけは、フォード工場の労働者の定着状況がきわめて不安定であって、他の諸産業のそれと比較しうるようなフォードの労働者のあいだの「合理的」平均死亡率を確定することが可能ではないからである。しかし、この不安定はなにゆえに生じているのか。いったいどうしてフォードの支払う賃金よりも「低い」賃金を労働者がえらぶというようなことがありうるのか。このことは、いわゆる「高賃金」も、他の経営体のもっと低い賃金にくらべて、消費された労働力を回復するのに適してはいないということを意味しているのではないのか。労働者の定着状況が不安定であるということは、労働者間の通常の競争条件(賃金の差)が、フォード産業にかんするかぎり、一定の限界内でしか作動していないということを証明している。各平均賃金間の水準差も作動していなければ、失業者予備軍の圧力も作動していないのだ。このことは、フォード産業においては、なにかべつの新しい要素をさがしもとめなければならないということを意味している。この要素こそは、「高賃金」のであれ、右に指摘した他の現象(不安定さ、等々)のであれ、それらの真の起源をなしているものであろう。この要素はつぎの事実のうちにしかもとめられない。フォード産業は他の産業がまだ要求していない特性、資格をその労働者たちに要求しているという事実がそれである。それは新しい種類の資格である。すなわち、他の産業で働く場合よりも過重かつ消耗的で、賃金ではつぐないきれず、現在の社会の状態のもとにあっては回復することもままならないような、労働力の消費形態と、同一平均時間内で消費される労働力量とを要求しているのである。これが原因だとすると、問題はつぎのようになる。フォードに特有の産業の型、生産と労働の組織の型は「合理的」であるのかどうか、すなわち、それは一般化されうるし、またされるべきものであるのか。それとも逆に、労働組合の力と立法とをもって打倒すべき病的な現象なのか。すなわち、社会と国家の物質的ならびに道徳的な圧力によって、マスとしての労働者を心身の全面的な改造の過程に耐えぬくようみちびいていき、フォード労働者の平均的な型が近代的労働者の平均的な型になるようにすることは可能であるのか。それとも、そんなことをすれば、身体の退化と種族の劣等化をもたらして、いっさいの労働力を破壊してしまうことになりかねないので、不可能であるのか。これについてはつぎのように答えることができるようにおもわれる。フォードの方法は「合理的」である、すなわち、一般化されるべきである。ただし、これのためには、社会的条件の変化と個々人の行動様式と適性の変化が生じうるだけの長い過程が必要である。この変化はたんなる「強制」によっては生じえない。それは強制（自己規律）と説得とを調合することによってのみ生じうるのである。高賃金という形態をとりながらである。すなわち、生活水準の向上の可能性、あるいはおそらく、より正確には、筋肉と神経のエネルギーの特別の費消を要求する生産と労働の新しい方法に適合した生活水準の実現の可能性に期待をいだかせることが必要とされるのだ。〔後略〕

[Q. 22, §13; cf. Q. 4, §52]

（1）「日本的現象」に言及するにあたって、グラムシは『ヌオーヴァ・アントロジーア』誌一九三四年三月十六日号に掲載されているジョヴァンニ・チェーザレ・マイオーニの論文「日本の諸問題」を参考にしたものと推定される。

カルロ・パーニの注目すべき論文「協同体主義の純粋理論の試みについて」(『リフォルマ・ソチャーレ』誌一九二九年九―十月号)は、マッシモ・フォーヴェルの著書『経済と協同体主義』(フェッラーラ、SATE、一九二九年)を検討しており、おなじフォーヴェルのべつの著作『組合国家における所得と賃金』(ローマ、一九二八年)にも触れている。が、フォーヴェルがかれの著作のなかで「協同体主義」を生産と労働の様式のもっとも先進的なアメリカ的システムをイタリアに導入するための前提とかんがえている点には気づいていない。あるいは、この点をはっきりとは指摘していない。〔中略〕

パーニの要約しているフォーヴェルのテーゼのなかで意義があるとおもわれるのは、ひとつの自律的な産業 - 生産ブロックとしての協同体という考えかたである。このブロックは、剰余価値から過大な貢納をあらかじめ徴発してしまう社会の半封建的で寄生的な諸要素に対抗して、いわゆる「貯蓄の生産者たち」に対抗して、イタリアの経済機構のいっそうの発展をはかるという問題を、近代的な方向、とりわけ資本主義的な方向において解決するものとされている。〔フォーヴェルによれば〕貯蓄の生産は生産ブロック自体の(より安上がりな)内部的一機能に転化することになるという。ますます低コストでの生産が発展していくことによってであって、このようなかたちでの生産の発展は、剰余価値の量を増大させるほか、高賃金を可能にし、結果として、国内市場の拡大、一定の労働の節約、ならびに利潤の上昇をもたらすというのである。こうして〔これもまたフォーヴェルによれば〕、現実には剰余価値の浪費者でしかない「貯蓄の生産者たち」に媒介されなくても、経営体の内部そのものにおいて、資本蓄積のテンポは加速されていく。産業‐生産ブロックにおいては、技術専門家的要素——経営指導部と労働者——が言葉のより「卑しい」意味での「資本家」的要素に優位することになるのである。すなわち、産業の首領たちと小ブルジョア貯蓄家たちとの同盟に生産に直接役だつ諸要素全体のブロックがとってかわることになるのであって、後者の要素のみが組合に結集し、ひいては生産協同体を構成することのできる唯一の要素なのである（ここから、所有協同体という、スピリトのみちびきだした極端な帰結が出てくる）(4)。

パーニは、フォーヴェルにたいして、そののべているところは新しい政治経済学ではなく、新しい経済政策にすぎない、と反論している。この反論は形式的であって、時と場合によっては意味をもつかもしれないが、主要な論点には触れていない。フォーヴェルの最大の欠点は、イタリアでは産業家にたいする貯蓄家の不信が根強く存在しているため、国家がつねに経済的機能をはたしてきた、という事実を無視している点にある。また、協同体主義の路線が生じてきたのは産業の技術的諸条件の変革の要請からではなく、新しい経済政策の要請からでさえもなくて、むしろ、経済警察の要請からであった、という事実を無視している点にある。この経済警察の要請は、一九二九年に始まって今日もなお進行中の恐慌によって重大なものとなったのであった。実際には、イタリアの労働者は、個々人としても労働組合としても、積極的にも消極的にも、コストの低下をめざす技術革新、労働の合理化、経営体全体のより完全な自動作業化とより完全な技術専門的組織化の導入に反対したことはけっしてなかった。反対するどころか、大賛成であったのだ。これらの革新はアメリカではおこなわれており、自由な労働組合はほとんど一掃され、経営体を単位とする（相互に）孤立した労働者組織の体系がとってかわっている。ところが、イタリアでは、工場を労働組合組織のセンター⑤にしようという、ごくささやかで控え目の試みでさえも（経営体の労働者代表の問題を想起されたい）、ことごとく手きびしい反撃をうけ、断固として粉砕されてしまっているのである。〔ファシズム政権の誕生した〕一九二二年以前の、また〔国家防衛法が制定され、ファシズムの一党独裁体制が法的な整備をほぼ完了した〕二六年以前のでもよいから、イタリアの歴史を詳細に分析して、外面的なお祭り騒ぎに幻惑されることなく、労働者の運動の奥深くにひそんでいる諸動機をとらえてみるなら、まさに労働者たちこそは新しいもっとも近代的な産業の諸要請の担い手であったのであり、それらの要請をかれらなりのしかたで勇敢に主張していたという客観的結論に到達せざるをえないはずである。また、一部の産業家はこの運動の意義を理解していたからこそ、それを買収しようと試みたのだともいうことができる(『オルディネ・ヌオーヴォ』誌とそのフィアット全体にわたる学校を吸収して、産業と労働を「合理化された」システムを具備したものに変革するための労働者と専門技術者の学校を設立しようとしたアニェッリの試み(6)は、このようなものとして説明されるべきである。他方、YMCAも「アメリカニズム」の講座を開設しようとしたが、こちらのほうは、多額の出費にもかかわらず、失敗した)。

これらの点についての考察はさておき、ほかにもべつの一連の問題がたちあらわれている。〔ファシズムの〕協同体運動が存在し、いくつかの面では法律上の措置がすでに講じられて、技術的‐経済的変革が大規模に生じうるだけの形式的諸条件を創造するまでになっているのは、労働者たちがそれに反対することもできなければ、みずからそれの旗手となるために闘争することもできないでいるからである。協同体組織は、そうした変革の形式となりうるのかもしれない。が、ここで問われるのは、人びとがみずから意図することも欲することもなしに歴史の命令に服従することになるという、ヴィーコのいわゆる「摂理の狡智」のひとつがみられることになるのだろうか、ということである。目下のところは疑わしいようである。これまでのところ、「経済警察」という消極的要素のほうが、新しい経済政策——国全体の経済的‐社会的構造を旧来の産業主義の枠内においてではありながらも近代化することによって変革することになるような経済政策の要請という積極的要素に優越している。法律的形式は、たとえ講じられえても、必要とされる諸条件のうちのあくまでもひとつの条件であって、唯一の条件でもなければ、もっとも重要な条件でさえない。それは、当面必要とされる諸条件のうちでもっとも重要な条件であるにすぎない。アメリカ化のためには、特定の環境、特定の社会構造（またはそれを創造しようとする決然たる意志）、そして一定の型の国家を必要とする。その国家というのは、自由を主義とする国家である。それも、自由貿易主義とか実際的な政治的自由という意味での自由ではなくて、自由な創意と経済的個人主義というもっとも基本的な意味での自由を主義とする国家でなければならないのであって、それは、それ固有の手段によって、「倫理的社会」として、歴史的発展そのものをつうじて、産業の集中と独占の体制に到達するのである。半封建型の金利生活者の一掃は、イタリアでは、産業の変革の最大の条件（部分的にはその変革そのもの）であって、結果ではない。そして、国家の経済‐財政政策は、この一掃のための道具である。すなわち、国債の償還、株式債券の記名制、国家予算の歳入構成における間接税にたいする直接税の比重の増大、等々。ところが、このことが財政政策の方針となっているとはおもわれないし、なりつつあるようにもおもわれない。それどころでない。国家は新しい金利生活者たちをうみだしているのだ。貯蓄という古い寄生的蓄積の形態を促進し、いくつかの社会的な閉鎖区域を創出しようとしているのである。現実には、これまでのところ、協同体路線は、中間諸階級の絶滅ではなくて、それらの階級のあぶなっかしげな立場の補強のために機能してきている。そして、古い土台のうえに生じてくるもろもろの既成利害のために、しだいに現存するものの保守の機械に転化しつつあり、推進のばねではなくなっている。なぜか。協同体路線は失業にも依存しているからである。それは、就業者にたいして、競争が自由であったならば崩れさってしまって重大な社会騒乱をひきおこしかねない生活の最低水準を防衛しているのである。また、それは、中間諸階級の失業者たちにたいして、新しい型の職業、組織部門のものであって生産部門のものではない職業を創出している。それでも、いつの場合にも出口は残されているものである。大破局を避けるためになんとしてでも必要不可欠な均衡だけは維持しなければならないという、かくも微妙な情勢に依存しつつ誕生した協同体路線も、今後はきわめて緩慢な、ほとんどそれと気づかないほどの足取りで進んでいって、とりかえしのつかない打撃をあたえることなしに社会構造を変更していくことになるかもしれない。赤ん坊だって、しっかりとよくくるむほど、成長し、発育するものなのだ。〔中略〕いずれにせよ、その過程は長期のものになるだろうし、多くの困難に出あうだろう。そして、その間には、もろもろの新しい利害関心が登場してみずからを組織し、それの行く手に新しい強靭な反対派を形成して、ついにはそれを挫折させてしまうだろう。

[Q. 22, §6 ; cf. Q. 1, §135]

(1) マッシモ・フォーヴェル (Natale Massimo Fovel, 1880-1941) はイタリアの経済学者。主要な著作に『経済と協同体主義』（一九二九年）や『政治・歴史・経済の新問題』誌一九三二年四―六月号に発表された「『生産者の経済』としての協同体主義の理論的構造」などがある。政治的には、急進党から社会党、そして共産党へと遍歴を重ねたのち、ファシスト党への入党を申請したが、ムッソリーニに拒否されている。

（2） 原語は〈corporativismo〉である。イタリア・ファシズムによって標榜され、一九二〇年代後半から三〇年代前半にかけての時期にはその制度化に全力が投入された理念で、生産の職能的単位としての労資混合的な「協同体」（corporazione）を細胞とする国家組織の実現を骨子としていた。

（3） ヴォルテールの『カンディード』に出てくる言葉。

（4） スピリトとかれの「所有協同体」の観念については、本書三四七ページの訳注（2）を参照のこと。

（5） ファシスト組合における工場代表の問題を指している。この問題は、ファシスト協同体総連合が、一九二五年十月、工業総同盟とのあいだでヴィドーニ館協定を締結したさい、産業労働者の独占的代表権を獲得するのとひきかえに、工場内部委員会の廃止に同意し、自分たちの工場代表の権限問題の明確化を放棄したときに、すでにもちあがっていた。また、一九二七年に公布された「労働憲章」の草案作成の過程では、「統合サンディカリズム」の理論家エドモンド・ロッソーニ（Edmondo Rossoni, 1884-1965）によって工場労働者代表の承認がこころみられたが、実現をみることなくおわった。

（6） ここにある「アニェッリの試み」というのは、具体的には、トリーノのフィアット自動車工場でグラムシら『オルディネ・ヌオーヴォ』グループの指導と援助のもとで労働者たちによっておこなわれた一九二〇年九月の工場占拠ののち、同工場の創設者で一九二〇年から代表に就任していたジョヴァンニ・アニェッリ（Giovanni Agnelli, 1866-1945）から、フィアットを協同組合に改組しようとの提案がなされたことを指しているものと推定される。

産業主義の歴史はつねに人間における「動物性」の要素にたいする不断の闘争であった。産業主義の発展の必然的結果である集団生活のますます複雑化していく諸形態を可能にするような、秩序、正確さ、精密さなどのより複雑で厳格な新しい規範と習慣へと、たえず本能（自然的な本能、すなわち、動物的で原始的な本能）を服従させていこうとする、しばしば苦痛と流血をともなう間断なき過程であったのだ（そして、それは、今日では、いっそう強化された厳格な形態をとるにいたっている）。この闘争は外部から課せられたものであり、これまでのところ、獲得された成果は、さしあたってのものとしては大きな実際的価値をもつものではあっても、大部分はたんに機械的な性質のものであって、「第二の自然」となるにはいたっていない。だが、新しい生活様式というものは、古い生活様式にたいする闘争が課題であるような時期には、いずれも、いつの場合にも、ある時点までは機械的な圧力の所産ではなかったのか。今日ではなおもあまりに「動物的」でありすぎるとして克服が要請されている本能でも、先行するもっと原始的な本能にくらべれば、実際にはいちじるしく進歩したものであったのである。人間的な生活を実現し、本能の苦痛にみちた抑制をおこなうにあたって、遊牧生活から定着農耕生活への移行の過程で支払われた「代価」がどれほどのものであったか、だれか記述できる者がいるだろうか。農耕と手工業における奴隷制の最初の諸形態のこともかんがえてみるとよい。これまでのところ、存在と生活の様式のあらゆる変化は、残忍な強制をつうじて、すなわち、社会の生産的諸勢力全体にたいするひとつの社会集団の支配をつうじて、もたらされてきた。新しい型の文明、新しい生産と労働の形態に適した人間の選択ないし「教育」は、未曾有の残忍さを発揮しながら、弱者や反抗者を下層階級の地獄につきおとすか、完全に絶滅させてしまうことによって、おこなわれてきたのである。新しい型の文明が到来するたびに、またはその発展の過程では、いくつもの危機があった。しかしまた、これらの危機にまきこまれたのはだれであったのか。勤労者大衆ではなく、必然的に社会の全域におよばざるをえない強制的圧力をわが身に感じていた中間諸階級と支配階級自体の一部とであったのだ。放蕩の危機は無数にあった。歴史的画期がおとずれるたびごとにそれは生じている。強制的圧力が社会全体におよぶときには（このことはとくに奴隷制の崩壊とキリスト教の出現以降みられるようになるのだが）、本質的には暴力を行使していながらそれに説得と同意の外面的形式をあたえようとするピューリタニズム的イデオロギーが発達する。しかし、成果がすくなくともある程度まで達成されるやいなや、圧力は中断され〔注記省略〕、放蕩の危機が生じるのである〔注記省略〕。しかし、この危機も、勤労者大衆には表面的にしか影響をおよぼすことはない。あるいは、それはかれらの女たちを堕落させることはあったので、間接的に影響をおよぼすにすぎない。じっさいにも、勤労者大衆は、生活と労働の新しい体系に必要な習慣や行動様式をすでに身につけている。あるいはまた、かれらの生存の基礎的な必要にたいしてくわえられる強制的圧力を依然として感じつづけているのである（禁酒法反対にしても労働者たちがのぞんだことではなかったし、密輸とギャング行為にともなう腐敗がひろがったのは上層階級のあいだにおいてであった）。

戦後、人びとの行動様式にかつてない幅と深さをもった危機があらわれたが、この危機をうみだした強制の形態は、新しい労働の形態に適合する習慣をつくりだすために課せられたものではなくて、戦争と塹壕の生活のすでにその当時においても一時的なものとかんがえられていた必要から課せられたものであった。戦争の必要からもたらされた圧力は、とくに青年大衆の性本能を、正常なものさえもふくめて、おさえつけていた。そして、平常の生活への復帰とともに爆発した危機は、多くの男性の死亡と両性間の数的比率の恒常的な不均衡とによって、いっそう激しいものとなるにいたったのであった。性生活にむすびついた諸制度は強い衝撃をうけ、性の問題について新しい形態の啓蒙主義的ユートピアが展開された。危機は、国民の全階層に波及し、この間に提起されつつあった新しい労働の方法の必要（テイラー・システムおよび合理化一般）と矛盾しはじめたことによって、さらに激化した（そしていまもなお激化しつづけている）。これらの新しい労働の方法は、性本能の（神経系統の）厳格な規律づけ、すなわち、性関係の規制と安定という広い意味においての（家族制度のあれこれの形態という意味ではなくて）「家族」の強化を要求しているのである。

性の分野においては、風紀を紊乱するところがもっとも大きい「退行的な」イデオロギー的要因は生産的労働と密接にむすびついていない諸階級に特有の啓蒙主義的で自由放縦的な思想であるという事実、また、それはこれらの階級から勤労者階級へ伝染していくという事実を強調しておく必要がある。ある国家において勤労者大衆がもはや上層階級の強制的圧力をこうむっていないとすれば、そして、生産と労働の新しい方法に関連する新しい心身の習慣や適性が獲得されるのが、相互のあいだで説得活動が展開されたり、信念が個別的に提案されて受容されることをつうじてでなければならないとすれば、この要素はなおいっそう重大なものと化す。一種の二重底的な状況、「口先では」新しい必要を承認するイデオロギーと、身体が実際に新しい適性を獲得するのをさまたげる現実の「動物的な」実践とのあいだに、ひとつの内的な葛藤がつくりだされるかもしれないのである。この場合には、全体的な社会的偽善の状況とでもよびうるものが形成される。全体的というのはどうしてか。他の状況のもとにあっては、人民的諸階層は「徳」を守るよう強いられる。そして、この一方で、「徳」を説教する者のほうは、口先ではそれに忠誠を誓っても、それを守ることをしない。したがって、偽善は一定の階層のものであって、全体的なものではない。なるほど、こういった状態は長続きせず、やがて放蕩の危機にいたるだろう。が、そのときには、すでに大衆は「徳」を同化吸収して、ほとんど恒常的な適性にしてしまっているであろう。すなわち、動揺の度合いは小さくなっているにちがいないのである。

ところが、これにたいして、上層階級の強制的圧力が存在しない場合には、「徳」は一般論としては主張されても、信念によっても強制によっても守られることはなく、それゆえ、新しい労働の方法にとって必要な心身の適性の獲得はなされないことになってしまう。危機は「恒常的な」ものと化しかねないのである。すなわち、破局的展望のもとにあっては、それに限定をくわえることができるのは強制のみであるから、新しい型の強制は、ある階級のエリートが自分の階級にくわえるものであるかぎりで、自己強制、すなわち、自己規律以外のものではありえないのだ（椅子に体をしばりつけたアルフィエーリ(1)とでもいおうか）。いずれにしても、エリートたちのこの機能に対立するものがあるとすれば、それは性関係の領域における啓蒙主義的で自由放縦的なメンタリティーである。そして、この思想に反対して闘うことは、まさしく、歴史的任務を遂行するのに必要なエリートたちをつくりだすこと、あるいはすくなくとも、かれらの機能が人間活動のすべての領域にまで拡大されるよう、かれらを発展させることを意味している。

［Q. 22, §10 ; cf. Q. 1, §158］

（1） アルフィエーリ（Vittorio Alfieri, 1749-1803）は、イタリアにおけるロマン主義の先駆者と目される詩人・悲劇作家。激情的な性格の持ち主で、圧制にたいする断固たる敵対者、絶対的自由のあくなき追求者として知られる。

レオーネ・ダヴィドヴィの傾向(1)は、これら一連の問題と密接に関連していた。このことは十分に明らかにされてこなかったようにおもわれる。かれの傾向の本質的内容は、この観点からみた場合には、国民生活において産業と産業的方法に至上権をあたえ、生産における規律と秩序を外部からの強制的手段によって促進し、人びとの行動様式を労働の必要に適合させようとする「あまりにも」断固とした(ひいては合理化されていない)意志にあった。この傾向は、それに関連するすべての問題の一般的なありかたからして、必然的にボナパルティズムの一形態にいたらざるをえないものであった。それゆえ、容赦なく粉砕する必要があったのだ。かれの先見は正しかったが、実践的解決策は完全に誤っていた。この理論と実践のあいだの不均衡には、危険が、しかもすでにこれにさきだって一九二一年に露呈していた危険(2)がひそんでいた。生産と労働を秩序あるものにするためには直接かつ間接に強制がくわえられなければならないという原則は正しい(テロリズムにかんする著作に収録されているマルトフ批判の演説を参照のこと)(3)。が、その原則がとった形式は誤っていた。軍事モデルが命取りの先入見と化して、労働軍隊は失敗に帰したのである。アメリカニズムにたいするレオーネ・ダヴィドヴィの関心。「ブイチ」〔=生活または生活様式〕や文学にかんするかれの論説と調査(4)——これらの活動は、一見してそうみえるほどたがいに無関係のものではない。というのも、新しい労働の方法は、ある特定の生活様式、生活を思考し感受する様式ときりはなすことのできないものだからである。一方の分野で成功をおさめるには、もう一方の分野でもそれとわかる成果をあげていなくてはならないのだ。アメリカでは、労働の合理化と禁酒主義とは疑いもなく関連していた。労働者の私生活にかんする産業家たちの調査、労働者の「道徳」を管理するためにいくつかの経営体で創設された査察機関は、新しい労働の方法の必要から出たものである。これらのイニシアテイヴを（たとえ失敗におわったにしても）嘲笑し、そこに「ピューリタニズム」の偽善のあらわれしかみないならば、アメリカ的現象の重要性と意義、そして客観的価値をつかみとるいっさいの可能性をみずから奪ってしまうことになるだろう。それは、新しい型の勤労者と人間を未曾有の速さと史上かつてみられなかった目的意識とをもってつくりだそうとする、これまでにあらわれた最大の集合的な努力でもあるのだ。「目的意識」というと、「慣らされたゴリラ」にかんするテイラーの言葉(5)を記憶している者には、すくなくとも奇警にきこえるかもしれない。じっさいにも、テイラーは、アメリカ社会の目的を冷笑的につぎのように表現している。勤労者のうちに機械的かつ自動的な態度を最大限に発達させること、勤労者の理解力、想像力、率先力のある程度の能動的な参加を要求していた専門的熟練労働におけるような心身の古くさい連関をたちきること、そして生産の諸作業を機械的な身体的側面だけのものに還元すること。しかし、これらはなにもとりたてて新奇なことではない。産業主義そのものの誕生とともに開始された長い過程の、最新の段階でしかないのである。この段階は、先行する諸段階よりも激烈で、そのあらわれかたもいっそう無慈悲なものである。が、これとて、従来のものとはことなった型の、そして疑いもなくさらに高次の型の新しい心身の連関がつくりだされることによって、やがてはのりこえられていくのである。もっとも、選択が強制的におこなわれるのはさけがたく、旧来の勤労者階級の一部は労働の世界から、そしておそらくは世界そのものから、容赦なく根絶されてしまうだろう。

フォード型のアメリカの産業家たちの「ピューリタニズム」的イニシアティヴは、このような観点からこそ、研究される必要がある。かれらが勤労者の「人間性」や「精神性」に配慮していないことはたしかであって、そんなものはただちにおしつぶされてしまう運命にある。そのような「人間性と精神性」は、生産と労働の世界、生産的「創造活動」のなかにおいてしか、実現されえない。それは職人のなかで最大限に実現されていたものであった。職人というのは、いってみれば「造物主《デミウルゴス》」であって、そこでは勤労者の人格がそっくり創造されたもののうちに反映されており、技術と労働の結びつきがなおきわめて強力であった。しかし、ほかでもない、このような「人間主義」をこそ相手にまわして、新しい産業主義は闘っているのである。「ピューリタニズム」的イニシアティヴが目的としているのは、ただひとつ、新しい生産の方法によって精力をしぼりとられた勤労者の生理的崩壊を防止できるような心身の一定の均衡を労働の外にあって維持するということであるにすぎない。この均衡は純粋に外部的で機械的なものでしかありえない。もっとも、それが勤労者自身によって提唱され、外部から課されるのでないならば、そして新しい形態の社会によって適切かつ独創的な手段をもって提唱されるならば、それは内面的なものに転化しうる性質のものであるにしてもである。アメリカの産業家が意をもちいているのは、勤労者の身体的効率、その筋肉と神経の効率の持続性を維持することである。あるひとつの安定した労働者総体、恒常的に一致協力体制にある総体をもつことこそが、かれの関心事なのだ。なぜなら、ある経営体の人間総体（集合的労働者）もまたひとつの機械であり、あまり頻繁に部品を分解したり更新したりすると大きな損失をこうむることにならざるをえないからである。

いわゆる高賃金は、この必要から出てきたひとつの要素である。それは生産と労働の体系に適合する労働者総体を選択して安定的に維持するための道具なのだ。しかし、高賃金は諸刃の剣である。勤労者には、増えた金銭を「合理的に」消費させる必要がある。かれの筋肉と神経の効率を維持し、更新し、できることなら増大させるためにこそ費やすべきであって、それを破壊したり損耗したりするために費やしてはならないのである。労働力破壊のもっとも危険な原因であるアルコールにたいする闘争が国家の役割となるのは、ここにおいてである。また、産業家たちの私的なイニシアティヴが不十分であることが判明したり、あまりにも深刻かつ広範な道徳の危機が勤労者大衆のあいだで発生したときには、他のもろもろの「ピューリタニズム」的闘争も国家の役割になることがある。長期かつ広範囲にわたって失業がおとずれたときなどがそうであろう。

もう一方の性の問題もアルコールの問題と関連している。性機能を濫用したり、不正規なしかたで使用したりすることは、アルコール中毒についで、神経エネルギーのもっとも危険な敵である。また、「しつこくつきまとう」労働が人びとを酒と女に走らせるというのは、日常的に観察されるところである。フォードが査察機関を結成して、かれの従業員の私生活に干渉し、従業員たちの賃金の使いかた、生活のしかたを管理しようとこころみたのは、こういった傾向のひとつの徴候である。この傾向は、いまはまだ「私的」ないしは潜在的なものでしかない。が、ある点にまでいたれば、伝統的なピューリタニズムに接ぎ木されて、すなわち、開拓者精神、「真の」アメリカニズム、等々の再生のかたちをとってあらわれて、国家的なイデオロギーになりうるものである。

これらのあらわれとの関連においてアメリカ的現象のうちでももっとも注目すべき事実は、勤労者たちの道徳‐行動様式と他の諸階層のそれとのあいだに分離が形成されており、今後ますます強まる傾向をみせていることである。禁酒法はすでにそのような分離の一例を提供してきた。合衆国内に密輸されたアルコールの消費者はだれであったか。アルコールは高級奢侈品に転化していたので、きわめて高い賃金をもってしても、勤労者大衆の広範な層がそれを消費することはかなわなかった。そのうえ、定時の賃金労働に従事する者には、アルコールの探索にふける時間もなければ、法の網をかいくぐる楽しみにふける時間もないのである。おなじことは性行為についても指摘できる。「ガール・ハンティング」のためには十二分の「余暇」が必要とされる。これにたいして、新しい型の労働者の場合には、農村の農民たちに起こっていることがべつの形態でくりかえされる。農民の性的結合が相対的に堅実なのは農村での労働体系と密接な関連がある。労苦の長い一日をおわって夕刻帰宅する農民が欲しているのは、ホラティウスのいう「いつでもたやすく手にはいるウェヌス」なのだ。気ままな女どもを甘言でつるなどといったことは農民には向いていない。農民が愛するのは、しっかりした、まちがいのない女性である。そして、そのような女性は気取ったりはせず、所有されるための誘惑と略奪の喜劇をもとめることもない。こうなると、一見したところ、性的機能は機械的なものになってしまうかのようである。が、実際には、ここにみられるのは、小ブルジョアや定職をもたないボヘミアンに特有のロマン主義的虚飾の「けばけばしい」色彩をもたない、新しい形態の性的結合なのである。新しい産業主義が一夫一婦制をのぞんでおり、勤労者たるべき人間がその神経エネルギーを一時の性的満足のふしだらで刺激的な追求のなかで浪費してしまわないようのぞんでいることは明白であるとおもわれる。一夜の「遊蕩」ののち仕事に出かける労働者はよい働き手ではないのである。情熱的高揚は、もっとも完全な自動機械とむすびついた生産作業の精密な時間測定のもとにある運動とは調和できないのだ。大衆にくわえられるこのような圧力と強制は、全体としては疑いもなく成果をおさめるであろう。そして、一夫一婦制と相対的安定が基本的特徴とならざるをえないはずの新しい形態の性的結合が出現するであろう。合衆国において公式に宣伝されている性のありかたからの逸脱現象について、社会集団別に分析した統計の結果がわかれば、おもしろいかもしれない。一般的には、離婚はとくに上層階級に多いことが判明するのではないだろうか。

合衆国における勤労者大衆と指導階級のしだいにその数を増しつつある分子とのあいだに生じているこのような道徳面での分離は、きわめて興味深い現象である。また、そこから帰結するものも豊富である。ほんの少しまえまで、アメリカの民は勤労の民であった。「勤勉の天性」は、たんに労働者だけにそなわった特徴ではなく、指導階級にあっても特質のひとつをなしていた。億万長者が病気や老衰によって引退を余儀なくされるまで現役で働きつづけているという事実、かれの活動時間は一日のうちのいちじるしく多くの部分を占めているという事実——ここにこそ、典型的にアメリカ的な現象のひとつがあり、平均的なヨーロッパ人にとっては驚嘆以外のなにものでもないアメリカ人気質があった。このアメリカ人とヨーロッパ人との相違は、さきにも指摘しておいたように、合衆国には「伝統」が欠けているということから生じている。伝統というものが歴史のなかで没落してしまったすべての社会形態の受動的な残滓をも意味しているかぎりにおいてはそうなのである（この一方で、合衆国には、開拓者の「伝統」がある。「勤勉の天性」を最大限に発揮してきた強力な個性の持ち主たち、奴隷や農奴の軍団を媒介にしてではなく、直接に自然の諸力と精力的に接触して、それらの諸力を支配し利用することに成功してきた人びとの「伝統」がなおもみずみずしく息づいているのだ)。ヨーロッパにおいてアメリカニズムに抵抗し、「質を代表している」のは、それらの受動的な残滓である。かれらは生産と労働の新しい形態が自分たちを容赦なく一掃してしまうであろうことを本能的に感じとっているのである。

しかし、ヨーロッパでは、このようにして、まだ葬りさられていない老残物もいずれは最終的に粉砕されるだろうことはまちがいないとすれば、当のアメリカ自体ではなにが起こりはじめているのであろうか。いま指摘した道徳面での分離は、しだいに広範な社会的受動性の圏域がつくりだされつつあることを明らかにしている。この現象のなかでは女性が支配的な役割を演じているようである。産業家の男性は億万長者でも働きつづけているが、かれの妻や娘たちはしだいに「愛玩動物」になりつつある。美人コンテスト、映画や演劇の出演者の募集(一九二六年にフォックス社に水着姿の写真を送ったイタリア娘は三万人にのぼったことを想起されたい)等々は、世界中から美女を選抜して競売台に立たせることによって、売春的メンタリティーを喚起しており、「婦女売買」は上流階級ではいまや合法的におこなわれるところとなっている。余暇をもてあました婦人たちは、たえず大洋を横断してヨーロッパに出かけては、そこで母国の禁酒法をのがれ、また一時的な「結婚」をしている(多くのカップルがヨーロッパを出航すると結婚し、アメリカに上陸するまえに離婚するので、船上結婚の効力を発生させる権限が合衆国の船長から奪われたことを想起すべきである)。現実には売春は蔓延しているのであって、ただ法律的手続きが穴だらけのために隠されているにすぎないのだ。

上流階級に特有のこれらの現象は、勤労者大衆に強制をくわえてかれらを新しい産業の要請に同調させることをますます困難にするであろう。いずれにしても、これらの現象は心理的な分裂をうみだしており、もろもろの社会集団の結晶化と飽和化を加速している。そして、ヨーロッパで起きているのとおなじように、かれらもまたカースト〔=世襲的に固定した身分集団〕へと変容しつつあることを明らかにしているのである。

[Q. 22, §11; cf. Q. 4, §52]

(1) 「レオーネ・ダヴィドヴィ」はトロツキーのこと。したがって、「レオーネ・ダヴィドヴィの傾向」というのはいわゆるトロツキズムを指す。

(2) トロツキーは、ソ連邦における戦時共産主義からネップ(新経済政策)への移行期に、労働組合の国家機関化、労働者の労働の軍隊化、労働組合と生産への軍事的方式の採用を主張した(一九二〇年十二月の「労働組合の役割と任務について」を参照)。これにたいして、レーニンは、「労働組合について、現在の情勢について、トロツキーの誤りについて」その他で、労働組合は国家的強制を実現する階級の組織であるが、それは国家組織、強制の組織ではなく、教育の組織、管理と経営の学校であり、そのいっさいの活動は説得の方法によらなければならない、と指摘した。一九二一年三月の第十回ロシア共産党(ボ)大会ではレーニンの政綱が採択され、トロツキーの主張はしりぞけられた。

(3) テロリズムにかんするトロツキーの著作というのは、『テロリズムと共産主義（反カウツキー論）』（イタリア語訳、一九二一年）のことである。同書の第八章には第三回労働組合全ロシア会議において労働の軍隊化を主張したトロツキーの演説が収録されている。しかし、そこで論争の相手にされているのは、マルトフではなく、メンシェヴィキのアブラモヴィチである。

(4) トロツキーが「アメリカニズム」に関心をしめしていたことは『テロリズムと共産主義』をふくむかれの一連の著作からうかがえる。「ブイチ」や文学にかんする調査と論説については『文学と革命』と『日常生活の諸問題』（いずれも一九二三年）を参照のこと。ちなみに、前者には、ロシア滞在中のグラムシがトロツキーの要請をうけて一九二二年九月にまとめたイタリアの未来派運動にかんするノートが付録として収められている。

(5) このテイラーの言葉は、アンドレ・フィリップの『合衆国における労働者問題』（一九二七年）のなかに出てくる。

ルイージ・ピランデッロ[1]は、コッラード・アルヴァーロとのインタヴュー（『イタリア・レッテラリア』誌一九二九年四月十四日号）のなかで、つぎのようにのべている。《アメリカニズムがわたしたちを席巻している。かなたには新しい文明の灯がともっているようだ》。《世界に流通している金《かね》はアメリカの金だ（!?）。そして、金（!）の背後では、生活様式と文化が流通している（このことが真実なのは社会のあぶくについてだけでしかない。そのようなコスモポリタンなあぶくから「世界」そのものが成り立っているものと、ピランデッロは、そしてかれとともに他の多くの者たちは、信じているようだ)。アメリカには文化があるのだろうか(これはこういうべきであろう。単一の集中された文化があるのだろうか、すなわち、アメリカはフランス、ドイツ、イギリス型の国民なのであろうか、と)。アメリカには本と風俗とがある。風俗こそはアメリカの新しい文学であって、これはどんなに小さな、かたく閉じた扉をもとおして浸透してくる。ベルリンでは、あなたは古いヨーロッパと新しいヨーロッパとの分離を感じない。この都市の構造そのものが抵抗をしめさないのだ(ピランデッロは今日ではおなじことを口にできないだろう。かれがいっているのは夜のカフェーのベルリンであると理解すべきである)。歴史的かつ芸術的な構造が存在しており、自生の文明の証拠がいまも残っているパリでは、アメリカニズムは街の女の老いた顔にぬりたくられた脂粉のように不調和だ(2)》。

しかし、問題は、なおも「灯」の状態ではあっても、新しい文化、新しい文明がアメリカに存在するかどうか、また、それがヨーロッパに侵入しつつある、またはすでに侵入してしまっているかどうか、ということにあるのではない。問題をこのように立てるなら、答えは簡単であろう。答えは否である。そんなものは存在しない。それどころか、アメリカではヨーロッパの古い文化を咀嚼しなおす以上のことはなにもなされてはいないのだ。問題はつぎの点、すなわち、アメリカは、それの経済的生産のもつ容赦ない重みによって(つまりは間接的に)、ヨーロッパに、そのあまりにも時代遅れの経済的-社会的制度をくつがえすことを余儀なくさせるにいたるのだろうか、あるいはすでに余儀なくさせつつあるのだろうか、という点にある（そういった事態は起こっているのだろうが、そのリズムは緩慢で、さしあたってはアメリカの「専横」にたいする反撃というかたちであらわれている）。いいかえるなら、ヨーロッパ文明の物質的土台の変革が生じつつあるのかどうか、という点こそが問題なのだ。このような物質的土台の変革が生じつつあるのであれば、それは、長期的には（といっても、現代では万事が昔より速く進行するので、それほど遠い将来のことではない）、かならずや既存の文明のありかたを一新して、新しい文明の誕生にいたるはずである。

今日アメリカの商標のもとにひろまっている「新しい文化」や「新しい生活様式」の諸要素は、まだかろうじて最初の手探りの状態にあるにすぎない。そして、これらは新しい制度からうまれた「秩序」によるものではなくて（そのような制度や秩序はまだ形成されおえてはいない）、いまだ形成途上にある新しい制度の作業（なおも破壊的で解体的な）から社会的にはずされていると感じている諸分子の皮相で猿まね的なイニシアティヴによるものである。今日「アメリカニズム」とよばれているものは、大部分が、新しい秩序が確立されたあかつきにはその秩序によってまさに粉砕されてしまうであろう古い諸階層、そして、すでに社会的パニック、解体、絶望の波のえじきになっている古い諸階層の予防的な批判であり、再建の能力もないまま変革の否定的側面にしがみついている者たちの無意識的な反動の試みである。再建を期待することができるのは、新しい秩序によって「断罪」される社会集団からではなく、強制され、みずから耐え忍びながら、この新しい秩序の物質的土台を創造しつつある者たちからである。この者たちは、今日では「必然」であるものを「自由」に転化させるために、アメリカの商標のつかない「オリジナルな」生活体系をみつけださ「なければならない」のだ。

新しい生産方法が確立されつつあることにたいする知的道徳的な反動も、アメリカニズムの皮相な称揚も、いずれもが、崩壊しつつある古い諸階層の犠牲的分子によるものであって、新しい方法のいっそうの発展と運命をともにしている諸集団によるものではないということの判断は、きわめて重要である。そして、この判断は、中間層全体の組織化に自分たちの命運をかけている現代政治の一部の責任ある分子が、どちらにも加担せず、「理論的には」中立を維持しながら、実践的諸問題を伝統的な経験主義と機会主義の方法によって解決しようとしている事情を説明してくれる（農村第一主義について、農村の「都市化」を意図しているU・スピリトから、牧羊神の笛を吹いている他の者たちにいたるまで、じつにさまざまな解釈が提出されていることを参照されたい）。(3)

アメリカニズムの場合、これをコーヒーを飲む生活としてだけでなく、ロータリー・クラブのイデオロギーとしてうけとった場合でも、それが新しい型の文明でないことは、基本的集団の性格や関係にはなんらの変化もないことから判明する。それはヨーロッパ文明を有機的に延長し強化したものであって、ただそれがアメリカの風土のもとで新しい外皮をまとっているにすぎないのである。いずれにせよ、アメリカニズムはパリでは反対にあっており（だがクルーゾーではどうか）[4]、ベルリンではさしあたっては歓迎されているというピランデッロの観察は、それが「ユーロピアニズム」とのあいだに性質上の差をもつものではなく、たんに程度の差しかもつものでないことを証拠づけている。ベルリンでは、中間諸階級は戦争とインフレーションによってすでに没落しており、ベルリンの産業は全体としてパリのそれとはかなりちがった性格をおびている。これにひきかえ、フランスの中間諸階級は、ドイツのインフレーションのような偶発的な危機をも、二九年以降の有機的な危機をも、ドイツがこうむったのとおなじ加速度ではこうむってはいないのだ。したがって、パリではアメリカニズムが脂粉、皮相な外来の流行に映るというのは、真実である。

[Q. 22, §15; cf. Q. 3, §11]

（1） ルイージ・ピランデッロ（Luigi Pirandello, 1867-1936）は、イタリアの劇作家・小説家。『作者をさがす六人の登場人物』（一九二一年）などの作品がある。

（2） （ ）の部分はグラムシの評言である。

（3） 『資本主義と協同体主義』（一九三四年）に収録されている論説「農村化か産業化か」（一九三〇年）への言及である。

（4） フランス中部のブルゴーニュ地方にある鉄鋼業中心地。

編訳者あとがき

二年前の春まだ浅きころである。青木書店編集部の島田泉さんから、突然、一通の封書がとどいた。なにごとかとおもって開けてみると、同書店が「青木文庫」の一冊として一九六四年の四月に初版を出したアントニオ・グラムシ『現代の君主』の復刊についての相談ではないか。

青木文庫版『現代の君主』は、第一次安保闘争直後の左翼戦線再編過程で誕生した「東京グラムシ研究会」というちっぽけな研究会が、グラムシの獄中ノートのうち政治理論にかんするものを中心に進めてきた月例読書会の成果を世に問うたものであった。文庫本という簡便さもあってか、売れ行きは良好で、七〇年代なかごろまで何度か版を重ねた。しかし、その後はずっと品切れになっていた。ところが、グラムシ没後五十年のシンポジウムが開催された一九八七年あたりから、ふたたび、この二十世紀先進資本主義諸国における革命理論の創造的発展に大きく貢献したといわれるイタリア人マルクス主義者への関心が高まりつつあるようで、青木書店にもいくつか在庫の問い合わせがあったという。こういった状況をうけての相談である。

青木文庫版『現代の君主』の実際の翻訳作業には、編訳者として名を出している石堂清倫さんと前野良さんのほか、中村丈夫さんと上杉聰彦さん、それにわたしの計五名がたずさわっていた。そこで、五名でさっそく話しあってみたが、再刊計画自体には異存はないものの、なんといっても三十年もむかしの、わたしたちのイタリア語能力もはなはだ不十分であったころの翻訳であり、それを今日の読者にそのまま復刻して提供するのはどうもはばかられるというのが、全員の一致した意見であった。それにしても、せっかくの機会である。必要最小限の手直しをほどこしたうえで再刊するのがよいだろう、という結論におちついた。手直しの作業は、わたしに一任された。

しかしながら、見通しはあますぎた。まず訳文にかんしては、編集部の用意してくれた拡大コピーの最初の数ページに手を入れはじめた段階で、とても「手直し」程度ではすまないことが判明した。訳注も一新する必要があった。

それだけでない。青木文庫版『現代の君主』は、一九六一年秋から合同出版社版『グラムシ選集』の刊行が開始されつつあったなかにあって、東京グラムシ研究会が独自の立場からの編集をこころみたものであり、そこには、じつはわたしのプランが大幅にとりいれられていた。わたしは当時、まだ二十歳になるかならないかの学部の学生であった。それでも、限られた条件と能力のゆるす範囲で、精一杯の努力はしたつもりである。しかし、この編集内容自体についても、三十年ぶりにあらためて通読してみると、いまではもう自負よりも不満足感のほうが大きいのであった。わたしたちが底本に使用したのは、グラムシの生前の書きものをイタリア共産党傘下のグラムシ研究所がテーマ別に編集してエイナウディ出版社から一九四七年以来刊行しつづけていた「アントニオ・グラムシ著作集」であった。ところが、なかでも獄中ノートにかんしては、その後一九七五年になっておなじくグラムシ研究所がヴァレンティーノ・ジェッラターナを編集責任者にしてこれまたおなじくエイナウディ出版社から出した画期的な校訂版のおかげで、その三十冊におよぶノート・ブックのほぼ全容を、それも執筆年代を追って、うかがい知ることができるようになっている。それだけになおさらであった。再刊にさいしては、当然ながら、この新しい校訂版を底本にすべきであろうとおもわれた。

このようなわけで、わたしは、編訳責任のいっさいを今回はわたしが単独で負うことを旧共訳者のかたがたに了解してもらったうえで、訳文、訳注を全面的にあらため、ノートの採録と配列についても部分的な変更をほどこすことに心を決めた。こうしてできあがったのが、この『新編・現代の君主』である。三十年前、未熟なわたしの編集プランを大幅に採用してくださるとともに、今回もまた、わたしの勝手な決断をこころよく受けいれてくださった旧共訳者のかたがたには、心からの感謝の意を表させていただきたい。また、わたしたちの今回の再刊計画に理解をしめして新しい校訂版にもとづく独自の編集と翻訳を許可してくれたグラムシ研究所にも感謝する。

本書では、従来「市民社会」と訳されてきた〈società civile〉を「倫理的社会」とするなど、主要訳語のいくつかに大胆な修正をほどこしてある。

また、訳注はグラムシにはじめて接する読者のためにとおもって付けたものであり、専門的細部にたちいることはできるだけ慎んだつもりであるが、それでも読者は随所にわたし独自の調査の結果と解釈をみいだすことであろう。なかでも、クローチェ、ジェンティーレ、ソレルの思想のグラムシへの影響に言及した箇所などはそうであろう。たとえば、グラムシの口にしている〈rovesciamento della praxis〉（実践の反転）という言いまわしがマルクスの「フォイエルバッハにかんするテーゼ」についてのジェンティーレの独創的解釈に由来するという事実ひとつにしても、この事実をこれまで明確に指摘したグラムシ研究者をわたしは知らない。

さらに、付録に「アメリカニズムとフォーディズム」にかんするノートを抄訳して収めたのは、グラムシとレギュラシオン学派との結びつきに関心をよせておられる石堂さんの強いご希望があったのもさることながら、今回の新訳作業のなかであらためて確認させられることになったグラムシの《全体主義》にかんするわたし自身の解釈を補強するための資料を提供しておきたいという意図があってのことである。

ふりかえってみれば、二十世紀はすぐれて全体主義の世紀であった。第一次世界戦争とともに人類はドイツの将軍エーリヒ・ルーデンドルフのいわゆる「全体戦争」の時代をむかえることになった。戦争の遂行のためには、それまでのように軍隊または狭い意味での戦闘員だけでなく、国民の擁する人的ならびに物的な資源の全体的な動員体制、それも平時からの恒常的な動員体制の確立が必要とされるようになったのである。こうして、世界の主要な諸国が、通常そのレッテルを貼られているファシスト・イタリアやナチス・ドイツ、あるいはまたソヴィエト・ロシアをはじめとする社会主義諸国だけでなく、アメリカ合衆国や西欧の自由主義を自認している諸国もふくめて、これもまたドイツの法学者にして政治学者であるカール・シュミットが「全体国家」と名づけたもの、すなわち、社会にたいする中立ないし不介入という十九世紀のブルジョア自由主義国家の建て前を放棄して、社会的なもののいっさいをみずからのうちに把握しつくそうとする国家、みずから社会の自己組織たらんとする国家へと、国家の形態を大きく変化させていった世紀——それが二十世紀であった。

そして、グラムシは、かれ自身うたがいもなく、そのような二十世紀の典型的に全体主義的な状況に深く規定されたところで、それ自体あきらかに全体主義的な性格の規制された生産者社会の実現のうちに人間の解放を展望していた思想家のひとりなのであった。今日の時点でグラムシを読みかえすとは、なによりもまず、このかれの根本志向の意味するところを、いまではもう「組織資本主義」とか「高度福祉社会」といった名称のもとで広範囲にわたって実現をみてしまっているかにみえる「全体国家」の現実に照らして問いなおすということでなくて、いったいなんであろう。

しかし、これらの点もふくめて、グラムシの思想についてのわたし自身の解釈を本格的に展開することは、べつの機会にゆずらせていただきたいとおもう。さしあたっては、本書の訳文と訳注、そして構成をとおして提示しえた範囲内で、各方面からの批判を待つしだいである。

一九九四年五月

上村 忠男

ちくま学芸文庫版解説　グラムシのマルクス主義について

1

アントニオ・グラムシ（一八九一—一九三七）は、二十世紀先進資本主義諸国における革命理論の創造的発展に大きく貢献したといわれるイタリア人マルクス主義者である。だが、そのグラムシのマルクス主義とは、そもそもいかなる性質のものであったのか。

この問題をかんがえるうえでまずもって注目されるのは、グラムシが獄中におけるノートのなかでマルクス主義にあたえている「実践の哲学」という規定であろう。

グラムシが、獄中におけるノートのなかで「マルクス主義」を指すのに、「史的唯物論（materialismo storico）」という語とならんで、「実践の哲学（filosofia della praxis）」という語を用いていることについては、第二次世界戦争後まもなく、グラムシが獄中で書きつづっていたノート・ブックが、当時のイタリア共産党書記長パルミーロ・トリアッティの指示のもと、『史的唯物論とベネデット・クローチェの哲学』『知識人と文化の組織』『リソルジメント』『マキャヴェッリ、政治、近代国家についてのノート』『文学と国民生活』『過去と現在』の六巻に整理されたうえ、「アントニオ・グラムシ著作集」に織りこまれ、一九四八—五一年に公刊された当初から、つとに注目されてきた。

しかしまた、一九七五年に出たヴァレンティーノ・ジェッラターナの監修になるグラムシ研究所の新しい校訂版『獄中ノート』からは、この点についてさらにひとつの新しい事実が浮かびあがってくる。「第一ノート」と頭書されたノート(一九二九—一九三〇)を筆頭に、最初の時期にはもっぱら「史的唯物論」のほうが使用されていた。ところが、一九三二年にテーマ別ノートの作成が始まってからは「実践の哲学」という表現が採用されるようになり、それ以前に書きためてきた文章を転写するさいにも、ほぼ機械的に「実践の哲学」に置き換えられていることが判明したのだ。

この事実を丹念に実証してみせたある研究者は「言語論的メタモルフォーシス」というような言い方をしている。(1) ここまで言うのは大仰にすぎるかもしれないが、マルクス主義の最大の特質はそれが「実践の哲学」である点に見いだされるとの認識がいつのころからかグラムシのなかで固まりつつあったこと、そして一九三二年、それまでに書きためてきた覚え書きをテーマ別ノートに整理しなおそうと思い立ったときには、それはもはや揺るぎない確信となっていて、この統一的な視点のもとで叙述の全体を体系づけていこうという決意を固めた模様であることをうかがわせる事実であることはたしかである。興味深い事実であるといってよい。

だが、新たに明らかになったのは、この事実だけではない。グラムシの抱懐していた「実践の哲学」の内容を理解するうえで鍵となるとおもわれる用語のひとつに「実践の反転（rovesciamento della praxis）」という用語がある。この用語に関連しても、グラムシは獄中でマルクスの「フォイエルバッハにかんするテーゼ」の翻訳をこころみていて、そのなかで、テーゼ三に出てくる"umwälzende Praxis"を"rovesciamento della praxis"と訳していることが、新しい校訂版にその翻訳ノートが収録されたことによって明らかになったのである（cf. Q. 2355-57）。

マルクスの「フォイエルバッハにかんするテーゼ」は、イタリアでは、哲学者のジョヴァンニ・ジェンティーレ（一八七五―一九四四）によって、一八九九年、『マルクスの哲学』の第二部「実践の哲学」のなかで、エンゲルスの『ルートヴィッヒ・フォイエルバッハとドイツ古典哲学の終結』（一八八八年）に収録されているテクストから全訳された。そのさい、ジェンティーレは、テーゼ三のなかの"umwälzende Praxis"に"prassi rovesciata"というイタリア語をあてがっている。「裏返った実践」または「反転する実践」である。そして、註解のなかでは、この「実践の反転作用」を指して"rovesciamento della prassi"というように表現している。(2)

テーゼ三にはこうある。《人間は環境と教育の所産であり、したがって人間の変化は環境の相違と教育の変化の所産であるという唯物論的学説は、環境はまさに人間たちによっ

を忘れている。〔中略〕環境の変化と人間の活動との合致は、ただ umwälzende Praxis としてのみとらえられ、合理的に理解される》(3)。ここにある「教育者みずからが教育されることにならざるをえない」という部分を、ジェンティーレは、人間による環境世界の認識とそれを踏まえたうえでの環境世界への実践的な働きかけとのあいだの弁証法的な「反転」関係を述べたものというように解釈するのである。

このジェンティーレの訳語は、その後、おなじく哲学者のロドルフォ・モンドルフォ(一八七七—一九七六)が一九〇九年に発表した「フォイエルバッハとマルクス」という論文で「テーゼ」の読解をこころみたさいにも受け継がれた(4)。なかでもこちらのほうは、版を重ねたかれの論文集『マルクスの足跡に従って』(初版一九一九年、第二版一九二〇年、改訂第三版一九二三—二四年)に収録されたこともあって、イタリアの社会主義者やマルクス研究者のあいだに広く流布するところとなった。

じつをいえば、グラムシが獄中で書きつづっていたノートに登場する「実践の反転」という言い回しはジェンティーレとモンドルフォのラインから採ってこられたのではないかというのが、かねてよりのわたしの推測であった。新版『獄中ノート』に収録されたグラムシ自身の手になる「テーゼ」の翻訳は、わたしの推測が当たっていたことを裏づけるものといってよい。

ちなみに、「実践の反転」という言い回しが獄中でのグラムシの思索ノートに最初に登場するのは、ノート8（一九三一－一九三二）の「構造と上部構造」と見出しされたパラグラフ182においてである。執筆時期は一九三一年十二月と推定されている。[5] 一方、「テーゼ」の翻訳のほうは、ノート7（一九三〇－一九三一）のドイツ語の翻訳練習にあてられた部分の冒頭に出てくる。ここからは、「実践の反転」という用語をグラムシが使用するようになったのは、「テーゼ」の翻訳以後であったらしいことがうかがわれる。

2

もっとも、"umwälzende Praxis"を「反転する実践」ととる点では、ジェンティーレ、モンドルフォ、グラムシの三者は共通しておりながらも、その「反転」構造の理解においては、たがいに立場を大きく異にしている。「テーゼ」において、マルクスはフォイエルバッハを批判して述べている。フォイエルバッハは観念論の抽象的な思考に満足せず、感性に訴えようとするが、その感性を客体あるいは直観の形式のもとでのみとらえていて、実践（Praxis）として、人間の対象的活動（gegenständliche Tätigkeit）として、主体的に（subjektiv）とらえることができていない、と（テーゼ一）。

田中吉六は、『主体的唯物論への途』（一九五〇年）のなかで、このテーゼ一を『経済学・哲学草稿』の「労働過程」にかんする叙述と関連させながら解釈することをこころみて、ここでマルクスが感性を実践としてとらえるといっているのは《感性的な対象が主体を受苦的存在たらしめるようにそれに作用する》ということであるとするとともに、それは《対象的生産物の主体化を通して現成する主体の人間的感性＝その対象性が既存の自然諸対象にもはや適合して存在しなくなる》ということを意味していると指摘している。そして、それゆえにまた、主体の側における「対象的活動」とは、《主客の間のそのような内在的矛盾を原動力として発現し、かつまたその矛盾を止揚してゆくような主体の活動として解される》、と。(6)

これは、わたしの知るかぎり、「テーゼ」研究のひとつの到達点とみなしうる解釈である。と同時に、同様の見解は、イタリア最初の傑出したマルクス主義哲学者といわれるアントニオ・ラブリオーラ（一八四三―一九〇四）によっても、すでに一八九七年という時点で、『社会主義と哲学について論じる』のなかで提示されていたことを想起させる。この著作のなかで、ラブリオーラは、「テーゼ」そのものに明示的に言及することはしていないものの、「実践の哲学」こそはマルクスのいう史的唯物論の延髄をなしていると指摘するとともに、その場合の「実践」とはなによりも《労働、つまりは活動しつつ認識すること》を指していると述べている。(7) そして、じつをいえば、ジェンティーレの『マルクスの哲学』は、つづいて出版されたベネデット・クローチェ（一八六六―一九五二）の『史的唯物論とマルクス主義経済学』(一九〇〇年)がそうであったのと同様、ほかでもないラブリオーラとの格闘の記録なのであった。

ところが、ジェンティーレには、マルクスの「実践の哲学」における「労働」概念の中心性についての認識はまったくといってよいほど欠落している。そして、それをフィヒテ的「事行(Tathandlung)」の思想へと引き戻したところでとらえている。じっさいにも、ジェンティーレの註解にはつぎのようにある。《対象は主体の産物である。と同時に、主体は対象なしには存在しないのだから、主体は対象を製作ないし構築していくことによって自分自身を製作ないし構築していっているのだということを付け加えておく必要がある》[8]。要するに、ジェンティーレによれば、「テーゼ」にある「実践」ないし「対象的活動」というのは、あくまでも思考主体による思考対象のフィヒテ的意味においての自己生産活動のことなのだ[9]。ここには、やがて『純粋行為としての精神の一般理論』(一九一七年)において全面的に展開されることになる精神の「自己創出(autoctisi)」の思想が、粗削りながらもすでに形をなして姿を現わしているのが確認される[10]。

一方、モンドルフォの場合には、むしろ、人間の活動における先行与件による制約性という面が強調される。一九一二年の論文「社会主義と哲学」を見てみよう。当時イタリア社会主義運動の内部にあって勢力を増大させつつあったソレル的サンディカリズムを批判したものであるが、そこにはつぎのようにある。《サンディカリストたちの場合には、創造的意志が自由に神話をつくりあげる(たとえば総罷業の神話)。これにたいして、史的唯物論の場合には、つねに実践の反転作用が存在する。先行する活動が、それのもたらす諸結果のなかで、後続する活動の条件および制約に転化するのだ。そして、後続する活動のほうは先在するものへの対立者として自己を押し立て、先在するものを弁証法的に乗り越えていこうとするのである》。支えにされているのは、マルクスの『経済学批判』の序言にある《ひとつの社会構成体は、それが容れうるだけのすべての生産力が発展しきるまではけっして没落するものでなく、また、新しい、より高度の生産関係は、その物質的な存在条件が旧社会自体の内部で孵化しおわるまではけっして従来のものに取って代わることはない》という一節である。[11] 一九一九年の論文「レーニン主義とマルクス主義」でも言われているように、「この歴史的必然性の概念こそはマルクスにあっては実践の反転作用というようにとらえられている概念でもあるのであって、史的唯物論の本質的部分をなすものである」というのが、モンドルフォの見解なのであった。[12][13]

これにたいして、グラムシはどうかと見れば、まずノート10(一九三二—一九三五)の第II部の「人間とはなにか」という見出しの付いたパラグラフ54に《人間が自然との関係にはいるのも、たんに自分自身が自然であるということからではなくて、活動的に、労働と技術をつうじてはいるのである》(10/II/54, B, Q. 1345)とあるのが注目される。ここからは、グラムシの場合には「対象的活動」が明確に「労働と技術」として把握されていることがうかがわれる。

しかし、このくだりにもまして注目されるのは、「テーゼ」をはじめとするレクラム文庫版『「賃労働と資本」「ユダヤ人問題について」ほかマルクスの初期著作』の翻訳ノートに使用されていたノート7の、翻訳のあとに書きつづられている「哲学の覚え書き。唯物論と観念論——第II部」の「ベネデット・クローチェと史的唯物論」という見出しの付いた冒頭のパラグラフである。そのなかで、グラムシは、クローチェが史的唯物論は上部構造を「外観」とみなしているといって批判したのに反論して、つぎのように述べている。《M〔=マルクス〕が「フォイエルバッハにかんするテーゼ」において「教育者の教育」について語るとき、上部構造が弁証法的に構造に逆作用して、それを変革するということ以外のなにを言おうとしているというのか。すなわち、彼は〔中略〕現実的なものの過程の統一性を主張しているのではないのか》(7/1, A, Q. 854)。

ここでいわれている「現実的なものの過程の統一性」を指して、グラムシは、いましがた「実践の反転」という言い回しが最初に登場すると指摘しておいたノート8・パラグラフ182では、構造と上部構造とはひとつの「歴史的ブロック(blocco storico)」を形成しているというように表現している(8/182, B, Q. 1051)。

こう記すとき、グラムシが指摘しようとしているのは、これのあとに《上部構造の複雑で不調和な「矛盾した」総体は生産の社会的諸関係の総体を反映している》という説明が出てくることからもうかがわれるように、さしあたっては、上部構造が構造とのあいだに取り結んでいる関係が被規定的な反映の関係であるということである。これはマルクスの『経済学批判』の序言のつぎのくだりを念頭においたものであろう。《人間は、その生活の社会的生産において、一定の、必然的な、かれらの意志から独立した関係、生産関係に入る。この生産関係は、かれらの物質的な生産力の一定の発展段階に対応／照応する。これらの生産関係の総体は社会の経済的構造を形づくる。これが現実の土台なのであって、これのうえに法律的および政治的な上部構造が立っているのであり、これに一定の社会的意識形態が対応／照応するのである(14)》。

しかしながら、上部構造が構造とのあいだに取り結んでいる関係が被規定的な反映の関係であるということについての右のような確認からグラムシが導き出そうとしていることがらはなんであるかといえば、それは《ひとつの全体的なイデオロギー体系のみが構造の矛盾を合理的に反映しており、実践の反転のための客観的諸条件がどのようなものであるかをあるがままに表現している》ということにほかならない。ひいては、《イデオロギーの点で一〇〇パーセント等質的な社会集団が形成されたならば、この反転のための前提が一〇〇パーセント存在する》ということ。これのあとには、《この論証は、構造と上部構造とが必然的な相互的関係にあるということに依拠している》と付記されている。また、「必然的な相互的関係」のあとには、丸括弧でくくって、《まさに現実的な弁証法的過程であるところの相互的関係》とある（8/182, B, Q. 1051–52）。必然的な相互的関係にある構造と上部構造。それも、まさに現実的な弁証法的過程としての――。ここからは、グラムシの関心が、上部構造が構造とのあいだに取り結んでいる関係が被規定的な反映の関係であるということよりはむしろ、このことを踏まえたうえで、人間主体による実践的活動を介しての上部構造から構造への能動的な反作用の可能性のほうに向けられていることがうかがわれる。いわれるところの「実践の反転」ないしは「反転する実践」の可能性である。

3

獄中でのグラムシは、このようにして、構造と上部構造とはひとつの「歴史的ブロック」を形成しているというようにとらえ、その「歴史的ブロック」のうちにあっての上部構造の側からの構造への反作用の可能性を強調する。そして、これを哲学的な支えにして、当初からの計画にあった「イタリアにおける知識人の歴史」の研究[15]を推進していこうとするのである。

ところで、この研究を進めるにあたって、グラムシはそのための前提となるいくつかの方法論的基準を設けている。

第一には、知識人と生産の世界との関係は、ブルジョアジーとかプロレタリアートといったような「基本的社会集団」の場合と異なって、直接的なものではなく、上部構造の総体によってさまざまな程度において「媒介」されているということ。いいかえれば、上部構造の機能の専門的な担い手（funzionario）がすなわち「知識人」と呼ばれる存在なのだということ（12/1, C. Q. 1518）。

第二には、知識人がその機能の専門的担い手を務めている上部構造そのものを二つの次元に区分してとらえる必要があるということ。「倫理的社会（società civile）」と呼ぶことができる次元、すなわち俗に「私的な」といわれている諸組織の総体（学校、組合、教会など）からなる次元と、「政治的社会（società politica）」ないしは「国家（Stato）」の次元である。前者は支配的社会集団が人々の「同意」の獲得をめざして社会全体にたいして行使する「ヘゲモニー（egemonia）」ないしは「知的道徳的な指導（direzione intellettuale e morale）」の機能に対応しており、後者は「強制」による直接的な「支配（dominio）」の機能に対応している。そして、知識人とは支配的社会集団がこれら二つの機能を遂行するための支配的社会集団の「代理人（commesso）」にほかならないのだとグラムシはいう（12/1, C. Q. 1518-19）。

かくては、グラムシの問題意識のなかにあっての「歴史的ブロック」の概念と「ヘゲモニー」論との密接不可分離の関係性。――この両者の密接不可分離の関係性については、とりわけ、クローチェの哲学にあてられた特別ノートであるノート10の「ベネデット・クローチェの哲学」と題された第II部の、「クローチェにかんする論考のための参照点」という見出しの付いた、全部で16項からなるパラグラフ41の第12項における叙述が雄弁に語っている。

そこではまず、つぎのようにある。

《実践の哲学〔=マルクス主義〕にとっては、イデオロギーは恣意的なものであるどころではない。それらは歴史的につくりあげられてきた現実的存在なのであって、その正体が支配の道具であることをあばき出して、打倒されなければならないのだ。それも、道徳上の理由からでなく、まさしく政治闘争上の理由からである。すなわち、統治されている者たちを統治している者たちから知的に独立させ、ひとつのヘゲモニーを破壊して、別のヘゲモニーを創出するために。実践の反転の必然的な契機として》(10/II/41, C, Q. 1319)。

そのうえで、「実践の哲学」すなわちマルクス主義における上部構造の意義についてはこれを「歴史的ブロック」の概念に接合させることによって深めなければならない、との指摘が出てくる。《人間たちがかれらの社会的立場およびかれらの任務についての意識を獲得するのは上部構造の領域においてであってみれば、このことは構造と上部構造とのあいだには必然的な連関が存在するということを意味している》というのである(10/II/41, C, Q. 1321)。

このような「歴史的ブロック」論と「ヘゲモニー」論との密接不可分の関係性につい

ての認識も、グラムシのマルクス主義をかんがえるうえで注目に値する点である。

4

それにしても、目をひくのは、獄中におけるグラムシの思索を一貫して支え導いている弁証法的全体性の論理である。この事実のもつ意味は、それをたとえばジョルジュ・ソレル（一八四七—一九二二）の方法と比較対照してみるとき、明らかとなる。

革命的サンディカリズムの理論家として知られるこのフランスの社会思想家にたいして、グラムシはことのほか親近感をもっていたようである。「歴史的ブロック」という概念にしてからが、これをグラムシはソレルのものであるとしている（cf. 4/15, A, Q. 437; 10/II/41, C, Q. 1321 et passim）。そして、なるほど、このとおりの言い回しはソレルの著作中にはどこにも出てこないものの、それとおぼしき場所が見あたらないわけではない。『暴力論』（一九〇八年）の序論に置かれているダニエル・アレヴィへの手紙のなかには、社会運動の心理的原動力としての「神話（mythe）」の概念について説明したくだりに、《もろもろの大いなる社会運動に参加する人々は、かれらの将来の行動を、自分たちの主張の勝利を確かなものにする戦闘にまつわるもろもろの形象《イマージュ》のかたちのもとに心に描いている》とあったうえで、《わたしが証明しようとおもったのは、このような形象の体系はある事物を要素に分解するようにして分析しようとこころみるべきではなく、それらを一塊になったままで（en bloc）歴史的な力（forces historiques）としてうけとるべきであるということであった》との述言が見える。[16]これなども、そのひとつである。ジェッラターナ版『獄中ノート』の註では、この個所との連関が示唆されている（cf. Q. 2632）。あるいは、おなじ『暴力論』の序論に置かれているダニエル・アレヴィへの手紙のなかで、《この研究全体の基礎をなしているペシミズム的観念》について説明されている冒頭のくだり。ソレルは、そのくだりで、ペシミズムというのは《世界についての理論》であるというよりも《人々の行動様式についての形而上学》であり、《一方においては、わたしたちの空想の満足をさまたげるもろもろの障害からわたしたちの獲得した経験的認識に（あるいはこういったほうがよければ社会的決定論の感情に）、他方においては、わたしたちの自然本性的な弱さについての深い確信に緊密に結びついた、解放への進軍という観念》であるとしたうえで、なかでも「社会的決定論の感情」という点について、つぎのように解説している。

《ペシミストは、社会的諸条件の総体を、一塊になったままで（en bloc）あたえられたものとしてその必然性を認容しなければならぬほど強く結合された一体系、そしてその全部を一掃しさるほどの破局によるのでなければけっして消失しえないような一体系を形成するものとみなす[17]》。

わたしは、グラムシがソレルのものだとしている「歴史的ブロック」という概念の出所としては、こちらのほうがふさわしいのではないかとかんがえている。[18]

しかし、その場合でも見落としてはならないのは、歴史的・社会的現象を科学的にとらえようとするにあたって、グラムシとソレルとのあいだには、方法の点で根本的な相違が存在しているということである。「歴史的ブロック」についてのグラムシの考察を領導しているのは、見てきたように、弁証法的全体性の論理である。これにたいして、ソレルが採用しようとするのは、アメリカ合州国の社会思想史家H・スチュアート・ヒューズも、一八九〇年から一九三〇年にかけての時期にヨーロッパ社会思想に起きた新たな方向づけの諸相を考察した『意識と社会』(一九五八年)において注意を喚起し、[19]その後おなじくアメリカ合州国の政治学者ジョン・L・スタンレーによって『徳の社会学——ジョルジュ・ソレルの政治・社会理論』(一九八一年)において——ただし、ヒューズには一言も言及することなく——主題的に考究されているように、[20]弁証法ならぬ「分断法(diremption)」とソレル自身が名づけるところのひとつの方法なのだ。

この「分断法」なる方法についての簡潔にして要領を得た説明は『暴力論』の第二版(一九一〇年)に付された「統一性と多様性」という論考のなかであたえられている。そこでは、生物学ないしは生理学に範をとった社会有機体説を批判して、つぎのようにある。《生理学は、ある器官の機能を考察しようとするにあたっては、それを生体の全体に結びつけることなくして考察することはけっしてできない。そこでは、そのような全体がこの要素の活動が展開される様式を規定しているのだといってよいだろう。これにたいして、社会哲学は、歴史上のもっとも考察に値する諸現象を追跡するためには、分断法（dir-emption）を採用して、部分を全体に結びつけているすべての連関をいっさい考慮することなくそれぞれの部分を検証し、各部分の活動を独立へと駆り立てつつ、なんらかの仕方で、それぞれの活動の様式を規定することを余儀なくされる。このようにしてもっとも完全な認識に到達したときには、社会哲学はもはや破られた統一を再建することをこころみることはできないのである[21]》。

ここには弁証法的全体性の論理にたいする徹底して批判的な視点が提示されているかにおもわれる。グラムシの考察においては有機体説的な概念-メタファーが頻出することとあわせて、注意しておくべき点だろう[22]。

5

なお、ソレルとの関係ということでいえば、グラムシは、マキャヴェッリの『君主論』についても、それはソレルの「神話」の歴史的見本のひとつとして研究されてよいだろう、と述べている。マキャヴェッリの『君主論』は《あるひとつの政治的イデオロギーが、冷たい空想物語でもなければ、学理的な推論でもなく、ばらばらに分散してしまっている人民にはたらきかけて、集合的意志をよびおこし、組織するための、具体的な想像力の作品というかたちをとって提示されている歴史的見本のひとつ》であるというのだ（13/1, C, Q. 1555-56）。

だが、これもどうだろう。マキャヴェッリの『君主論』は、ほんとうにソレルのいう意味での「神話」の歴史的見本のひとつとして研究されうるものなのだろうか。

なるほど、マキャヴェッリの『君主論』が、ばらばらに分散してしまっている人民にはたらきかけて、そこから集合的意志を呼び起こし組織しようとする、あるひとつの政治的イデオロギーが具体的な想像力というかたちをとって提示されたものだというのは、グラムシのいうとおりだろう。

『君主論』の最終章を見られたい。そこではまずイタリアの現状が《ヘブライ人以下の奴隷となり、ペルシア人以下のはした女に成り下がって、アテナイ人以下に散り散りにされ、指導者もなく、秩序もなく、うちのめされ、剝ぎ取られ、引き裂かれ、踏みにじられて、ありとあらゆる破滅に耐えねばならなくなってしまった》というように総括されたうえで、《見られたい、彼女〔＝イタリア〕が、だれか蛮族のこの残忍と暴虐から救い出してくれる人物を遣わしていただきたいと神に祈っている姿を。さらにまた見られたい、彼女〔＝イタリア〕をつかみとるただひとりの人物がおりさえすれば、彼女〔＝イタリア〕はいつでもその旗の下に馳せ参じる用意があることを。見られたい、現在にあって、彼女〔＝イタリア〕が望みを託せるのは、あなた方のご尊家を措いてほかには存在しないことを。ご尊家ならば、その運命と力量によって、神と、いまやその教皇となられた教会の恵みを受けて、この救済の指導者になりうるであろう》として、「あなた方」、つまりはメディチ家の人たちへの、イタリアを救済するために「新しい君主」として立ち上がるようにとの訴えでもって結ばれている。[23]マキャヴェッリは、「蛮族」に蹂躙されて散り散りになってしまったイタリアの人民を一個の独立した集合的意志へと組織しなおそうとした、国民革命のイデオローグであったのだ。このかれの抱懐するイデオロギーが、ここでは、メディチ家の人たちへの呼びかけという具体的なかたちをとって表出されているのである。

また、グラムシは『君主論』においてマキャヴェッリが採用している「文体」に言及して、それは中世やマキャヴェッリと同時代のルネサンスに広くおこなわれていた《体系的論述家の文体》ではなく、《行動人、行動に突き進もうとする者の文体》であり、《党の「宣言」ふうの文体》であるというようにも評しているが(13/20, C, Q. 1599)、これもグラムシの指摘するとおりだろう。そして、この「宣言」としての『君主論』というグラムシの評言は、ルイ・アルチュセールも注目しているように、たしかに、わたしたちの注意を引かずにはおかない評言である。グラムシの評言は、おなじくアルチュセールが指摘しているように、わたしたちをして、テクストのなかにたんに理論だけを介入させる考え方を捨てて、実践を——それも事は政治にかかわるのであるから、政治的な実践を——介入させる考え方を採用するよう、導いていくからである。[24]

しかし、『君主論』という著作が、グラムシのいうとおり、集合的意志の形成を志向するあるひとつの政治的イデオロギーが具体的な想像力というかたちをとって提示されたものであったとして、それをソレルが「神話」という語にあたえている意味での「神話」、すなわち、さきにも見たように、社会運動への参加者自身が自分たちの主張の勝利を確かなものにする戦闘にまつわるもろもろの形象のかたちで心に描いている将来の行動の構図の歴史的見本のひとつとみることはできるのだろうか。両者のあいだには、一見したところでは符合するようにみえて、その実、革命思想の根幹にかかわる重大な相違が潜んでいたのではないのか。

たしかに、グラムシが「現代の君主」のモデルであるとみなしているマキャヴェッリの「君主」が対象としているのは「人民」である。また、状況をとらえる視座も「人民」からのものであろう。しかし、看過してはならないのは、イタリアを一個の独立した国民へと形成していくという実践的な任務があてがわれているのは、あくまでも「君主」であって、「人民」ではないということである。

またグラムシは、マキャヴェッリの『君主論』について、こうも述べている。《あたかも、この「論理的な」著作の全体が、そっくりそのまま、人民自身の自己反省にほかならず、人民自身の意識のなかでおこなわれて、最後には直接情熱的な叫びへと高まりあがった人民自身の内的な論議であるかのようなのだ》と(13/1, C, Q. 1556)。しかし、グラムシがいうところの「人民自身の自己反省」、「人民自身の内的な論議」も、ただちにそのまま、当の「人民」が政治的実践の主体であることを保証するものではないだろう。要するに、マキャヴェッリの場合には、アルチュセールも指摘しているように、政治的視座の主体――「人民」――が占める場所と政治的実践の主体――「君主」――が占める場所とのあいだに、還元不可能な分裂ないしは二重性が生じているのである。

だが、もしそうであったとしたなら、ソレルの「神話」は、そのような「人民」と「君主」とのあいだの還元不可能な分裂ないしは二重性を刻印されたケースをみずからの歴史的見本のひとつとして認めることは断じてない、といわざるをえないのではないだろうか。じっさいにも、ソレルはかれのいう「神話」の典型例としてサンディカリストたちの「プロレタリアートの総罷業」と、マルクスとエンゲルスが『共産主義者宣言』において予告した資本主義の「破局的革命」を挙げているが、これらの例では、いずれも、「神話」の抱懐者は同時にそのまま運動ないしは実践の主体でもあるとされており、マキャヴェッリが『君主論』において設定せざるをえなかったような視座の主体と実践の主体との分裂はすでに乗りこえられたものと想定されている。

「神話」についてのソレル自身の定義と、グラムシが《ソレルの「神話」》と称しているものとのあいだには、じつは革命思想の根幹にかかわる重大な相違が存在していたというべきであろう。

両者のあいだの相違がきわだっているのは、とりわけ、政党の意義をめぐっての評価においてである。

ソレルは述べている。――マルクスは、《サンディカリストたちとまったく同様に》、革命は結果として、資本主義によって生み出された職場において《主人を必要とすることなく》自分でやっていける自由な人間たちの手に生産力をゆだねるだろう、と想定していた。ところが、このような考え方は、ほかでもない《主人という高貴な職業》をみずからの稼業としている資本家やその資本家が支援する政治家には気に入らない。そこでかれらは二つの集団に分裂した社会を想定する。すなわち、《政党として組織されたエリート》と《生産者の総体》の二つである。うち、《政治的なエリートは、その知識を使う職業以外の職業をもたない。そこでかれは、プロレタリアートがかれを養い、かれに禁欲者の生活をあまり想起させない程度の生活を送らせるように努力することが、内在的正義の原則にきわめて適合していることをみいだすのだ》と。(25)

要するに、ソレルにとっては、政党というのは、自分の知識を使う以外に稼ぐ手段をもたない「知識人」たちがそうした自分の地位を維持するために講じた方便以外のなにものでもないのであった。

これにたいして、グラムシのほうでは、政党こそは「神話」の能動的で建設的な局面を担うべき存在であるととらえる。『現代の君主』というタイトルのもとでマキャヴェッリの『君主論』をモデルとした政治科学の本をつくってみる構想があることをうち明けたうえで、グラムシは述べている。《現代の君主、神話としての君主は、実在の人物、具体的な個人ではありえない。それはひとつの有機体でのみありうる。それはひとつの複合的な社会的要素であって、それまで行動のうちにあらわれて部分ごとに自己を主張していた集合的意志がひとつのまとまった具体的な形姿をとりはじめたものなのである。この有機体は、歴史の発展によってすでにあたえられている。政党がそれである。政党というのは、普遍的かつ全体的なものになろうとめざしている集合的意志のもろもろの萌芽がそこに要約されている最初の細胞なのだ》(13/1, C, Q. 1558)。

政党の意義をめぐる評価において、ソレルとグラムシとのあいだには、千里の径庭があったといってよいだろう。

6

最後に見ておきたいのは、構造と上部構造とはひとつの「歴史的ブロック」を形成しているとみるとともに、そこから弁証法的全体性の論理に立脚して「ヘゲモニー」の理論を練りあげていこうとするグラムシは、同時に、文字どおり、一個の全体主義的な社会の構想者でもあったということである。そして、この面こそは、グラムシをして典型的に二十世紀の思想家たらしめている面にほかならないのである。

二十世紀という時代は、社会思想史的には、なによりも全体主義、あるいは「全体国家」のうちに、幸福な社会の実現の夢を託そうとしたことで特記される時代であった。第一次世界戦争の勃発とともに、人類は「全体戦争（総力戦）」の時代を迎える。戦争の遂行のためには、それまでのように軍隊または狭い意味での戦闘員だけでなく、国民の擁する人的ならびに物的な資源の全体的な動員、それも平時からの恒常的な動員体制の確立が必要とされるようになったのである。こうして世界の主要な諸国は、通常「全体主義」とのレッテルを貼られているファシスト・イタリアやナチス・ドイツ、あるいはまたソヴィエト・ロシアをはじめとする社会主義諸国だけでなく、アメリカ合州国や西欧の自由主義を自任する諸国もふくめて、ドイツの法学者にして政治学者であるカール・シュミット（一八八八―一九八五）が一九三一年の著作『憲法の番人』において「全体国家(ein totaler Staat)」と名づけたもの(26)、すなわち、社会にたいする中立ないし不介入という十九世紀ブルジョア自由主義国家の建て前を放棄して、社会的なもののいっさいをみずからのうちに把握し尽くそうとする国家、みずから社会の自己組織たらんとする国家へと、国家の形態を大きく変化させていくこととなる。

しかも、見逃してはならないのは、このような「全体国家」の出現はそれ自体が産業社会の発達を背景にして産業社会の発達と軌を一にしながら生じた事態であり、これはたぶんわたしの新造語だろうが〈エコポリティクス〉と名づけるのがふさわしい思想にまたとない活性化の機会を提供することとなったことである。すなわち、政治そのものを生活経済的な行為の一形態として把握し、ひいては国家をもひとつの生活経済体として理解しようとする思想である。このような〈エコポリティクス〉の思想に「全体国家」の出現は活性化の機会を提供することとなったのだった。そして、これを社会の自己組織化の原理としてみずからのうちにとりこむことによって、シュミットが一九三一年の時点で第一次世界戦争後のヨーロッパ憲法秩序の変貌のうちに立ち現われてくるのを見てとった「全体国家」は、やがて「組織資本主義社会」とか「高度福祉社会」と称されるようになるものの基礎固めを遂行していくことになるのである。「全体国家」とはとりもなおさず「福祉国家」のことであるというのは、すでにシュミット自身が『憲法の番人』のなかでそう指摘している。(27)

このようにして、政治そのものを生活経済的な行為の一形態として把握し、ひいては国家をもひとつの生活経済体として理解しようとする〈エコポリティクス〉の思想を活性化させつつ、この思想にまたとない活性化の機会を提供することになった「全体国家」の出現のうちに、幸福な社会の実現の夢を託そうとした世紀――それが二十世紀なのであった。だとすれば、疑いもなくグラムシは、かれもまた、この二十世紀という時代の夢の代表的な抱懐者のひとりであったということができるのである。

このことをもっとも雄弁に証し立てているのは、グラムシが第一次世界戦争直後の一九一九―二〇年、トリーノで自動車工場フィアットの労働者たちの闘争に関与するなかで練りあげた工場評議会(consigli di fabbrica)の構想である。

グラムシの工場評議会構想については語るべきことが多くある。しかし、ここでさしあたって第一に確認しておくべきであるのは、それが当時トリーノをはじめとするイタリアの先進的な工業地域の工場に設けられていた内部委員会という機関の秘めている、労働者による生産の自主管理の可能性に着目しつつ、この可能性の現実化の試みとして構想されたものであったということである。

グラムシがイタリア社会党トリーノ支部の若き同志たちと一九一九年五月一日に創刊した「社会主義文化の週刊紙」、『オルディネ・ヌオーヴォ』の同年六月二十一日号に掲載されている「労働者民主主義」という論説を見てみよう。そこでは開口一番、「戦争が解き放った膨大な社会的力をいかにして支配するか」という課題が社会主義者たちには緊急の課題として提起されているとしたうえで、とりわけ内部委員会の存在に注意を喚起して、つぎのように主張されている。

《内部委員会は、それに企業家たちの課している制限から解放して新しい生命とエネルギーを吹き込む必要のある、労働者民主主義の機関である。今日、内部委員会は工場において資本家が権力をほしいままにするのを制限しており、調停と規律の機能を果たしている。

これを発展させ、その機能をさらに豊かなものにしていったならば、明日にはかならずや、指導と管理の有益な機能のすべてにおいて資本家に取って代わるプロレタリア権力の機関となるであろう[28]》。

第二に確認しておくべきであるのは、グラムシの工場評議会は〈生産者としての労働者〉という概念に立脚したところから構想されているということである。『オルディネ・ヌオーヴォ』紙一九一九年十月十一日号の論説「労働組合と評議会」を見てみよう。そこでグラムシが主張しているところによれば、プロレタリア独裁が具体的なかたちをとるのは、資本の奴隷である賃労働者ではなく、生産者（produttori）に本来的な活動に特有の型の組織においてであるという。そして、工場評議会こそはこの組織の最初の細胞なのだ。グラムシは書いている、工場評議会は《プロレタリアートが労働共同体の生きた実り多い経験のなかから表出するにいたる新しい社会的精神を相互に養い発展させていくのにもっとも適した機関》である、と。それというのも、工場評議会は《生産工程の規律づけのなかで実現される職種の有機的で具体的な統一性》に基礎を置いており、それは《労働者たちに生産の直接的責任を負わせて、自分たちの労働を改善するよう導いていき、意識的かつ自発的な規律をうち建て、生産者の心理、歴史の創造者の心理を創り出す》からである、と[29]。

工場における生産工程の規律づけのなかで実現される職種の有機的で具体的な統一性を

直接あるがままに体現した工場評議会を細胞ないしはモデルとし、そこで培われる「生産者の心理」を基礎にして組織される生産者社会。——この〈組織された生産者社会〉の理念は、獄中ノートのなかでは「規制された社会（自己規律社会）（società regolata）」という呼称のもとに登場する。国家を構成する「政治的社会」と「倫理的社会」という二つの契機の対立が止揚された「国家なき国家」のことである（cf. 6/88, B, Q. 763-764）が、このグラムシのヴィジョンほど、みごとにエコポリティクス的な全体主義社会のイメージを表出してみせた例がほかにあろうか。

この点と関連して、グラムシの獄中ノートを読んでいて、とりわけ印象深い文章がある。ノート11（一九三二—一九三三）の「哲学および文化史の研究への導入および開始のための覚え書き」と題された部の第一章「いくつかの予備的参照点」の最初のパラグラフの註一に出てくる《人はなんらかのコンフォーミズムにしたがったコンフォーミスト（conformista di un qualche conformismo）であり、つねに大衆人（uomo-massa）、または集合人（uomo-collettivo）である》という文章がそれである。《自分の抱懐している世界観のゆえに、人はつねにある特定の集団に、正確には、おなじ思考と行動の様式をわかちもった社会的な分子からなる集団に所属する》というのだ（11/12, C, Q. 1376）。

この「集合人」のコンフォーミズム的形成の問題についてはノート7（一九三〇—一九三二）の「哲学の覚え書き。唯物論と観念論——第II部」と題された部のパラグラフ12でも主題的に論じられているが、そこでは、コンフォーミズムに《思考や行動の様式の標準化》という規定をあたえたうえで、とりわけ、それが《大工場、テイラー・システム、合理化》を経済的土台としつつ立ち現われている点にすぐれて現代的な特徴があるとの指摘がなされている。そして、わたしのいう〈エコポリティクス〉的全体主義の思想家としての旗幟を鮮明にして、つぎのような主張が繰り出されている。

《うまれようとしている新しい世界の参照点はなにか。生産の世界、労働である。〔中略〕集団のであれ個人のであれ、生活は、生産装置を最大限能率よく作動させることによって組織されなければならない。新しい土台に立脚した経済力の発展と、新しい構造の進歩的な創建とこそは、どうしてもうまれてこざるをえない諸矛盾をいやすであろう。そして、新しい「コンフォーミズム」を下からつくり出したことによって、自己規律の新しい可能性、すなわち、〔集合的であると同時に〕個人的でもあるような自由の新しい可能性を開くであろう》(7/12, B, Q. 862-63)。

しかし、わたしたちは現在、脱産業社会の時代に生きている。そこでは〈組織された生産者社会〉というのはすでに過去の夢なのだ。したがって、もし今日の時点でグラムシを読み返すことに意味があるとすれば、それはなによりもまず、この〈組織された生産者社会〉という典型的に二十世紀的な思想についての歴史批判的再考作業の一環としてであろう。

[注]

（1） Cf. Maria Rosaria Romagnuolo, "《Quistioni di nomenclatura》: materialismo storico e filosofia della praxis nei《Quaderni》gramsciani," *Studi filosofici*, nn. X-XI (1987-1988), pp. 123-66.

（2） Cf. Giovanni Gentile, *La filosofia di Marx* (Firenze, Sansoni, 1962), p. 69 et pp. 120-21, 124.

（3） Marx-Engels, *Werke*, 3 (Berlin, Dietz, 1962), pp. 533-34. ちなみに、本書二四―二五ページの注（3）でもことわっておいたように、「フォイエルバッハにかんするテーゼ」は、マルクスがエンゲルスと共同で『ドイツ・イデオロギー』を執筆していた時期に付けていたノート・ブックのなかに覚え書きとして記されていたものである。そして、それをエンゲルスが一八八八年に公表したさい、マルクスの原文にはエンゲルスによって手が加えられていたこと、問題の箇所も、マルクスの原文では"revolutionäre Praxis"となっていたことが、一九三二年、アドラツキー版『マルクス＝エンゲルス全集』においてはじめて『ドイツ・イデオロギー』の全文が公表され、そこに同書に関連するマルクスの覚え書きが「付録」として収められたことによって判明する。しかし、このような事情については、ジェンティーレは知るよしもなかった。

（4） Cf. Rodolfo Mondolfo, "Feuerbach e Marx" (1909), in: Id., *Sulle orme di Marx*, Vol. II (Terza ed. interamente rifatta: Bologna, Cappelli, 1924), pp. 156-232.

（5） Cf. Gianni Francioni, *L'officina gramsciana* (Napoli, Bibliopolis, 1983). Appendice II: Termini di datazione dei《Quaderni del carcere》, pp. 140-46.

（6） 田中吉六『主体的唯物論への途』（季節社、一九六八年）、一二四ページ。初版は労働文化社、一九五〇年。

（7） Cf. Antonio Labriola, *Discorrendo di socialismo e di filosofia* (Terza ed. a cura di Benedetto Croce : Bari, Laterza, 1939), p. 56.

（8） Gentile, op. cit., p. 77.

（9） ジェンティーレによるマルクスの「実践」概念の「フィヒテ化」については、Francesco Valentini, *La controriforma della dialettica. Coscienza e storia nel neoidealismo italiano* (Roma, Editori Riuniti, 1966), pp. 109-10にも指摘がある。

（10） Cf. Giovanni Gentile, *Teoria generale dello Spirito come atto puro* (Sesta ed. riveduta : Firenze, Sansoni, 1959), Capp. I et II.

（11） Rodolfo Mondolfo, "Socialismo e filosofia" (1912), in : *Sulle orme di Marx* cit., vol. II, p. 11.

（12） Marx-Engels, *Werke*, 13 (Berlin, Dietz, 1961), p. 9.

（13） Rodolfo Mondolfo, "Discussioni e polemiche. I : Leninismo e marxismo" (1919), in : *Sulle orme di Marx* cit., vol. I, pp. 107-08.

（14） Marx-Engels, *Werke*, 13, pp. 8-9.

（15） Cf. Antonio Gramsci, *Lettere dal carcere*, a cura di Sergio Caprioglio e Elsa Fubini (Torino, Einaudi, 1965), pp. 57-60.

（16） Georges Sorel, *Réflexions sur la violence* (Sixième éd.: Paris, Rivière, 1925), pp. 32-33.

（17） Ibid., pp. 12, 17-18.

（18） 根拠理由については、上村忠男『グラムシ　獄舎の思想』（青土社、二〇〇五年）、五八—七五ページをみられたい。また、同様の見解を示したものとして、Nicola Badaloni, *Il marxismo di Gramsci.*

Dal mito alla ricomposizione politica (Torino, Einaudi, 1975), p. 60 を参照のこと。

(19) Cf. H. Stuart Hughes, *Consciousness and Society: The Reorientation of European Social Thought 1890–1930* (Reprint of the first ed. published by Knopf, New York, 1958: New York, Octagon Books, 1976), pp. 92, 173–74.

(20) Cf. John L. Stanley, *The Sociology of Virtue: The Political and Social Theories of Georges Sorel* (Berkeley-Los Angeles-London, University of California Press, 1981).

(21) Sorel, Appendice I: Unité et multiplicité, in: *Réflexions sur la violence* cit., p. 407.

(22) くわしくは、上村、前掲『グラムシ　獄舎の思想』に収録してある論考「ソレルの分断法」（一九一―二一八ページ）を見られたい。

(23) Niccolò Machiavelli, *Il Principe e Discorsi sopra la prima deca di Tito Livio*, a cura di Sergio Bertelli (Milano, Feltrinelli, 1960), p. 102.

(24) Cf. Louis Althusser, "Machiavel et nous," in: Id., *Ecrits philosophiques et politiques* (Paris, Stock/IMEC, 1995), Vol. 2, pp. 39–168.

(25) Sorel, op. cit., pp. 240–41.

(26) Cf. Carl Schmitt, *Der Hüter der Verfassung* (Tübingen, 1931), pp. 78–79.

(27) 「全体国家」と〈エコポリティクス〉の思想との関連については、上村忠男「全体国家とエコポリティクスの思想――その大熊信行の場合に見る可能性について」、岩波講座『社会科学の方法』第II巻『二〇世紀社会科学のパラダイム』（岩波書店、一九九三年）、一〇三―一三五ページを参照。この論考はその後、上村忠男『ヘテロトピアの思考』（未來社、一九九六年）に収録。

(28) Antonio Gramsci, *L'Ordine Nuovo. 1919–1920*, a cura di Valentino Gerratana e Antonio A.

Santucci (Torino, Einaudi, 1987), pp. 87-91.

(29) Ibid., pp. 238-40.

〔この解説は、中央公論新社刊のシリーズ『哲学の歴史』第一〇巻「危機の時代の哲学＊20世紀1」（二〇〇八年）の「グラムシ」の項に寄せた論考に、「「神話」としての君主？ グラムシのマキャヴェッリ論への批判的傍注」（『情況』二〇〇六年十月号――その後、上村忠男『無調のアンサンブル』〔未來社、二〇〇七年〕に収録）の要旨を織りこんで、新たに作成したものである〕

ちくま学芸文庫版への編訳者あとがき

石堂清倫・前野良両氏の編訳になる青木文庫版『現代の君主』（一九六四年）の編集作業に関与させていただいてから四十余年、おなじく青木書店からわたしの単独編訳になる『新編・現代の君主』（一九九四年）を世に問うてからでもすでに十余年が経過した。その『新編・現代の君主』が、このたび、ちくま学芸文庫に収められることとなった。

グラムシについては、その後『知識人と権力——歴史的—地政学的考察』の編訳作業を手がけて、一九九九年にみすず書房から「みすずライブラリー」の一冊として出版させてもらったほか、『批評空間』誌と『現代思想』誌の紙面を借りて一連の批判的考察をこころみてきた。『グラムシ 獄舎の思想』という標題のもと、二〇〇五年に青土社から出版の運びとなった考察がそれである。それだけに、今回の再刊は感慨もひとしおである。

再刊の編集は、ちくま学芸文庫編集部の天野裕子さんが担当してくださった。感謝の意を表させていただく。

二〇〇八年六月　　上村　忠男

本書は一九九四年六月二十日に青木書店より刊行された。

中世の星の下で　阿部謹也

中世ヨーロッパの庶民の暮らしを具体的、克明に描き、その歓びと涙、人と人との絆、深層意識を解き明かした中世史研究の傑作。（網野善彦）

中世の窓から　阿部謹也

中世ヨーロッパに生じた産業革命にも比する大転換——。名もなき人びとの暮らしを丹念に辿り、その全体像を描き出す。大佛次郎賞受賞。（樺山紘一）

1492 西欧文明の世界支配　ジャック・アタリ　斎藤広信訳

1492年コロンブスが新大陸を発見したことで、アメリカをはじめ中国・イスラム等の独自文明は抹殺された。現代世界の来歴を解き明かす一冊。

憲法で読むアメリカ史（全）　阿川尚之

建国から南北戦争、大恐慌と二度の大戦をへて現代まで。アメリカの歴史は常に憲法を通じ形づくられてきた。この国の底力の源泉へと迫る壮大な通史！

専制国家史論　足立啓二

封建的な共同団体性を欠いた専制国家・中国。歴史的にこの国はいかなる展開を遂げてきたのか。中国の特質と世界の行方を縦横に考察した比類なき論考。

暗殺者教国　岩村忍

政治外交手段として暗殺をくり返したニザリ・イスマイリ教国。広大な領土を支配したこの国の奇怪な活動を支えた教義とは？（鈴木規夫）

増補 魔女と聖女　池上俊一

魔女狩りの嵐が吹き荒れた中近世、美徳と超自然的力により崇められる聖女も急増する。女性嫌悪と礼賛の熱狂へ人々を駆りたてたものの正体に迫る。

ムッソリーニ　ロマノ・ヴルピッタ

統一国家となって以来、イタリア人が経験した激動の歴史。その象徴ともいうべき指導者の実像とは。既成のイメージを刷新する画期的ムッソリーニ伝。

資本主義と奴隷制　エリック・ウィリアムズ　中山毅訳

産業革命は勤勉と禁欲と合理主義の精神などではなく、黒人奴隷の血と汗がもたらしたことを告発した歴史的名著。待望の文庫化。（川北稔）

台湾総督府　黄昭堂

清朝中国から台湾を割譲させた日本は、新たな統治機関として台北に台湾総督府を組織した。抵抗と抑圧と建設。植民地統治の実態を追う。（檜山幸夫）

増補　大衆宣伝の神話　佐藤卓己

祝祭、漫画、シンボル、デモなど政治の視覚化は大衆の感情をどのように動員したか。ヒトラーが学んだプロパガンダを読み解く「メディア史」の出発点。

ユダヤ人の起源　シュロモー・サンド　高橋武智監訳　佐々木康之／木村高子訳

〈ユダヤ人〉はいかなる経緯をもって成立したのか。歴史記述の精緻な検証によって実像に迫り、そのアイデンティティを根本から問う画期的試論。

中国史談集　澤田瑞穂

皇帝、彫青、男色、刑罰、宗教結社など中国裏面史を彩った人物や事件を中国文学の碩学が独自の視点で解き明かす。怪力乱「神」をあえて語る！（堀誠）

ヨーロッパとイスラーム世界　R・W・サザン　鈴木利章訳

〈無知〉から〈洞察〉へ。キリスト教文明とイスラーム文明との関係を西洋中世にまで遡って考察し、読者に歴史的見通しを与える名講義。（山本芳久）

消費社会の誕生　ジョオン・サースク　三好洋子訳

グローバル経済は近世イギリスの新規起業が生み出した！　産業が多様化し雇用と消費が拡大する産業革命前夜を活写した名著を文庫化。（山本浩司）

図説　探検地図の歴史　R・A・スケルトン　増田義郎／信岡奈生訳

世界はいかに〈発見〉されていったか。人類の知が全地球を覆っていく地理的発見の歴史を、時代ごとの地図に沿って描き出す。貴重図版二〇〇点以上。

レストランの誕生　レベッカ・L・スパング　小林正巳訳

革命期、突如パリに現れたレストラン。なぜ生まれ、なぜ人気のスポットとなったのか？　その秘密を膨大な史料から複合的に描き出す。（関口涼子）

同時代史　タキトゥス　國原吉之助訳

古代ローマの暴帝ネロ自殺のあと内乱が勃発。絡みあう人間ドラマ、陰謀、凄まじい政争を、臨場感あふれる鮮やかな描写で展開した大古典。（本村凌二）

戦争の起源
アーサー・フェリル
鈴木主税／石原正毅訳

人類誕生とともに戦争は始まった。先史時代からアレクサンドロス大王までの壮大なるその歴史をダイナミックに描く。地図・図版多数。（森谷公俊）

近代ヨーロッパ史
福井憲彦

ヨーロッパの近代は、その後の世界を決定づけた。現代をさまざまな面で規定しているヨーロッパ近代の歴史と意味を、平明かつ総合的に考える。

イタリア・ルネサンスの文化（上）
ヤーコプ・ブルクハルト
新井靖一訳

中央集権化がすすみ緻密に構成されていく国家あってこそ、イタリア・ルネサンスは可能となった。ブルクハルト若き日の着想に発した畢生の大著。

イタリア・ルネサンスの文化（下）
ヤーコプ・ブルクハルト
新井靖一訳

緊張の続く国家間情勢の下にあって、類稀な文化と個性的な人物達は生みだされた。近代的な社会に向かう時代の、人間の生活文化様式を描ききる。

増補 普通の人びと
クリストファー・R・ブラウニング
谷喬夫訳

ごく平凡な市民が無抵抗なユダヤ人を並べ立たせ、ひたすら銃殺する――なぜ彼らは八万人もの大虐殺に荷担したのか。その実態と心理に迫る戦慄の書。

叙任権闘争
オーギュスタン・フリシュ
野口洋二訳

十一世紀から十二世紀にかけ、西欧では聖職者の任命をめぐり教俗両権の間に巨大な争いが起きた。この出来事を広い視野から捉えた中世史の基本文献。

大航海時代
ボイス・ペンローズ
荒尾克己訳

人類がはじめて世界の全体像を識っていく大航海時代。その二百年の膨大な史料を、一般読者むけに俯瞰図としてまとめ上げた決定版通史。（伊高浩昭）

20世紀の歴史（上）
エリック・ホブズボーム
大井由紀訳

第一次世界大戦の勃発が20世紀の始まりとなった。この「短い世紀」の諸相を英国を代表する歴史家が渾身の力で描く。全二巻、文庫オリジナル新訳。

20世紀の歴史（下）
エリック・ホブズボーム
大井由紀訳

一九七〇年代を過ぎ、世界に再び危機が訪れる。不確実性がいやますなか、ソ連崩壊が20世紀の終焉を印した。歴史家の考察は我々に何を伝えるのか。

アラブが見た十字軍　アミン・マアルーフ　牟田口義郎／新川雅子訳

十字軍とはアラブにとって何だったのか？　豊富な史料を渉猟し、激動の12、13世紀をあざやかに、しかも手際よくまとめた反十字軍史。

バクトリア王国の興亡　前田耕作　作

ゾロアスター教が生まれ、のちにヘレニズムが開花したバクトリア。様々な民族・宗教が交わるこの地に栄えた王国の歴史を描く唯一無二の概説書。

ディスコルシ　ニッコロ・マキァヴェッリ　永井三明訳

ローマ帝国はなぜあれほどまでに繁栄しえたのか。その鍵は〝ヴィルトゥ〟。パワー・ポリティクスの教祖が、したたかに歴史を解読する。

戦争の技術　ニッコロ・マキァヴェッリ　服部文彦訳

出版されるや否や各国語に翻訳された最強にして安全な軍隊の作り方。この理念により創設された新生フィレンツェ軍は一五〇九年、ピサを奪回する。

マクニール世界史講義　ウィリアム・H・マクニール　北川知子訳

ベストセラー『世界史』の著者が人類の歴史を読み解くための三つの視点を易しく語る白熱の入門講義。本物の歴史感覚を学べます。文庫オリジナル。

古代ローマ旅行ガイド　フィリップ・マティザック　安原和見訳

タイムスリップして古代ローマを訪れるなら？　そんな想定で作られた前代未聞のトラベル・ガイド。必見の名所・娯楽ほか情報満載。カラー頁多数。

古代アテネ旅行ガイド　フィリップ・マティザック　安原和見訳

古代ギリシャに旅行できるなら何を観て何を食べる？　そうだソクラテスにも会ってみよう！　神殿等の名所・娯楽ほか現地情報満載。カラー図版多数。

古代ローマ帝国軍非公式マニュアル　フィリップ・マティザック　安原和見訳

帝国は諸君を必要としている！　ローマ軍兵士として必要な武器、戦闘訓練、敵の攻略法等々、超実践的な詳細ガイド。血沸き肉躍るカラー図版多数。

世界市場の形成　松井透

世界システム論のウォーラーステイン、グローバルヒストリーのポメランツに先んじて、各世界が接続される過程を描いた歴史的名著を文庫化。（秋田茂）

甘さと権力
シドニー・W・ミンツ
川北稔／和田光弘訳
砂糖は産業革命の原動力となり、その甘さは人々のアイデンティティや社会構造をも変えていった。モノから見る世界史の名著をついに文庫化。（川北稔）

オリンピア
村川堅太郎
古代ギリシア世界最大の競技祭とはいかなるものであったのか。遺跡の概要から競技精神の盛衰まで、綿密な考証と卓抜な筆致で迫った名著。（橋場弦）

アレクサンドロスとオリュンピアス
森谷公俊
彼女は怪しい密儀に没頭し、残忍に邪魔者を殺す悪女なのか、息子を陰で支え続けた賢母なのか。大王母の激動の生涯を追う。（澤田典子）

古代地中海世界の歴史
本村凌二
中村るい
メソポタミア、エジプト、ギリシア、ローマ――古代に花開き、密接な交流や抗争をくり広げた文明を一望に見渡し、歴史の躍動を大きくつかむ！

大衆の国民化
ジョージ・L・モッセ
佐藤卓己／佐藤八寿子訳
ナチズムを国民主義の極致ととらえ、フランス革命以降の国民主義の展開を大衆的儀礼やシンボルから考察した、ファシズム研究の橋頭堡。（板橋拓己）

増補　十字軍の思想
山内進
欧米社会にいまなお色濃く影を落とす「十字軍」の思想。人々を聖なる戦争へと駆り立てるものとは？その歴史を辿り、キリスト教世界の深層に迫る。

インド洋海域世界の歴史
家島彦一
陸中心の歴史観に異を唱え、海から歴史を見る重要性を訴えた記念碑的名著。世界を一つにつなげた文明の交流の場、インド洋海域世界の歴史を紐解く。

子どもたちに語るヨーロッパ史
ジャック・ル・ゴフ
前田耕作監訳
川崎万里訳
歴史学の泰斗が若い人に贈る、とびきりの入門書。地理的要件や歴史、とくに中世史を、たくさんのエピソードとともに語った魅力あふれる一冊。

中東全史
バーナード・ルイス
白須英子訳
キリスト教の勃興から20世紀末まで。中東学の世界的権威が、中東全域における二千年の歴史を一般読者に向けて書いた、イスラーム通史の決定版。

ちくま学芸文庫

新編《しんぺん》　現代《げんだい》の君主《くんしゅ》

二〇〇八年八月十日　第一刷発行
二〇二二年三月五日　第二刷発行

著　者　アントニオ・グラムシ
編訳者　上村忠男（うえむら・ただお）
発行者　喜入冬子
発行所　株式会社　筑摩書房
東京都台東区蔵前二―五―三　〒一一一―八七五五
電話番号　〇三―五六八七―二六〇一（代表）
装幀者　安野光雅
印刷所　中央精版印刷株式会社
製本所　中央精版印刷株式会社

ISBN978-4-480-09160-4 C0110